Sur le vif

Niveau intermédiaire

QUATRIÈME ÉDITION

SUR LE VIF

Niveau intermédiaire

Hannelore Jarausch | **Clare Tufts**
University of North Carolina | *Duke University*

Australia • Canada • Mexico • Singapore • Spain • United Kingdom • United States

THOMSON

HEINLE

Sur le vif
Quatrième édition
Jarausch | Tufts

Editor in chief: PJ Boardman
Acquisitions Editor: Lara Semones
Senior Production Project Manager: Esther Marshall
Assistant Editor: Arlinda Shtuni
Marketing Manager: Lindsey Richardson
Marketing Assistant: Rachel Bairstow
Advertising Project Manager: Stacey Purviance
Manufacturing Manager: Marcia Locke

Compositor: Greg Johnson, Art Directions
Project Manager: Sev Champeny
Photo Manager: Sheri Blaney
Photo Researcher: Billie Porter
Interior Designer: Brian Salisbury
Cover Designer: Ha Nguyen
Text/Cover Printer: Edwards Brothers, Incorporated

Cover art: Magic Games, 1978. Oil on canvas, 100 x 81 cm. Collection Mr. and Mrs. W. Shonenstein. Copyright © Françoise Gilot, 2004.

Library of Congress Control Number: 2004116035

For more information about our products, contact us at:
Thomson Learning Academic Resource Center
1-800-423-0563
For permission to use material from this text or product, submit a request online at
http://www.thomsonrights.com.
Any additional questions about permissions can be submitted by email to **thomsonrights@thomson.com.**

Student Edition: ISBN 13: 978-1-4130-0558-5
ISBN 10: 1-4130-0558-6
Annotated Instructor's Edition: ISBN 13: 978-1-4130-0559-2
ISBN 10: 1-4130-0559-4

Credits appear on page 294, which constitute a continuation of the copyright page.

Thomson Higher Education
25 Thomson Place
Boston, MA 02210-1202
USA

Asia (including India)
Thomson Learning
5 Shenton Way
#01-01 UIC Building
Singapore 068808

Australia/New Zealand
Thomson Learning Australia
102 Dodds Street
Southbank, Victoria 3006
Australia

Canada
Thomson Nelson
1120 Birchmount Road
Toronto, Ontario M1K 5G4
Canada

UK/Europe/Middle East/Africa
Thomson Learning
High Holborn House
50–51 Bedford Road
London WC1R 4LR
United Kingdom

Latin America
Thomson Learning
Seneca, 53
Colonia Polanco
11560 Mexico
D.F. Mexico

Spain (including Portugal)
Thomson Paraninfo
Calle Magallanes, 25
28015 Madrid, Spain

Table des matières

	VOCABULAIRE	**LECTURES**	**STRUCTURES**
Prélude **Le français dans le monde** p. 2		Lynda Lemay: «Les maudits Français» p. 4	
Chapitre 1 **Les études** p. 8	les lieux, les gens, les choses, les activités p. 8	Christiane Rochefort: *Les petits enfants du siècle* p. 12 *Témoignage d'une jeune Française* p. 17	Verb review: *payer, s'ennuyer* **Present indicative** **Infinitives** **Imperatives** *Faire causatif* p. 142
Chapitre 2 **Les jeunes** p. 22	le corps, le caractère, les vêtements et les accessoires, activités et passe-temps quotidiens p. 22	MC Solaar: «Victime de la mode» p. 26 Phosphore: *Sympas, les Français, mais un peu sérieux!* p. 30	Verb review: *décrire, s'asseoir* **Descriptive adjectives** **Comparative and superlative of adjectives** *Tout* **Interrogatives** *Il (Elle) est* vs. *C'est* p. 150

	VOCABULAIRE	LECTURES	STRUCTURES
Postlude **Les Cajuns** p. 138		Bruce Daigrepont: «Disco et fais-do-do» p. 139	

Student Preface

Welcome to **Sur le vif,** Fourth Edition. The title of this one-semester intermediate textbook suggests "from (real) life"—as in "faire un reportage sur le vif": to do a live or on-the-spot broadcast. With its current and frequently provocative topics for reading and discussion, this text will further develop your skills in French, while increasing your awareness of France and the francophone world. Now that you have completed the introductory sequence, you are ready to move beyond grocery shopping and weather to compare systems of education, describe relationships with family and friends, and express your opinions about youth culture, immigration, travel, television, and film. You will also talk about the pros and cons of the automobile, consider your attitudes toward technology, think about folk traditions, and speculate about a world without borders. You will learn about how these topics are seen in the French and francophone world, and make comparisons with the North American perspective.

To improve your control of French grammar so that you will be able to speak, read, and write about the above issues with greater confidence, **Sur le vif** also provides a systematic review of the fundamental structures of the language, giving you many opportunities to practice the forms-focused oral activities, reading, and more open discussions in class; similarly, the listening and the writing exercises in the workbook **(Cahier),** will improve your command of the language and build your vocabulary.

Learning with *Sur le vif*

Format

Understanding the organization of **Sur le vif** will help you make the best use of the program since it may be somewhat different from the textbook(s) you are familiar with. The first part of the book (and the longest) contains nine chapters with readings and activities for classroom use. Some of these may, of course, be assigned for homework, but most will be done under the guidance of your instructor. Grammar is not explained in this section but marginal notes, labeled **Préparation grammaticale,** mention the grammar structures you should review for each part of a chapter. The **Rappel** "boxes", in English, give a brief statement of the rule that applies to activities you are about to do. Both of these refer you to the grammar explanations in the second part of the book.

The second section of **Sur le vif,** called **Structures,** is the grammar review; its nine chapters correspond to those of the first section of the book. This part is meant for outside-of-class preparation and is grouped together for ease of study. Here you will find explanations in English of the structures you are learning and reviewing. Examples that illustrate the grammar rules are based on the readings of the corresponding chapters in the first section to help you become acquainted with the chapter theme and vocabulary. After a structure has been explained, you are referred to exercises in the **Cahier** so that you can practice the forms and check your own answers to verify that you have learned how to apply the rule.

The final section of the book are appendices, containing a brief presentation of preposition usage and present participles, followed by verb conjugation charts. At the very end of *Sur le vif* is a French–English glossary, with words defined as they are used in the context of the book. This will help you with readings and activities, but you should be aware that a glossary will not substitute for a good dictionary.

The student's role

By the end of the elementary sequence, you will have studied most of the fundamental structures of French, but you may not be able to use all of them accurately all the time. You may be stronger in reading than in speaking, or understand more than you can write. This is normal but it makes the intermediate course more complex. Each student will have slightly different needs due to different levels of proficiency. You are in the best position to know what your strengths and weaknesses are. Therefore, you must assume an active role in your learning. By studying the grammar outside of class you can concentrate on points that are more difficult or new to you, and move more quickly when you are reasonably confident of your understanding. The self-check exercises in the *Cahier* will show you if you can use the structures correctly and allow you to focus on those that still pose problems. You will also find additional grammar and vocabulary practice on the website for the book, at http://slv.heinle.com.

In class, your instructor will ask you to apply the vocabulary and structures you have studied to activities relating to chapter themes and discussion of readings. Since you will have prepared the grammar, you will be ready to practice the forms, demonstrate your understanding of the readings, talk about your personal reactions to the topics, and participate in role-plays and debates. Oral work is central to *Sur le vif* and you will be expected to give more than single-sentence responses. Being able to elaborate on your answers or paraphrase if needed will make you a more sophisticated speaker of French.

You, your instructor, and *Sur le vif* will be partners in this course. You will study grammar outside of class so that you are ready to use the structures to communicate. Your instructor will create opportunities for speaking in class so as to check your preparation and understanding, and help you build your skills. The textbook will provide French and francophone cultural information, reading selections, and activities to encourage development of your listening, speaking, reading, and writing proficiency. Exercises in the *Cahier* will help you first to practice the forms, then to use them to communicate your own ideas, and finally, to write compositions in which you apply the grammar and vocabulary you have reviewed in more extended essays related to the theme of the chapter.

Additional Student Components

Cahier d'exercices écrits et de laboratoire

The workbook is divided into two sections, one for written work, to practice the grammar rules reviewed in the **Structures** section of the textbook, the other to be used for pronunciation and listening practice together with the audio CDs, either at home or in the listening laboratory.

Each chapter of the *Cahier d'exercices écrits* has three sections. The first focuses on vocabulary exercises to help you learn the new words in each chapter, understand words families, and use the expressions in context. The second section has both self-check and open-ended grammar exercises for each of the structures presented in the text. By completing the self-check exercises (**Entraînement**), you will see immediately if you have understood the grammar explanations and can apply them. The **Développement** activities continue your practice of the rules but do not have one correct answer. You will be using the structures you are studying to express your personal opinions or reactions; therefore, you should write more than a one-sentence answer whenever possible. The final section of the grammar part of the workbook, **Expression,** contains a choice of topics for longer (one to three paragraphs) compositions and generally provides pre-writing instruction to help you prepare your text.

The *Exercices de laboratoire* portion of the *Cahier* is used with the CDs or audio materials. Each chapter takes about thirty minutes to complete and includes pronunciation practice followed by a passage for listening comprehension and a short dictation.

On the website for *Sur le vif* (http://slv.heinle.com), you will find various types of activities. The self-check grammar exercises can be used as a diagnostic tool to find out if you need to spend more time studying certain structures, or as additional practice of the forms you worked on in the textbook and workbook. The website also features self-check vocabulary exercises. The culture activities presented provide links to websites that relate to the themes of the textbook chapters. They guide you in an exploration of the site and topic in order to prepare you for in class discussion or for out-of-class writing assignments. The website also features the recorded pronunciation of all the vocabulary words in the textbook.

Acknowledgments

We would like to express our gratitude to the colleagues who participated in reviewing the materials for the third and fourth editions:

Diane Adler, *North Carolina State University*
Phillip Bailey, *University of Central Arkansas*
Didier Bertrand, *Indiana University-Purdue University-Indianapolis*
Joanne Burnett, *University of Southern Mississippi*
Michelle Cheyne, *Princeton University*
Donna Coulet-du Gard, *University of Delaware*
Margaret Dempster, *Northwestern University*
Nadine DiVito, *University of Chicago*
Stayc DuBravac, *Florida Atlantic University*
Béatrice Dupuy, *Louisiana State University*
Elizabeth Emery, *Montclair State University*
Sabine Gabaron, *University of Michigan, Ann Arbor*
Joseph Garreau, *University of Massachusetts–Lowell*
Mary Gutermuth, *Sam Houston State University*
Elizabeth Guthrie, *University of California, Irvine*
Jennifer Hall, *Mt Union College*
Margaret Harp, *University of Las Vegas*
Françoise Arnaud Hibbs, *Salt Lake Community College*
Matthew Hilton-Watson, *University Michigan, Flint*
Patricia Hopkins, *Texas Tech University*
Andrew Irving, *University of Wisconsin–Madison*

Kathy Krause, *University of Missouri–Kansas City*
Cheryl Krueger, *University of Virginia*
Adam Leff, *Bates College*
Pascale Hubert-Leibler, *Columbia University*
Aileen Mootoo, *Southeastern Louisiana University*
Susan Myers, *William Jewell College*
Terri Nelson, *California State University, San Bernardino*
Kate Paesani, *Wayne State University*
JoAnn Recker, *Xavier University*
Kittye Robbins-Herring, *Mississippi State University*
Barbara Rusterholz, *University of Wisconsin*
Jean Marie Schultz, *University of California at Santa Barbara*
Leslie A. Sconduto, *Bradley University*
Mary Scullen, *University of Maryland*
Nigel Smith, *State University of West Georgia*
Kathryn Stewart, *Oakland Community College*
Todd Strauss, *Santa Rosa Junior College*
Kelle Truby, *University of California-Riverside*
Guy Wagener, *University of Nevada-Reno*
Kathleen Werner, *Notre Dame*
Annette Zakharian, *Arkansas Tech University*

Their suggestions and criticisms guided our revisions and provided us with invaluable perspective.

Our thanks also go to those who supported us through this process of revision, most particularly our graduate teaching fellows whose comments and suggestions as they taught the third edition provided ideas for improvements. Marie-Pierre Tournaire, exchange student from Montpellier at UNC-CH and Franck Dalmas, graduate teaching fellow at UNC-CH, deserve special gratitude for their role as ever-patient readers and critics of new materials. Of course all those third semester French students at Duke University and the University of North Carolina at Chapel Hill need mention since their responses to the previous editions have guided our revisions.

At Heinle, we would like to express our appreciation first to Lara Semones, Acquisitions Editor, whose unflagging interest and patient determination kept the project on track. The constructive and painstaking editing of Rachèle Lamontagne, who pulled it all together with countless calendars and checklists, produced an edition of which we can be proud. Her oversight, attention to detail and focused consistency are impressive. Esther Marshall skillfully directed the production process. The Heinle team's eye for linguistic detail and pedagogical insights significantly improved *Sur le vif.* Our thanks also go to all the freelancers involved with this edition and, in particular, Sev Champeny, Valérie Simondet, Dianne Harwood, Sylvie Pittet, Greg Johnson, Brian Salisbury, and Ha Nguyen.

And finally, we thank our husbands (and of course each other) for laughter, support and encouragement.

H.J.
C.T.

France

MER DU NORD

Pays-Bas

Allemagne

Angleterre

Belgique

Luxembourg

LA MANCHE

Dunkerque
Calais
Lille
Valenciennes
NORD-PAS-DE-CALAIS

Cherbourg
HAUTE-NORMANDIE
Le Havre
Rouen
Amiens
PICARDIE
Caen
Seine
Reims
Metz
LORRAINE
ALSACE
Nancy
Strasbourg
Rhin
VOSGES
Meuse

Saint-Malo
BASSE-NORMANDIE
Versailles
★ Paris
ÎLE-DE-FRANCE
CHAMPAGNE-ARDENNE
Troyes
Moselle
Mulhouse

Brest
Fougères
Rennes
BRETAGNE

Le Mans
PAYS DE LA LOIRE
Angers
St-Nazaire
Nantes
Loire
Chinon
Azay-le-Rideau

Orléans
Blois
Chambord
Tours
Chenonceaux
CENTRE
Bourges
Nevers
Loire
BOURGOGNE
Dijon
Chalon-sur-Saône
Saône
Besançon
FRANCHE-COMTÉ
JURA

Suisse

OCÉAN

ATLANTIQUE

Poitiers

La Rochelle
POITOU-CHARENTES
LIMOUSIN
Limoges
Vichy
Clermont-Ferrand
Saint Étienne
Rhône
Lyon
Annecy
RHÔNE-ALPES
Grenoble
ALPES

Italie

Périgueux
AUVERGNE
MASSIF CENTRAL
Rhône

Bordeaux
Rodez
AQUITAINE
Garonne
MIDI-PYRÉNÉES
PROVENCE-ALPES-CÔTE-D'AZUR
Avignon
Tarascon
Grasse
Monte-Carlo
Monaco

Biarritz
Bayonne
Pau
PYRÉNÉES
Toulouse
Carcassonne
Narbonne
Nîmes
Montpellier
Béziers
Aix-en-Provence
Marseille
Toulon
Nice
Cannes
LANGUEDOC-ROUSSILLON
Perpignan

Espagne

Andorre

MER MÉDITERRANÉE

0   75 km

CORSE

Ajaccio

Canada

Québec

Nouveau-Brunswick

Québec
Montréal

St-Pierre-et-Miquelon

Amérique
du Nord
États-Unis

Maine

Nouvelle-
Angleterre

Nouvelle-
Écosse

Louisiane

La Nouvelle-
Orléans

Océan
Atlantique

Haïti

Les Antilles

Port-au-
Prince

Guadeloupe

Martinique

Cayenne

Océan
Pacifique

Guyane
française

Amérique
du Sud

Wallis et
Futuna

Polynésie
française

Vanuatu

Tahiti

Australie

Nouvelle-
Calédonie

Le monde francophone

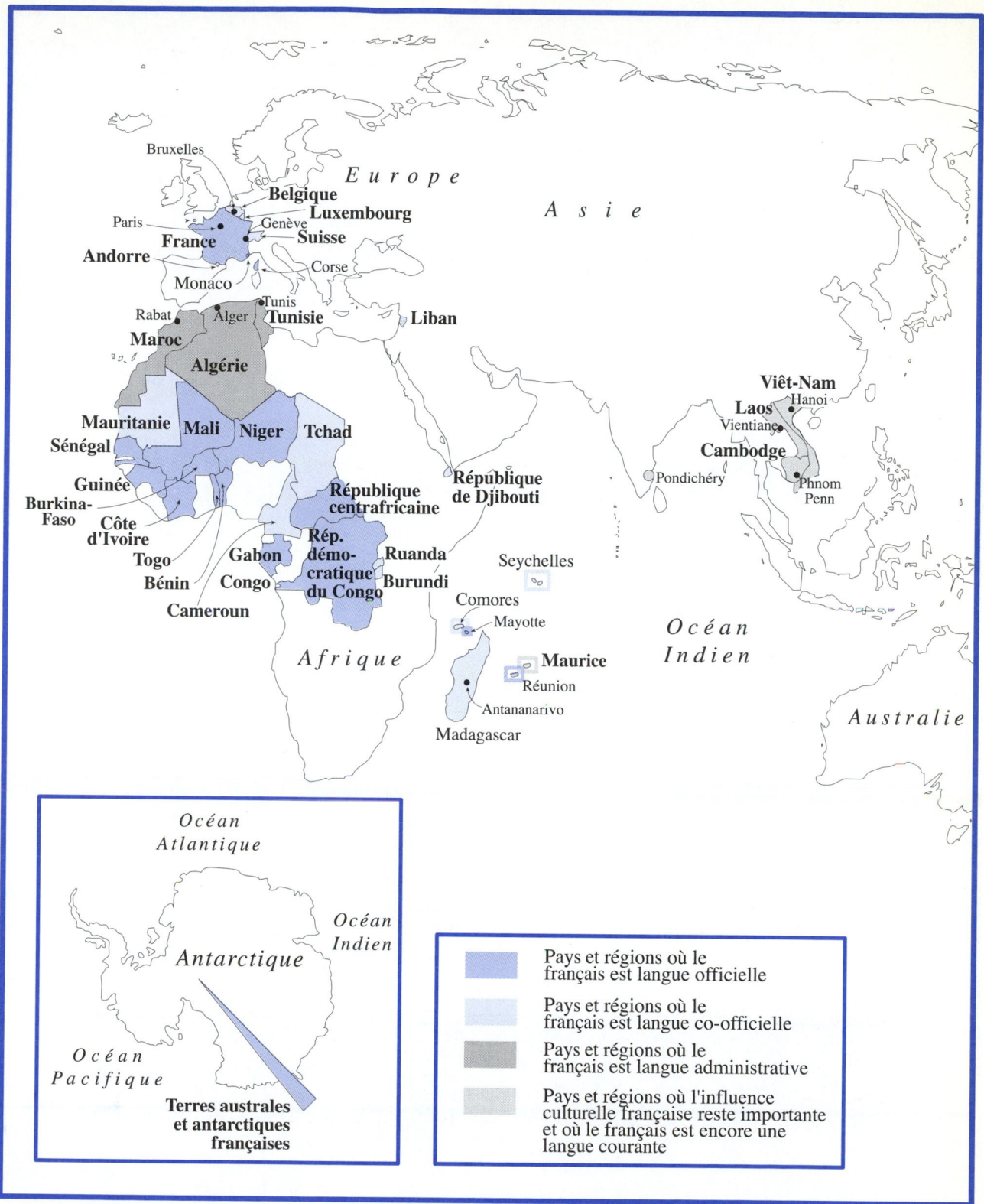

Bruxelles
Europe
Asie
Belgique
Luxembourg
Paris • Genève
France **Suisse**
Andorre
Corse
Monaco
Tunis
Rabat • Alger • **Tunisie** **Liban**
Maroc
Algérie
Viêt-Nam
Hanoi
Laos
Vientiane
Mauritanie **Mali** **Niger** **Tchad**
Cambodge
Sénégal
Pondichéry
Guinée
République
centrafricaine
République
de Djibouti
Phnom
Penn
Burkina-
Faso
Côte
d'Ivoire
Rép.
démo-
cratique
du Congo
Ruanda
Togo
Gabon
Bénin **Congo** **Burundi**
Seychelles
Cameroun
Comores
Mayotte
Océan
Indien
Afrique
Maurice
Réunion
Antananarivo
Australie
Madagascar

Océan
Atlantique

Océan
Indien

Antarctique

Océan
Pacifique

Terres australes
et antarctiques
françaises

Pays et régions où le
français est langue officielle

Pays et régions où le
français est langue co-officielle

Pays et régions où le
français est langue administrative

Pays et régions où l'influence
culturelle française reste importante
et où le français est encore une
langue courante

Afrique

Afrique francophone

0   500   1000   1500 km

Prélude

Carnaval à Québec

Bibliothèque François Mitterand à Paris

Plage à la Guadeloupe

«Pour tout homme, le premier pays est sa patrie, et le second, c'est la France.»

Thomas Jefferson

(Discours inaugural de 1801)

 Pour obtenir des exercices et activités supplémentaires sur le contenu de ce chapitre, rendez-vous sur le site http://slv.heinle.com.

Le français dans le monde

Vos camarades de classe et le français

Mettez-vous en groupes de deux ou trois (choisissez des camarades de classe que vous ne connaissez pas encore). Posez-vous d'abord les trois premières questions pour faire connaissance, puis parlez de vos expériences et de vos idées sur le français. Prenez des notes pour pouvoir résumer vos réponses. Finalement, choisissez quelques détails intéressants dans vos réponses et présentez-les à la classe.

Faisons connaissance

1. Comment t'appelles-tu? D'où viens-tu?
2. Qu'est-ce que tu étudies? Quels cours préfères-tu?
3. Donne deux ou trois adjectifs pour te décrire.

Parlons du français et du monde francophone

4. Depuis quand est-ce que tu étudies le français?
5. Pour quelles raisons as-tu choisi d'apprendre le français?
6. As-tu déjà visité la France ou une autre région francophone? Si oui, où es-tu allé(e)?
7. Est-ce que tu connais des films ou des acteurs français? Lesquels?
8. Quelles sociétés *(companies)*, quelles marques *(brands)* ou quels produits français connais-tu?
9. Pourquoi y a-t-il souvent des inscriptions en français sur les produits que l'on achète aux Etats-Unis ou au Canada?
10. Qu'est-ce que tu voudrais apprendre ce semestre en cours de français?

Lecture

Avant de lire

Selon vous, quelle langue étrangère la plupart des élèves français choisissent-ils d'apprendre? Pourquoi? Dans votre pays, à part l'anglais, quelle(s) langues(s) vivante(s) apprend-on à l'école? Pourquoi?

En France, l'initiation aux langues vivantes commence à l'école primaire ou au collège°. 99,6 % des élèves étudient une première langue en sixième° et 94,8% une seconde langue en quatrième°. L'anglais est la langue la plus répandue°; viennent ensuite l'espagnol et l'allemand. Depuis le milieu des années soixante-dix, l'espagnol a remplacé l'allemand comme deuxième langue la plus répandue dans les lycées et les collèges. Deux des objectifs actuels du Ministère de l'Education sont la diversification des langues enseignées et la généralisation de l'apprentissage précoce°.

Source: www.sénat.fr

collège *middle school /* **sixième** *sixth grade /* **quatrième** *eighth grade /* **répandue** *widespread*

apprentissage... *foreign languages in preschool and elementary school*

■ A discuter

Pourquoi, selon vous, les jeunes Français choisissent-ils d'apprendre l'espagnol et l'allemand? Pourquoi apprendre d'autres langues telles que l'italien, le chinois, le japonais, l'arabe, le russe ou le swahili? Donnez quelques raisons.

> **Pour mieux s'exprimer** There are several French expressions that allow you to express the idea of causality *(because)*. The two most common are **parce que**[1] + *subject* + *verb* and **à cause de** + *noun.* In English we use the same word for both constructions.
>
> Compare: Je voudrais visiter le Québec **parce qu'on y parle français.**
>   Les Québécois se moquent des Français **à cause de leur cuisine.**

«Les maudits° Français»

maudits *accursed, damned*

La chanson que vous allez lire et écouter est de Lynda Lemay, auteur-compositeur-interprète, née à Portneuf, au Québec, en 1966. Elle commence à chanter en 1988 et lance son premier album en 1990. Depuis, elle ne cesse de faire des tournées en Europe et au Canada. Elle remporte souvent des prix, son plus récent: le prix Montfort du Rayonnement de la francophonie sur la scène internationale (2004). La chanson à l'étude est tirée de son album «Du coq à l'âme[2]», lancé en 2000.

■ Avant de lire

Quelles images stéréotypées les Nord-Américains anglophones ont-ils des Français? Et les Français, quelles images stéréotypées ont-ils de notre pays?

Pour mieux comprendre

Dans cette chanson, Lynda Lemay reproduit un peu le français parlé au Québec. Il s'agit surtout de différences de prononciation (les lettres qui ne sont pas prononcées: y = ils, à tout bout d'champ = à tout bout de champ, s'donnent des bis = se donnent des bises, pis = puis) et de vocabulaire (dîner / souper, toilettes / salle de bain). Parcourez les paroles de la chanson pour trouver d'autres exemples de cette façon de parler et donnez l'équivalent en français standard.

---

[1] Another way to state *because* or *for* is **car,** also followed by a subject and a verb. You will find this in written French more than in spoken French, although it is also used orally: **Je ne veux pas y aller car l'hiver y est trop long.**

[2] Jeu de mots, de l'expression **passer du coq à l'âne:** passage sans transition d'un sujet à l'autre *(abrupt change of subject).*

Lecture

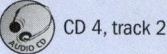 CD 4, track 2

Y parlent avec des mots précis
Puis y prononcent toutes leurs syllabes
A tout bout d'champ°, y s'donnent des bis°
Y passent leurs grandes journées à table

5 Y ont des menus qu'on comprend pas
Y boivent du vin comme si c'était d'l'eau
Y mangent du pain pis° du foie gras
En trouvant l'moyen d'pas être gros

Y font des manifs° aux quarts d'heure
10 A tous les maudits coins d'rue
Tous les taxis ont des chauffeurs
Qui roulent en fous, qui collent au cul°

Et quand y parlent de venir chez nous
C'est pour l'hiver ou les Indiens
15 Les longues promenades en Ski-doo°
Ou encore en traîneau° à chiens

Ils ont des tasses minuscules
Et des immenses cendriers°
Y font du vrai café d'adulte
20 Ils avalent ça en deux gorgées°

On trouve leurs gros bergers allemands
Et leurs petits caniches° chéris
Sur les planchers° des restaurants
Des épiceries, des pharmacies

25 Y disent qu'y dînent quand y soupent
Et y est deux heures quand y déjeunent[3]
Au petit matin, ça sent l'yaourt
Y connaissent pas les œufs-bacon

En fin d'soirée, c'est plus choucroute°
30 Magret d'canard° ou escargots
Tout s'déroule bien jusqu'à c'qu'on goûte
A leur putain° de tête de veau[4]

A... A tout instant /
s'donnent... s'embrassent

pis puis

manifs manifestations *(demonstrations)*

collent... *are right on your tail*

Ski-doo *brand of snowmobile*
traîneau *sled*

cendriers *ashtrays*

gorgées *gulps*

caniches *poodles*
planchers *floors*

choucroute *sauerkraut*
magret... *filet of duck*

putain *here, damned*

---

[3] Au Québec, on dit le déjeuner pour le petit déjeuner, le dîner pour le repas à midi et le souper pour le repas du soir.

[4] La tête de veau est un plat fait avec la tête d'un veau; Lemay énumère les parties de la tête qui sont utilisées dans la strophe qui suit.

paupière *eyelid* / **gencive** *gum* **museau** *snout* **papilles...** *taste buds*	Un bout d'paupière°, un bout d'gencive° Un bout d'oreille, un bout d'museau° 35 Pour des papilles gustatives° De Québécois, c'est un peu trop
	Puis, y nous prennent pour un martien Quand on commande un verre de lait Ou quand on demande: La salle de bain 40 Est à quelle place, S.V.P?[5]
tuque *bonnet de laine* / **Kanuk** *marque d'anorak*	Et quand ils arrivent chez nous Y s'prennent une tuque° et un Kanuk° Se mettent à chercher des igloos Finissent dans une cabane à sucre
tombent... *tomber amoureux de*	45 Y tombent en amour° sur le coup Avec nos forêts et nos lacs Et y s'mettent à parler comme nous Apprennent à dire: Tabarnak°
Tabarnak *swear word in Quebec,* *comes from "Tabernacle"*	
saoulés *drunk* / **caribou** *boisson alcoolisée bue chaude ou froide* / **ragoûts** *stews*	Et bien saoulés° au caribou° 50 A la Molson et au gros gin Y s'extasient sur nos ragoûts° D'pattes° de cochon et nos plats d'binnes°
pattes *pieds d'un animal* / **binnes** *beans*	
puent *stink*	Vu qu'on n'a pas d'fromages qui puent° Y s'accommodent d'un vieux cheddar 55 Et y se plaignent pas trop non plus De notre petit café bâtard°
bâtard *here, weak*	
	Quand leur séjour tire à sa fin Ils ont compris qu'ils ont plus l'droit De nous appeler les Canadiens 60 Alors que l'on est Québécois
trempés *wet (with tears)* **érable** *maple*	Y disent au revoir, les yeux tout trempés° L' sirop d'érable° plein les bagages On réalise qu'on leur ressemble On leur souhaite bon voyage
On... *Maintenant* / **donne...** *se fait la bise*	65 On est rendu qu'°on donne des becs° Comme si on l'avait toujours fait Y a comme un trou dans le Québec Quand partent les maudits Français

Source: «Du coq à l'âme», Lynda Lemay (2000)

---

[5] Les Français disent **toilettes** ou **W.-C.** au lieu de **salle de bain,** et **endroit** au lieu de **place.** S.V.P. = s'il vous plaît

Comprenez-vous?

Ⓐ Français ou Québécois? Dans la chanson, à quelle nationalité Lemay associe-t-elle les caractéristiques suivantes?

1. parler très clairement
2. souper le soir
3. être mince mais manger et boire beaucoup
4. boire de la Molson
5. conduire de manière agressive
6. amener des chiens partout
7. passer beaucoup de temps à table
8. manger des haricots blancs et du porc
9. s'embrasser en arrivant et en partant

Ⓑ La couleur locale. Avec un(e) partenaire, faites les activités suivantes basées sur les paroles de la chanson. Comparez vos listes à celles de vos camarades de classe.

1. Faites une liste des plats (ou aliments) et des boissons associés aux Français dans ce texte. Ensuite, faites la même chose pour les plats (ou aliments) et les boissons associés aux Québécois.
2. Selon l'auteur, pourquoi les Français visitent-ils le Québec?

Ⓒ Des stéréotypes. En groupes de deux ou trois, parcourez encore une fois la chanson pour trouver les réponses aux questions suivantes.

1. De quels aspects de la France et des Français la chanson se moque-t-elle? Quelles images stéréotypées des Français trouve-t-on dans la chanson?
2. Quelles images stéréotypées les Français ont-ils du Canada?

Ⓓ Le message. Avec un(e) partenaire, discutez du message de cette chanson en répondant aux questions suivantes.

1. Pourquoi Lemay insiste-t-elle sur le fait que les gens décrits dans la chanson sont québécois et non pas canadiens?
2. Quel est le message de la chanson que l'on trouve dans les deux dernières strophes?

■ Allez plus loin

Quel parallèle la chanteuse établit-elle entre le début et la fin de la chanson?

Lynda Lemay

Chapitre 1

Les études

A Les lieux

l'école maternelle *f.*	preschool
l'école primaire *f.*	elementary school
le collège	middle school
le lycée	high school
l'université *f.*	college, university
la salle de classe	classroom
la faculté, la fac *(fam.)*	school within university
la fac de médecine	the medical school
la fac de droit	the law school
l'amphithéâtre *m.,*	lecture hall
l'amphi *(fam.)*	

B Les gens

l'élève *m. & f.*	primary and secondary school student
le (la) lycéen(ne)	high school student
l'étudiant(e)	university student
l'instituteur(-trice), le maître, la maîtresse	elementary school teacher
le (la) nul(le) *(fam.)*	poor student
la tête *(fam.)*	very bright student
l'illettré(e)	illiterate person

Pour obtenir des exercices et activités supplémentaires sur le contenu de ce chapitre, rendez-vous sur le site http://slv.heinle.com.

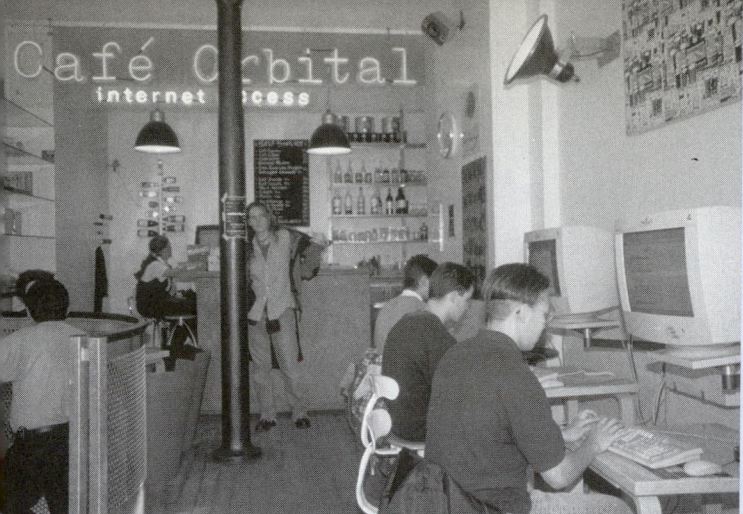

D Les activités

se débrouiller	*to manage, to cope, to get along*
s'inscrire	*to register*
suivre un cours	*to take a class*
redoubler une année	*to repeat a year*
assister à (un cours, une conférence, un concert, etc.)	*to attend (a class, a lecture, a concert, etc.)*
sécher un cours (fam.)	*to skip a class*
rendre (un devoir)	*to turn in (a homework assignment)*
passer un examen	*to take a test*
réussir (à) un examen	*to pass a test*
échouer à un examen, rater un examen	*to fail a test*
bosser (fam.)	*to study hard*
bachoter (fam.)	*to cram*
tricher, pomper (fam.)	*to cheat*
se spécialiser en	*to major in*
obtenir un diplôme	*to receive a diploma, to graduate (American system)*

C Les choses

la bourse	*scholarship, fellowship*
l'enseignement m.	*education, instruction*
les matières f. (obligatoires)	*(required) courses*
le cursus	*curriculum*
la filière	*area of concentration*
la rentrée	*return to school in fall*
les droits d'inscription m.	*registration fees*
la note	*grade*[1]
la moyenne	*grade average*
l'U.E.[2] f.	*course credit*
le relevé de notes	*report card, student record*
la rédaction	*composition*
la dissertation, la dissert (fam.)	*essay, paper (English, history, etc.)*
la thèse	*thesis*
le (les) cours magistral(-aux)	*lecture course(s)*
les travaux dirigés, (les T.D.) m. pl.	*discussion section, lab*
l'interrogation f., l'interro (fam.), le contrôle	*test, quiz*
le partiel	*midterm exam*
l'examen m.	*exam*
l'examen blanc	*practice test*
le stage	*internship*

---

[1] In France schoolwork is graded on the scale of 0–20. The following system of grading is used in high school.

18–20: excellent   12–14: assez bien
16–18: très bien   10–12: passable
14–16: bien   0–9: insuffisant

The same system is used at the university level. It is rare that grades of 18–20 are awarded; some say 19 is reserved for the professor, and 20 for God.

[2] l'unité d'enseignement

Paris VII Jussieu

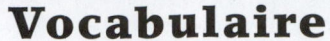

Vocabulaire

Préparation grammaticale

Avant de continuer, révisez l'usage et la formation du présent, pages 143–146.

A **L'âge et l'enseignement.** Quels établissements scolaires fréquentent les Français aux âges indiqués ci-dessous? (Référez-vous à la liste A du vocabulaire au début du chapitre.) Qu'est-ce que les élèves/étudiants aiment faire dans ces établissements scolaires?

Modèle: 5 ans
> **A l'âge de 5 ans, les Français fréquentent l'école maternelle.**
> **A cet âge-là, les élèves aiment chanter.**

1. 16 ans
2. 7 ans
3. 20 ans

4. 4 ans
5. 12 ans

B **Comment dit-on?** Trouvez le verbe de la liste D du vocabulaire qui correspond à chacune des situations suivantes.

1. Ce qu'on doit faire avant de suivre un cours.
2. Ce que font beaucoup d'étudiants la veille au soir *(the night before)* d'un examen.
3. Ce que fait un étudiant qui est trop fatigué ou qui est malade.
4. Ce qu'on est obligé de faire en France quand on a une moyenne de moins de 10 dans un cours.
5. Ce qui arrive quand on ne peut pas répondre aux questions pendant un examen.
6. Ce qu'on fait pour être sûr d'avoir une très bonne note dans un cours.
7. Ce que fait l'étudiant qui a assez d'U.E. à l'université.
8. Ce que font les mauvais élèves pour avoir une meilleure note.
9. Ce que les étudiants font de leurs devoirs une fois qu'ils les ont finis.
10. Ce que font les étudiants qui se sont bien préparés pour un examen.

C **Positive ou négative?** Lisez les mots suivants. Est-ce qu'ils provoquent chez vous une réaction positive ou négative? Pourquoi?

Modèle: le relevé de notes
> **J'ai une réaction positive parce que je suis toujours content(e) de mon travail.**

1. la rentrée
2. l'école maternelle
3. un cours magistral
4. une dissertation
5. une tête
6. le relevé de notes

Maintenant, trouvez un(e) partenaire et comparez vos réactions. Si vous n'avez pas les mêmes réactions à chaque mot, essayez de découvrir pourquoi. Expliquez vos réactions par rapport à celles des autres membres de la classe.

Rappel The **present tense** is used to talk about what is happening *now,* to make *generalizations,* or to speak about *habitual actions.* The present tense can also indicate what is *going to happen* in the *near future* or what *has just happened* in the *recent past.* For more details, see pp. 143–146.

D **Une tête ou un nul?** Avec un(e) camarade de classe, rédigez deux portraits: celui du (de la) meilleur(e) étudiant(e) et celui du (de la) plus mauvais(e) dans une classe typique au lycée ou à l'université. Pour chacune des descriptions, écrivez quatre ou cinq phrases et utilisez autant de mots des listes de vocabulaire que possible.

une tête

un nul

E **Le cours idéal.** Parmi les matières suivantes, choisissez-en une. Ensuite, trouvez un(e) autre étudiant(e) qui a fait le même choix.

Matières: la biologie, l'histoire, les langues étrangères, les mathématiques, la psychologie

1. Avec votre partenaire, décrivez le cours idéal dans cette matière du point de vue du professeur. Comment sont les étudiants? Qu'est-ce qu'ils font? Que doit faire le professeur?
2. Décrivez maintenant le cours idéal dans cette même matière du point de vue de l'étudiant. Que fait le professeur? Que font les étudiants? Comment sont les devoirs et les examens?
3. Comparez vos descriptions à celles de vos camarades de classe.

Préparation grammaticale

Avant de continuer, révisez la formation et l'usage des verbes pronominaux, pages 145-146.

Les petits enfants du siècle

Le passage que vous allez lire vient du deuxième roman de Christiane Rochefort (1917–1998). Ecrivain, artiste et attachée de presse, Rochefort est née à Paris et y a passé la plupart de sa vie. *Les petits enfants du siècle,* publié en 1961, parle de la solitude et de la misère morale des grands ensembles° de la banlieue parisienne. Dans cet extrait, on rencontre Josyane, le personnage principal d'environ treize ans, qui parle de ses études.

grands... *housing projects*

Entrons en matière

Quelle sorte de devoirs préférez-vous faire: ceux qui demandent un travail analytique ou ceux qui demandent un travail plutôt créatif? Pourquoi? Dans quels cours avez-vous le genre de devoirs que vous préférez? Est-ce que la satisfaction que ce travail vous donne influence votre choix en ce qui concerne les cours à suivre? En ce qui concerne votre choix de filière?

▪ Avant de lire

Aujourd'hui, on apprend rarement la terminologie grammaticale en cours d'anglais au lycée. Par conséquent, les élèves et les étudiants qui suivent un cours de langue étrangère ont souvent des difficultés à identifier correctement les différentes parties d'une phrase. Pouvez-vous le faire? Regardez bien la phrase suivante, puis associez les termes de la colonne de droite à chaque mot ou groupe de mots de la colonne de gauche.

Le professeur a donné une mauvaise note à cet étudiant qui est arrivé en retard.

1. _____ Le
2. _____ professeur
3. _____ donné
4. _____ une mauvaise note
5. _____ à cet étudiant
6. _____ qui est arrivé en retard
7. _____ est
8. _____ en retard

a. verbe auxiliaire
b. complément d'objet indirect
c. sujet
d. article défini
e. adverbe
f. participe passé
g. complément d'objet direct
h. proposition subordonnée

Lecture

Je récupérai ma cuisine et ouvris mon cahier. [...] Silence. Soulagement. Paix.

«Le mouchoir° que tu m'as donné quand j'ai eu la croix[3] est blanc.[4]

Le mouchoir — que tu m'as donné — quand j'ai eu la croix — est blanc.»

«Le mouchoir est blanc», proposition principale;

5 «Le», article défini;

«mouchoir», nom commun masculin singulier, sujet de «est»;

«est», verbe être, 3e personne du singulier, présent de l'indicatif;

«blanc», adjectif masculin singulier; attribut de «mouchoir»;

«que tu m'as donné», proposition subordonnée, complément de «mouchoir»;

10 «que», conjonction de subordination;

«tu», pronom personnel, 2e personne du singulier, sujet de «as donné»;

«m'», pronom personnel, 1re personne du singulier, complément indirect de «as donné».

Plus un devoir était long, plus j'étais contente. La plume grattait°, dans le silence.

15 J'aimais ça. J'aimais la plume, le papier, et même les cinq petites lignes dans lesquelles il fallait mettre les lettres, et les devoirs les plus embêtants, les grandes divisions, les règles de trois[5], et j'aimais par-dessus tout l'analyse grammaticale. Ce truc-là° m'emballait°. Les autres filles disaient que ça ne servait à rien. Moi ça ne me gênait pas. Même je crois que plus ça me servait à rien plus ça me plaisait.

20 J'aurais bien passé ma vie à faire rien que des choses qui ne servaient à rien.

«As», verbe être, 2e personne du singulier, auxiliaire de «donné»;

«donné», verbe donner, participe passé.

La maîtresse disait: «Ce n'est pas la peine d'en mettre tant Josyane; essaie plutôt de ne pas laisser d'étourderies° ça vaudra mieux.» Car des fautes ça j'en faisais, et finale- 25 ment j'étais plutôt dans les moyennes; de toute façon, je n'essayais pas de me battre pour être première. Ça ne m'intéressait pas. Pourquoi être première? Ce que les gens pensaient de moi m'était dans l'ensemble bien égal. La maîtresse avait écrit dans le livret°: «Indifférence aux compliments comme aux reproches», mais comme personne ne l'avait jamais regardé ce livret, elle aurait aussi bien pu marquer c'est le printemps, 30 ou Toto aime Zizi ou cette fille est une nouille°, ça n'aurait pas fait de différence. Une fois dans la classe d'avant j'avais été troisième, on ne sait pas pourquoi, un coup de veine°, toutes les autres devaient être malades; j'avais mis le livret sous le nez de papa ce coup-là, il l'avait regardé et me l'avait rendu en disant «Bon». Au cas où la colonne lui aurait échappé je dis: «Je suis troisième». Ça donna: «Ah bon!» Point c'est tout.

mouchoir *handkerchief*

grattait *scratched*

truc-là chose
m'emballait m'enchantait, m'enthousiasmait

étourderies *careless mistakes*

livret relevé de notes

nouille *noodle*

veine chance

Christiane Rochefort, *Les petits enfants du siècle*. (Paris: Grasset Livres de Poche, 1961), pages 23–25.

[3] ici, première communion

[4] Cette phrase vient d'un manuel scolaire.

[5] a mathematical equation for determining an unknown number

Comprenez-vous?

1. Qu'est-ce que Josyane est en train de faire dans la première partie de ce texte (lignes 2–13)?
2. Quels sont deux adjectifs que Josyane utilise pour décrire la sorte de devoirs qu'elle préfère?
3. Comment l'attitude de Josyane envers le genre de devoirs qu'elle préfère est-elle différente de celle de ses camarades de classe?
4. Josyane admet qu'elle faisait souvent des fautes dans ses devoirs (ligne 24). Trouvez-en une dans ce passage.
5. Quelle sorte d'élève est Josyane?
6. Les parents de Josyane s'intéressent-ils aux résultats scolaires de leur fille? Justifiez votre réponse avec des exemples précis du texte.

>
> **Préparation grammaticale**
>
> Avant de continuer, révisez l'usage de l'infinitif, de l'impératif et du faire causatif, pages 146–149.

Applications

A Les études. Parlez de vos expériences à l'université à l'aide des verbes suivants. Utilisez les sujets donnés.

1. lire (nous)
2. sécher (je)
3. réussir (ma meilleure amie)
4. rendre (les étudiants)
5. obtenir (vous)
6. préférer (tu)
7. choisir (vous)
8. partager (nous)
9. dormir (les nuls)
10. répondre (je)
11. offrir (les profs)
12. suivre (ce garçon)

> **Rappel** In pronominal (reflexive) constructions, the reflexive pronoun agrees with the subject of the reflexive verb (**je/me, tu/te,** etc.). Note: the impersonal subject pronoun **on** takes the pronominal pronoun **se.** For more details, see pp. 145–146.

B S'inscrire en fac. Le jour des inscriptions, il y a une longue queue d'étudiants frustrés. Imaginez que vous êtes un(e) de ces étudiant(e)s, et que vous commencez à parler aux étudiant(e)s qui vous entourent. Que dites-vous? A partir des éléments donnés, créez une conversation.

Modèles: Je / se demander

Je me demande pourquoi on fait la queue.

Ce jeune homme / s'endormir

Regarde! Ce jeune homme s'endort debout!

1. Je / s'inscrire (dans...)
2. Tu / s'appeler
3. Ces garçons / se fâcher
4. Cette fille-là / s'intéresser (à...)
5. Les gens de ce groupe / ne pas se parler
6. Toi et ton ami, vous / s'inquiéter (de... / parce que...)
7. Tout le monde / se disputer
8. Enfin on / se débrouiller
9. Nous / se calmer

Rappel To say that you are *having someone else do something* rather than doing it yourself, use the verb **faire** followed by an infinitive. For more details, see p. 149.

C **Les adultes et les lycéens.** Quelquefois, les lycéens se plaignent de l'autorité de leurs parents et de leurs professeurs. Ils disent qu'on est toujours en train de leur donner des ordres. Complétez les phrases suivantes selon votre propre expérience, ou inventez une réponse logique.

> **Modèle:** Si je veux aller au cinéma, mes parents me font...
>
> **Si je veux aller au cinéma, mes parents me font finir tous mes devoirs avant de partir.**

1. Quand j'ai une mauvaise note, mon père me fait...
2. Si je ne sais pas une réponse, le professeur me fait...
3. Tous les soirs, ma mère me fait...
4. Juste avant les examens, tous les profs me font...
5. Pendant la semaine des examens, mes parents me font...
6. Si je sèche un cours, mon père me fait...
7. Si je ne rends pas un devoir, le professeur me fait...
8. Quand j'échoue à un examen, ma mère me fait...

Rappel The *imperative* is used to give orders or issue an invitation. Use the singular form with someone you would address as **tu;** use the 1st person plural form (**-ons**) when speaking to a group that includes yourself; and use the 2nd person plural form (**-ez**) with more than one person or with someone you would address as **vous.** For more details, see pp. 147–148.

D Encore des ordres! M. Dupont, le prof de français, est un vieil homme désagréable. Il ne parle pas à ses élèves; il leur donne des ordres! Réfléchissez à votre propre expérience dans un cours de langue pour vous aider à compléter les ordres que M. Dupont donne à ces pauvres élèves.

(Notez que M. Dupont tutoie ces jeunes gens.)

Modèle: Hélène / ne pas s'arrêter… !
Hélène, ne t'arrête pas de travailler!

1. Julie / aller… !
2. Paul / répondre… !
3. Sophie / s'asseoir… !
4. Philippe / ne pas dormir… !
5. Jean-Louis / répéter… !

6. Alain et Roger / faire… !
7. Emilie et Caroline / finir… !
8. (A la classe) / savoir… !
9. (Aux mauvais élèves) / se taire… !
10. (A la classe, à la fin de l'heure) / ne pas oublier… !

Rappel *Infinitives* have many different uses. When one verb follows another, the first verb is conjugated and the second verb remains in the infinitive form. Additionally, a verb that follows a preposition usually remains in its infinitive form. For more details, see pp. 146–147.

E Les idées sur le travail. Les étudiants ne travaillent pas tous de la même façon. Comparez vos méthodes de travail avec celles d'un(e) autre étudiant(e) de la classe.

- Dites si vous êtes d'accord avec chaque phrase ci-dessous.
- Trouvez ensemble deux autres techniques qui peuvent faciliter vos études.

1. Il faut travailler au moins deux heures par jour pour chaque cours que l'on suit.
2. Il vaut mieux lire chaque livre deux fois.
3. Il ne faut jamais prêter ses notes aux autres étudiants.
4. On ne réussit pas si on ne dort pas au moins huit heures par nuit.
5. On travaille mieux dans sa chambre qu'à la bibliothèque.
6. Il faut poser beaucoup de questions en cours.
7. Pour obtenir une meilleure note, il faut s'asseoir au premier rang, devant le prof.
8. En cours de langue, il faut apprendre par cœur tous les mots de vocabulaire.
9. En cours de biologie, il faut passer deux fois plus de temps au laboratoire que ce que le prof suggère.
10. Il vaut mieux passer beaucoup de temps dans le bureau de ses profs.

Saviez-vous que… ?

Le programme Socrates/Erasmus offre aux étudiants français la possibilité d'étudier dans un autre pays d'Europe pendant une période de trois à douze mois. Trente pays participent à ce programme. Un(e) étudiant(e) Erasmus reçoit une bourse d'étude, ne paie pas de droits d'inscription dans l'université étrangère, peut suivre un cours intensif de préparation linguistique dans l'université d'accueil et gagne des U.E. d'équivalence pour son travail à l'étranger.

Témoignage d'une jeune Française

Dans le passage suivant, vous ferez la connaissance de Sophie Mercier, une étudiante française qui raconte son séjour à Londres pendant l'année académique 2002–2003.

Entrons en matière

Pour quelle(s) raison(s) décide-t-on de quitter sa propre université pour aller étudier dans un pays étranger? Qu'est-ce qu'on gagne et qu'est-ce qu'on perd quand on quitte son milieu habituel pour vivre dans un autre pays?

Lecture

Sophie Mercier arrive à Londres après des mois de préparation.

PREMIÈRE PARTIE

En ce moment, je prépare une maîtrise d'histoire à Londres… Oh, j'oubliais… je ne me suis pas encore présentée. J'ai 20 ans, je m'appelle Sophie, j'ai un caractère de cochon—certains disent de pitbull—j'aime le chocolat, Indiana Jones et Bob Dylan.
5 C'est surtout pour cette raison (l'aventure) que je suis arrivée à la cité londonienne.

Octobre 2002. Le jour de la rentrée scolaire s'annonce chargé avec de nombreuses conférences de présentation de l'université. Les professeurs se succèdent sur l'estrade° **estrade** *platform* de l'amphithéâtre pour nous expliquer l'histoire de l'université. Avec mon niveau d'anglais remarquable, je comprends un mot sur dix…

10 La fac est impressionnante. Le jour de mon arrivée, j'ai d'abord cru l'avoir confondue avec le Printemps[6]! Des magasins, des librairies bordent les couloirs, et les cafétérias se comptent sur les doigts des deux mains. Drôle d'infrastructure pour une université. Et dire qu'à la Sorbonne, l'unique point de ralliement° possible des étu- **point...** endroit où les étudiants diants se situe à la machine à café au milieu des toilettes et des mauvaises odeurs… peuvent se réunir

15 Ma vie en résidence universitaire est digne d'un feuilleton télé°. Je me souviens encore **feuilleton...** *soap opera* de la brochure décrivant l'appartement: «chambre équipée d'un lavabo, placards°, grande **placards** *cupboards* cuisine, deux salles de bain, salle d'ordinateurs et salle télé commune, machines à laver… ». En résumé, un «hôtel étudiant» idéal et luxueux, à un prix avantageux.

L'arrivée à l'intérieur de la résidence me fait découvrir le vrai sens des mots: «l'ap-
20 partement» est en réalité un corridor aux murs moisis° et jaunis, la «chambre équipée» **moisis** *moldy* une pièce aussi large qu'un placard dont la moquette° est usée par le temps. **moquette** *carpet* Cerise sur le gâteau: juste en face de notre résidence, un chantier° sert de panorama. **chantier** *construction site* Le bruit des marteaux-piqueurs° rythme la journée qui commence à 7 heures et demie **marteaux-piqueurs** *jack* du matin et s'étire jusqu'à 19 heures! Plus besoin de réveil! *hammers*

25 Je critique, je critique… mais partager sa vie avec deux Japonaises, un Polonais, une Californienne, un Africain et un Indien est quand même très enrichissant. Dommage que cette belle salade exotique soit si bruyante!

[6] grand magasin à Paris

à... *informal*

estompé *faded*

train-train... routine de tous les jours

20 heures, l'heure du dîner. Je rejoins mes compatriotes étudiants autour d'une table à la bonne franquette°. Si la langue reste une barrière, l'émotion est universelle. 30 Les phrases anglaises sont entrecoupées de mots français, japonais, norvégiens, espagnols. Tout le monde est de bonne humeur. On discute autour des plats internationaux, de bouteilles de Bourgogne, Californie ou Afrique du Sud.

Un sentiment général nous unit: celui de la liberté. Nous avons le sentiment que le temps s'arrête. Sentiment bien vite estompé°: l'horloge m'indique qu'il me reste la nuit 35 pour travailler sur un exposé à rendre le lendemain à 9 heures du matin.

O vie d'étudiant, comme tu es belle! Le train-train quotidien° des années de fac à Paris laisse place à la magie de la découverte, aux rencontres fabuleuses et aux surprises à tous les coins des rues. A nous l'aventure! La liberté d'un autre lieu! Un avant-goût d'indépendance.

Comprenez-vous?

1. Sophie semble avoir le caractère idéal pour bien s'adapter à tous les changements dans sa vie pendant son séjour à l'étranger. Pourquoi?
2. A son arrivée en Angleterre, Sophie a-t-elle une très bonne compréhension de la langue anglaise? Justifiez votre réponse.
3. Est-ce qu'un(e) étudiant(e) américain(e) aurait la même réaction que Sophie quand elle a vu la fac à Londres? Pourquoi?
4. Sophie est-elle contente quand elle voit pour la première fois la résidence dans laquelle elle habitera à Londres? Expliquez.
5. Est-ce que l'expression «cerise sur le gâteau» (ligne 22) est positive ou négative dans ce texte? Quelle est l'expression équivalente en anglais?
6. Pourquoi Sophie n'a-t-elle pas besoin d'un réveil-matin?
7. Avec combien de personnes Sophie partage-t-elle son appartement dans la résidence?
8. Trouvez au moins quatre mots à connotation positive que Sophie utilise pour expliquer ce qu'elle pense de sa «vie d'étudiante».

▦ Cherchez la forme

1. Trouvez les neufs verbes pronominaux de cet extrait et classez-les en trois groupes: réciproques, réfléchis et verbes dont le pronom ne peut pas être traduit.
2. Ensuite, analysez la construction **me fait découvrir** (ligne 19). Quel est le sujet du verbe **fait**? Quel est la fonction du pronom **me**?

▦ Allez plus loin

Est-ce que Sophie dîne uniquement avec ses colocataires? Justifiez votre réponse.

Lecture

Sophie rentre chez elle pour Noël, ce qui l'inquiète un peu.

DEUXIÈME PARTIE

40 «Merry Christmas and Happy New Year!» A Londres les banderoles et les étoiles filantes encombrent toutes les devantures des magasins° et rappellent sans arrêt le retour à Paris pour célébrer ces fêtes de fin d'année. Le cœur un peu lourd, je prépare ma valise oubliée dans mon armoire. L'excitation de retrouver mes proches° se mêle à la peur de redécouvrir un univers intact du passé que j'ai fui trois mois plus tôt et à

45 l'angoisse du retour aux petites habitudes, aux horaires imposés, que j'avais oubliés depuis mon départ.

Lorsque j'arrive sur le quai de la gare, j'ai le sentiment de faire le premier pas sur la lune, de poser mon pied sur une autre planète, d'être entourée d'extraterrestres aux coutumes étranges (quelle idée de rouler à droite et de se nourrir à la mie° de pain), de

50 me sentir étrangère dans le pays où j'ai grandi.

Le premier à me reconnaître est mon chien. Puis viennent les silhouettes familiales familières qui m'accueillent. Je tremble de joie. Ce dont j'avais peur avant mon arrivée me soulage° vite: rien n'a changé, ni les visages, ni ma chambre aux bibelots° époussetés avec soin pendant mon absence, ni la voisine qui passe l'aspirateur à 2 heures du

55 mat°…

Tous me posent beaucoup de questions entrecoupées d'interjections: oh! ah! eh! On s'interrompt, on s'embrasse, on se dévisage°, on se touche les mains, on se renseigne, on rit ensemble, et à travers ces moments chargés d'émotion, on se redécouvre comme si l'on ne s'était jamais quitté.

60 Mais le temps passe trop vite… les jours se précipitent, l'aube° de la nouvelle année arrive, et le train à la gare m'appelle en sifflant.

Adapté de: www.phosphore.com

devantures… *window displays*

proches ici, famille et amis

mie partie molle et blanche à l'intérieur du pain

soulager *to relieve* / **bibelots** *trinkets*

mat matin

dévisager *to stare at*

aube ici, début

Comprenez-vous?

1. Pourquoi Sophie a-t-elle «le cœur un peu lourd» (ligne 42)?
2. Pourquoi Sophie dit-elle que l'idée de rouler à droite (sur la route) est une coutume étrange?
3. D'après la description que Sophie fait de son retour chez elle, que savons-nous de ses proches et de sa maison?

■ Cherchez la forme

Dans l'avant-dernier paragraphe du texte, Sophie utilise huit fois la construction **on** + verbe pronominal. Dans ces phrases, remplacez le pronon **on** par le pronom **nous** et faites tous les autres changements nécessaires.

Activités d'expansion

Plantu, Wolfgang, tu feras informatique! (Paris: Folio, 1988)

A Le débat: les parents et les études. La classe est divisée en trois groupes qui vont débattre le rôle que les parents doivent jouer dans la scolarité de leurs enfants. Voici les questions:

1. Qui choisit l'université?
2. Qui choisit les cours à suivre?
3. Qui décide de la profession / carrière de l'enfant?

GROUPE A: Vous pensez que les parents ont le droit de prendre ces décisions pour leur enfant. Expliquez pourquoi.

GROUPE B: Vous êtes opposé(e) à ce que les parents prennent la décision pour leur enfant. Expliquez pourquoi.

GROUPE C: Selon vous, la meilleure solution est de prendre les décisions ensemble. Expliquez comment cela peut se faire.

NOTE: N'oubliez pas qu'en français on **prend** une décision et on **fait** un choix.

Si vous êtes d'accord, vous pouvez dire:
Oui, c'est vrai. De plus,…
Moi aussi, je pense que…
C'est une bonne idée de…
Je dois avouer que tu as raison. En plus,…
C'est vrai ce que tu dis, parce que…

Si vous n'êtes pas d'accord, vous pouvez répondre:
Non, je ne crois pas que…
Je suis en total désaccord avec…
Je regrette, mais tu as tort de dire que…
A mon avis…
Au contraire…

B **L'importance des études dans la vie ordinaire.** A votre avis, les études à l'université sont-elles étroitement liées à la vie de tous les jours? En quoi? Connaissez-vous des gens qui ne sont pas de votre avis là-dessus? Qui sont-ils? Pouvez-vous comprendre leur point de vue?

C **Des systèmes d'éducation bien différents.** En France, chaque bachelier (bachelière) a le droit de poursuivre ses études à l'université et les droits d'inscription sont inférieurs à 180 euros (moins de $200) par an. La situation aux Etats-Unis est très différente. Quels sont les avantages et les inconvénients des deux systèmes?

Plantu, Wolfgang, tu feras informatique! (Paris: Folio, 1988), p. 90.

Chapitre 2

Les jeunes

Ⓐ Le corps

être beau (belle)	to be beautiful
joli(e), laid(e)	pretty, ugly
fort(e), gros(se)	strong, fat
costaud	robust
mince, maigre	thin, skinny
avoir les cheveux...	to have ... hair
longs, courts	long, short
fins, épais	thin, thick
raides	straight
ondulés, frisés	wavy, curly
crépus	frizzy
ébouriffés	uncombed
teints	dyed
en brosse	crew-cut
en crête	spiked
en nattes	in braids
... africaines	in corn rows
être chauve	to be bald

avoir...	to have . . .
la tête rasée	a shaved head
une barbe	a beard
un bouc	a goatee
une moustache	a moustache
des pattes *f.*	sideburns
avoir le visage...	to have a (an) . . . face
ovale, rond	oval, round
carré	square
pointu	pointed
joufflu	fat-cheeked
avoir le nez...	to have a . . . nose
droit	straight
busqué	hooked
avoir les lèvres...	to have . . . lips
épaisses	thick
minces	thin
pincées	pinched
être...	to be . . . (coloring)
bronzé(e)	tan
pâle, blême	pale, sick-looking
avoir le teint...	to have a(n) . . . complexion
clair	light
basané	dark
olivâtre	olive
avoir des taches de rousseur	to have freckles

Pour obtenir des exercices et activités supplémentaires sur le contenu de ce chapitre, rendez-vous sur le site http://slv.heinle.com.

B Le caractère

être, avoir l'air...	*to be . . . , to look . . .*
	(to be . . . looking)
franc (franche)	*honest*
malicieux(-euse)	*mischievous*
éveillé(e), endormi(e)	*awake, sleepy*
dur(e), doux (douce), froid(e)	*hard, sweet, cold*
gentil(le)	*nice*
sympathique, sympa	*friendly*
poli(e), impoli(e)	*polite, impolite*
discret(-ète)	*discreet*
sensible, insensible	*sensitive, insensitive*
drôle	*funny*
désagréable	*unpleasant*
rouspéteur(-euse)	*grouchy*
paresseux(-euse)	*lazy*
énergique	*energetic*
décontracté(e)	*relaxed*
tendu(e)	*tense*
débrouillard(e)	*resourceful*
maladroit(e)	*awkward, clumsy*

C Les vêtements et les accessoires

Noms masculins

vêtements...	*. . . clothes*
chic *(invariable)*	*stylish*
démodés	*out-of-style*
propres, sales	*clean, dirty*
pantalon, jean (délavé), short[1]	*pants, (faded) jeans, shorts*
tee-shirt	*T-shirt*
costume	*suit (men)*
tailleur	*suit (women)*
chemisier	*blouse*
pull	*sweater*
imperméable	*raincoat*
manteau	*coat*
blouson (en cuir)	*(leather) jacket*
maillot de bain	*swimsuit*
chapeau	*hat*
bracelet	*bracelet*
collier	*necklace*
vernis à ongles	*nail polish*
maquillage	*make-up*
piercing	*body piercing*
au nez, au nombril	*nose ring, navel ring*
tatouage	*tattoo*

[1] Note that **pantalon, jean,** and **short** are all singular in French, whereas they are plural in English: **J'aime ton pantalon gris. Il porte un jean. Elle s'achète un short kaki.**

Noms féminins

baskets	*athletic shoes*
chemise, cravate	*shirt (men), tie*
jupe, robe	*skirt, dress*
veste	*suit jacket (men/women)*
chaussures, bottes	*shoes, boots*
sandales	*sandals*
casquette	*cap*
boucle(s) d'oreille(s)	*earring(s)*

D Activités et passe-temps quotidiens

s'habiller	*to dress*
se coiffer	*to style one's hair*
se couper les cheveux	*to cut one's hair*
se faire couper les cheveux	*to have one's hair cut*
se maquiller	*to put on make-up*

jouer (à) + sports et jeux	*to play . . .*
au tennis	*tennis*
au basket-ball	*basketball*
au football	*soccer*
au football américain	*football*
à des jeux vidéo	*video games*

jouer (de) + instruments de musique	*to play . . .*
du piano	*piano*
de la guitare	*guitar*

faire (de) + sports/activités	*to go / to do . . .*
du jogging	*jogging*
de l'aérobic	*aerobics*
du lèche-vitrines	*window-shopping*
des courses	*shopping*

être...	*to be . . .*
musicien(-enne)	*a musician*
dans un groupe (musical)	*in a band*
sportif(-ve)	*athletic*
membre d'une équipe	*on a team*

Préparation grammaticale

Avant de continuer, révisez la formation et le placement des adjectifs qualificatifs, pages 151–155.

Vocabulaire

A Vive les différences! Anne et Philippe sont deux personnes très différentes, mais ils s'entendent très bien. Décrivez Anne d'après la description de Philippe.

Philippe est un homme costaud et plutôt laid. Il a les cheveux courts et frisés, le visage rond, le nez busqué et les lèvres épaisses. Il a l'air endormi, et ses amis le trouvent insensible, rouspéteur et paresseux. Il porte toujours des vêtements sales et démodés. Il passe son temps à jouer à des jeux vidéo.

B Comment dit-on? Trouvez l'adjectif de la liste B du vocabulaire qui correspond à chacune des définitions suivantes.

1. qui s'exprime ouvertement, en toute honnêteté
2. qui n'attire pas l'attention
3. qui manque d'humanité, d'indulgence
4. qui évite l'effort
5. qui ne ressent pas d'émotions
6. qui ne se met pas en colère
7. qui est plein de vie, de vivacité
8. qui sait se tirer facilement d'affaire

Rappel In French, descriptive adjectives agree in *gender* (masculine/feminine) and in *number* (singular/plural) with the nouns or pronouns they modify. Although descriptive adjectives usually follow the nouns they modify, some short ones come before. A few adjectives change meaning depending on whether they precede or follow the noun they modify. For more details, see pp. 151–155.

C Comment sont-ils? Faites une description physique détaillée de chacune des personnes sur les quatre photos, en utilisant les listes A et C du vocabulaire.

1.

2.

3.  **4.**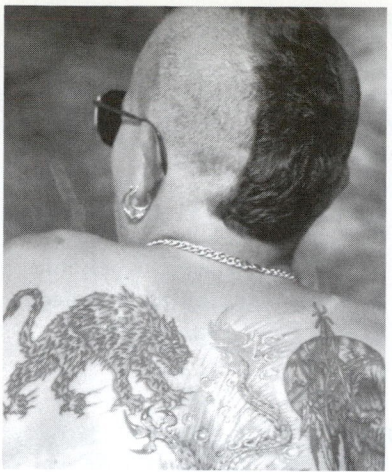

D **Les stars.** Choisissez une des stars de la liste suivante et décrivez-la. Utilisez au moins trois adjectifs qui décrivent l'apparence et le caractère de cette personne.

1. Nicole Kidman
2. Adam Sandler
3. Will Smith
4. Jennifer Lopez

5. Johnny Depp
6. Audrey Tautou *(Amélie)*
7. Gérard Depardieu
8. Tom Hanks

E **Pour faire le portrait…** Travaillez avec un(e) camarade de classe. D'abord, écrivez une description physique détaillée l'un(e) de l'autre en utilisant les listes A et C du vocabulaire. Ensuite, essayez de deviner le caractère de votre partenaire (toujours par écrit) d'après son apparence physique. Cette fois, utilisez le vocabulaire de la liste B. Finalement, lisez-vous vos descriptions, puis exprimez vos réactions. Est-ce que la description faite par votre partenaire est correcte ou non? Pourquoi?

Modèle: portrait de l'homme sur la photo

Vous:
Vous êtes jeune. Vous avez probablement entre vingt-cinq et trente-cinq ans. Vous êtes grand et fort, mais pas gros. Vous avez les cheveux bruns, courts et fins, le visage ovale, le nez droit et les lèvres minces. Vous êtes bronzé. Vous êtes probablement sympathique, décontracté et débrouillard.

Réactions de l'homme sur la photo:
Vous avez raison dans l'ensemble. J'ai vingt-sept ans. Je suis grand, mais pas très fort. J'ai les cheveux teints; en réalité, je suis blond. On me trouve sympathique et débrouillard, mais je ne suis pas du tout décontracté!

Préparation grammaticale

Avant de continuer, révisez le comparatif et le superlatif de l'adjectif qualificatif, pages 155–156.

F **Les différences.** De temps en temps, nous voyons ou nous rencontrons des gens qui nous semblent bien différents de nous, ou même bizarres. Prenez quelques minutes pour réfléchir à la personne la plus «différente» ou la plus bizarre que vous ayez jamais vue. Faites-en une description précise en répondant aux questions suivantes.

1. Où était cette personne?
2. Que portait-elle?
3. Comment était cette personne, physiquement?
4. Du point de vue du caractère, comment vous imaginez-vous cette personne?
5. Que faisait cette personne?

«Victime de la mode»

Entrons en matière

Blaise Pascal, un philosophe français du 17e siècle, a dit: «La mode même et les pays règlent ce que l'on appelle beauté.» Est-ce toujours le cas aujourd'hui? Donnez des exemples pour justifier votre argument.

▪ Avant de lire

Le texte que vous allez lire est la transcription des paroles d'une chanson du célèbre rappeur français, MC Solaar. Mais, par définition, la chanson existe pour être entendue, pas pour être lue. Alors, avant de passer à la lecture, faites un petit exercice d'écoute. En écoutant cette chanson, notez sur une feuille de papier tous les mots que vous reconnaissez qui sont liés à l'image du corps.

Lecture

CD 4, track 3

Clap, prise 1, vision panoramique
Une caméra avance, gros plan° sur Dominique   **gros...** *close-up*
Seule devant la glace°, elle ausculte son corps   **glace** miroir
Puis crie machinalement encore quelques efforts
5 Tous les régimes° sur elle furent testés   **régimes** *diets*
Toutes les tentatives ont été des échecs complets
Mais elle persévère et pour plaire à son homme
Dominique a décidé de suivre la norme
Elle emmagasine des magazines
10 Dans lesquels elle pense trouver le recours ultime
Maso° à l'assaut de ses formes rondelettes   **Maso** (*fam.*) Masochiste
Elle était occupée à couper du PQ° car on lui piquait les fesses[2]   **PQ** *toilet paper (slang)*

Victime de la mode tel est son nom de code

Lumière, scène II, l'As de trèfle° lui propose   **As...** *Ace of clubs hand (card game)* / **donne** *deal (card game)*
15 Une toute nouvelle donne° et en voici la cause
Tellement d'efforts et pour quel résultat
Elle perd de l'oseille° au lieu de perdre du poids°   **perd...** perd de l'argent (*slang*) / **perdre...** *to lose weight*
Dominique réplique et très vite m'explique qu'elle
Veut être la réplique d'une créature de clip°   **clip** *video clip*
20 Ainsi font, font, font[3] les petites filles coquettes
Elles suivent un modèle qui leur fait perdre la tête
From London to Washington, Kingston, Charenton ou Carcassonne
Quand le téléphone sonne, elle nous répond sans cesse
Qu'elle était occupée à couper du pécul car on lui piquait les fesses
25 Victime de la mode tel est son nom de code

Donc, en guise de conclusion
A l'analyse logique de cette situation
Le régime, le jogging, la liposuccion
Sont à tester mais il faut faire attention
30 Espérons que vous aurez compris
Les bases très claires de ce code de déontologie°   **déontologie** *the ethics of duty*
Prendre ou perdre quelques kilos
L'essentiel est d'être vraiment bien dans sa peau
Ma tactique attaque tous tes tics avec tact
35 Dominique pas de panique, écoute bien ce funky beat
La quête de l'image la laisse dans le stress
Elle était occupée à couper du PQ car on lui piquait les fesses

Victime de la mode tel est son nom de code

«Victime de la mode», paroles et musique de MC Solaar, interprétée par MC Solaar, Polydor (2, rue Cavalotti – 75018 Paris), Ed. Fair & Square/BMG Music Publishing – 517 422-2

[2] **Elle était occupée à couper du PQ car on lui piquait les fesses:** The idea here is that she was busy nursing her bruised derrière, which was always being poked with needles (to remove cellulite, etc.).

[3] **Ainsi font, font, font...** is an allusion to a popular French song for children: **Ainsi font, font, font les petites marionnettes.**

Comprenez-vous?

1. De quelle mode Dominique est-elle victime?
2. Quelles sont les deux raisons que Dominique donne pour vouloir perdre du poids?
3. Selon MC Solaar, qu'est-ce qui est plus important que la mode?

■ Cherchez la forme

Les huit adjectifs suivants se trouvent dans la chanson «Victime de la mode». Identifiez les mots qualifiés par ces adjectifs, puis changez le genre (masculin ou féminin) de cha-cun: seule (ligne 3), complets (ligne 6), ultime (ligne 10), rondelettes (ligne 11), nou-velle (ligne 15), coquettes (ligne 20), claires (ligne 31), tous (ligne 34).

■ Allez plus loin

Quelle image MC Solaar veut-il créer par les paroles du premier vers du premier cou-plet («Clap, prise 1… »)? Et par le premier vers du deuxième couplet («Lumière, scène II… »)?

■ A discuter

Est-ce que l'apparence est une préoccupation uniquement féminine? Les hommes pourraient-ils aussi être victimes de la mode?

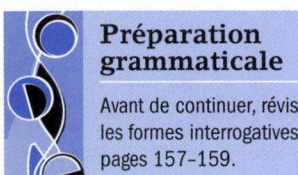

Préparation grammaticale

Avant de continuer, révisez les formes interrogatives, pages 157–159.

Applications

A **Vous et les autres.** Comparez-vous aux autres, selon les indications données.

Modèle: sensible, votre meilleur(e) ami(e)
Je suis (plus / moins / aussi) sensible que mon (ma) meilleur(e) ami(e).

1. sportif, votre meilleur(e) ami(e)
2. discret, Madonna
3. paresseux, votre professeur de français
4. impoli, votre grand-mère
5. décontracté, vos parents
6. rouspéteur, votre voisin
7. conservateur, le président des Etats-Unis
8. travailleur, votre camarade de chambre
9. intelligent, Albert Einstein
10. riche, Bill Gates

B **Quelle curiosité!** Un jeune Français va passer les vacances d'été chez vous, et il veut vous connaître un peu mieux avant d'arriver. Il vous pose énormément de ques-tions! Voici vos réponses. Quelles sont ses questions?

1. Je suis grand et mince, avec les yeux marron et le nez droit. J'ai la tête rasée.
2. J'habite tout près de la ville de San Francisco.
3. Ma maison est très spacieuse, avec beaucoup de lumière.

4. Il y a quatre personnes dans ma famille.
5. Ces quatre personnes sont ma mère, mon père, mon frère et moi.
6. Ma mère s'appelle Alice, mon père s'appelle Tom et mon frère s'appelle Bob.
7. Mes sports préférés sont le tennis et la natation.
8. Nous partirons à la plage une semaine après ton arrivée.
9. Le soir, je vais souvent au cinéma.
10. Nous t'invitons parce que nous aimons rencontrer de nouvelles personnes.

C **L'interrogation continue!** Le jeune Français de l'exercice B est arrivé chez vous, et il veut tout savoir sur vos amis, vos études, vos passe-temps, etc. Avec un(e) camarade de classe, jouez cette scène. Chaque personne joue le rôle du jeune Français et pose trois questions auxquelles l'autre personne répond. Utilisez les mots interrogatifs suivants.

Mots et expressions interrogatifs:

qu'est-ce qui	lequel (laquelle, etc.)	comment
quand	pourquoi	que

> **Rappel** **Tout** functions as both an *adjective* and a *pronoun*. When used as a pronoun in the singular, **tout** is always *invariable*. This is because it has only one meaning: *everything*. For more details, see p. 156.

D **Le magazine *Phosphore*: tout pour les jeunes!** Voici quelques précisions sur le contenu de cette publication. Remplissez les blancs avec les formes de **tout** qui conviennent.

1. *Phosphore* sort _____ les mois et coûte 5,50 euros.
2. Ce magazine parle de _____ l'actualité des 15 à 25 ans.
3. Selon le bulletin d'abonnement, vous devez lire *Phosphore* «pour être dans le coup _____ l'année... *Phosphore* aborde _____ les aspects de votre vie».
4. Les abonnés au magazine ont accès au site Internet qui offre une banque de données exhaustive sur _____ les métiers et sur _____ les formations.
5. Voici les titres d'une sélection d'articles de *Phosphore*: «Fiches orientation: _____ les filières à la loupe», «Dossier gestion du temps: _____ ce qu'il faut savoir pour travailler efficacement», «La fidélité, _____ le monde en rêve», «_____ les bons plans vacances», «_____ sur les méthodes de travail», «_____ les clés du succès».

E **Généralisation ou vérité?** Quand on parle de groupes de personnes (comment ils sont, ce qu'ils font, etc.), on a tendance à ignorer des différences subtiles mais importantes entre les personnes du groupe. Faites un commentaire sur un des groupes suivants, en utilisant une forme de **tout** et le vocabulaire du chapitre dans votre phrase. Puis, demandez à la classe de juger la justesse *(accuracy)* de votre observation.

les étudiant(e)s de votre âge	les parents
les chanteurs de rap	les Français(es)
les professeurs	les Américain(e)s
les garçons de 8 à 10 ans	les filles de 16 ans

F Qui est MC Solaar? Ce petit paragraphe parle du chanteur de «Victime de la mode» (pages 26–27).

1. Complétez ce texte en remplissant les blancs avec **il** ou **c'**.
MC Solaar, _____ est un rappeur français connu. Bien que je n'aime pas beaucoup le rap, _____ est agréable d'écouter les disques de Solaar parce que / qu' _____ utilise des jeux de mots, des allitérations et de l'ancien français. _____ est un homme intelligent qui a réussi son bac et qui a fait des études à l'université avant de se consacrer à la musique. _____ n'est pas toujours facile de comprendre les paroles de ses chansons, mais _____ est un bon exercice pour les étudiants de français.

2. Continuez cet exercice avec un(e) partenaire. En vous référant au texte de la chanson, créez ensemble au moins deux autres phrases avec **il/elle est** et deux autres avec **c'est** au sujet de MC Solaar et de sa chanson.

«Sympas, les Français, mais un peu sérieux!»

Pendant l'été 1999, le magazine *Phosphore* a fait une enquête sur ce que des jeunes étrangers en vacances en France pensaient des jeunes Français. Vous allez découvrir dans les extraits de cette enquête quelques-unes de leurs impressions. Chaque jeune étranger a répondu à trois questions: «Qu'avez-vous pensé des jeunes Français?»; «Qu'est-ce qui vous a choqué en France?»; et «Reviendrez-vous?»

Entrons en matière

Si vous avez déjà visité la France, comment avez-vous trouvé les jeunes Français? Si vous n'avez jamais fait la connaissance d'un(e) Français(e) de votre âge, comment imaginez-vous les jeunes Français? Est-ce que les jeunes en France ressemblent beaucoup ou peu aux jeunes de votre pays?

Lecture

PREMIÈRE PARTIE: *«Qu'avez-vous pensé des jeunes Français?»*
«Je trouve qu'ils sont très sérieux. On dirait qu'ils ne pensent qu'à l'école.» (<u>Dylan</u>, 20 ans, californien)
«J'imaginais qu'ils étaient snob et surtout intellectuels et cultivés. En fait, ils sont plutôt sympas, et pas si intellectuels que ça!» (<u>Veronica</u>, 19 ans, argentine)
5 «Ils ne font pas d'efforts pour parler anglais. Si nous ne parlons pas bien le français, ils préfèrent ne pas nous adresser la parole.» (<u>Sven</u>, 27 ans, norvégien)
«Au premier abord, ils sont polis et souriants, mais quand on discute un peu avec eux, ils deviennent assez formels et conservateurs.» (<u>Mariana</u>, 23 ans, argentine)
«Je fais un tour d'Europe et je trouve que tous les jeunes Européens se ressemblent.
10 Pour moi, les Français sont pareils que les Italiens ou les Anglais.» (<u>Tun-jen</u>, 18 ans, taiwanais)

«Ils ont l'air plus ouverts que chez nous. Quand ils disent bonjour, ils sourient et ils nous indiquent notre chemin.» (Jennifer, 22 ans, originaire de l'Etat du Kansas)

«Eh bien! Ils sont assez sympas, mais c'est dommage, ils sont tous habillés en noir.
15 C'est triste!» (Briana, 19 ans, irlandaise)

«Ils s'habillent mieux que les Américains. Ils sont très à la mode. Par contre, ils fument beaucoup et partout.» (Sophie, 20 ans, new yorkaise)

Comprenez-vous?

1. Qu'est-ce qui peut expliquer la différence entre l'opinion de Sven et celle de Jennifer?
2. Qu'est-ce qui explique les réactions différentes de Tun-jen et de Briana?
3. Etes-vous surpris(e) qu'il n'y ait qu'une seule personne qui remarque le nombre de fumeurs parmi ces jeunes Français et que cette personne soit américaine? Pourquoi?
4. Voyez-vous une contradiction entre l'opinion de Sophie et celle de Briana? Expliquez.
5. Est-ce qu'une de ces opinions confirme ce que vous pensiez déjà des Français? Expliquez.

▮ Cherchez la forme

Dans ce texte, les jeunes étrangers donnent leurs impressions des jeunes Français en général, donc tous les adjectifs sont au masculin. Faites une liste des adjectifs trouvés dans le texte, puis mettez-les au féminin.

DEUXIÈME PARTIE: *«Qu'est-ce qui vous a choqué en France?»*

«Je suis agréablement surpris par la manière de vivre. Ici, tout a l'air facile, simple. Tout est beaucoup plus accessible que chez nous.» (Laszlo, 23 ans, hongrois)

20 «Les SDF° dans la rue. Paris est une ville dans laquelle il y a beaucoup de belles choses à voir, mais on laisse les pauvres mendier° dehors.» (Lynda, 25 ans, texane)

«Les gens conduisent n'importe comment. Les routes sont dangereuses et les conducteurs ne se respectent pas entre eux.» (Sven, 27 ans, norvégien)

«Je trouve que la manière de vivre est arriérée°, même à Paris. Les magasins ferment
25 le week-end et aux vacances... Dans mon pays, tout reste ouvert 24 heures sur 24.» (Mariana, 23 ans, argentine)

«La facilité avec laquelle les jeunes font grève dans leur lycée. Chez nous, dès qu'un élève proteste, il est viré°!» (Dylan, 20 ans, californien)

«Le nombre de jeunes qui fument. J'ai passé deux mois dans un lycée. Dans ma
30 classe, 70 % fumaient et 50 % fumaient du shit°.»[4] (Fernando, 19 ans, mexicain)

«La bouffe°! La cuisine française est réputée pour être excellente, mais en réalité, pour bien manger, il faut payer très cher. Sinon, c'est dégueulasse°.» (Briana, 19 ans, irlandaise)

SDF sans domicile fixe *(homeless persons)* / **mendier** demander la charité

arriérée *behind the times*

viré *kicked out*

shit *haschisch, marijuana*
bouffe nourriture *(slang)*
dégueulasse *disgusting (slang)*

[4] Selon un sondage TNS-Sofres (novembre 2003) 80 % des jeunes (15–24 ans) étaient favorables à l'interdiction de vendre des cigarettes au moins de 16 ans, 68 % à l'interdiction de fumer dans des établissements scolaires et 53 % à la hausse du prix du tabac.

«Les grèves. J'ai trouvé des musées fermés. La dernière fois, il n'y avait ni métro ni
35 bus. C'est incroyable! A Taipei, il y a toujours des choses qui continuent de marcher.»
(<u>Tun-jen</u>, 18 ans, taiwanais)

«Le service public, parce qu'il est mieux organisé que chez nous, surtout le bus.
Dans ma ville, il n'y a pas d'arrêts, on monte quand on peut.» (<u>Luis</u>, 22 ans, brésilien)

«Les policiers qui portent des armes dans la rue. Aux Etats-Unis, même s'il y a par-
40 fois de la violence, les policiers ne portent jamais leur arme aussi ouvertement.»
(<u>Jennifer</u>, 22 ans, originaire de l'Etat du Kansas)

Comprenez-vous?

1. Est-ce que Laszlo et Lynda sont d'accord sur leur façon de voir la vie en France?
   Expliquez.
2. A votre avis, quelles opinions de ces étrangers sont des critiques négatives de la
   société française (au lieu d'être de simples observations des différences entre leur
   propre pays et la France, ou entre ce qu'ils voient et ce qu'ils s'attendaient à
   voir)?
3. Quels étrangers sont choqués par la même chose?
4. Quel commentaire vous surprend le plus? Pourquoi?
5. Quel(s) commentaire(s) confirme(nt) votre propre opinion ou vos propres
   idées?

■ Cherchez la forme

Deux des jeunes interrogés font des comparaisons positives en parlant de la France. Laszlo,
le Hongrois, dit qu'en France «tout est beaucoup plus accessible» que chez lui; Luis, le
Brésilien, dit que le service public à Paris «est mieux organisé» que chez lui. Réécrivez leurs
phrases afin de créer des comparaisons négatives, en commençant par: «Chez nous, tout
est… » (pour Laszlo) et «Chez nous, le service public est… » (pour Luis).

TROISIÈME PARTIE: *«Reviendrez-vous?»*

«Oui, l'an prochain, si j'arrive à obtenir une bourse à l'ambassade.» (<u>Veronica</u>, 19
ans, argentine)

«Pour la bouffe et... mon fiancé (français!).» (<u>Mariana</u>, 23 ans, argentine)

45 «Oui, j'aimerais bien rester plusieurs mois ici et donner des cours d'anglais.»
(<u>Lynda</u>, 25 ans, texane)

«Pour le pain. Chez nous, on en trouve, mais il est plus cher et moins bon.»
(<u>Jennifer</u>, 22 ans, originaire de l'Etat du Kansas)

«Oui mais la prochaine fois, j'irai sur la Côte d'Azur.» (<u>Laszlo</u>, 23 ans, hongrois)

50 «Oui, j'aimerais faire une partie de mes études d'ingénieur à Strasbourg ou à
Poitiers.» (<u>Fernando</u>, 19 ans, mexicain)

«Oui, j'aimerais vivre un peu ici. Ça a l'air de bien bouger.» (<u>Briana</u>, 19 ans,
irlandaise)

«Oui, pour ma lune de miel.» (<u>Luis</u>, 22 ans, brésilien)

55 «Je ne sais pas.» (<u>Tun-jen</u>, 18 ans, taiwanais)

Adapté de Béatrice Girard, «Sympas, les Français, mais un peu sérieux!», *Phosphore*, septembre 1999,
pp. 54–55.

Comprenez-vous?

1. Lesquels de ces étrangers veulent revenir en France pour les mêmes raisons? Nommez les personnes et les raisons.
2. Lesquelles de ces raisons sont les plus sérieuses, à votre avis?
3. Qu'est-ce qui peut expliquer le fait que Tun-jen est le seul à ne pas être sûr qu'il reviendra en France?

■ Cherchez la forme

Jennifer, originaire de l'Etat du Kansas, explique qu'elle préfère le pain en France quand elle dit: «Chez nous, on en trouve, mais il est plus cher et moins bon.» Réécrivez sa phrase, en commençant par: «Comparé au pain chez nous, le pain en France est... »

■ A discuter

Est-il possible de comprendre les gens et la culture d'un pays si on n'y passe que quelques semaines de vacances? Quel est le danger de tirer des conclusions sur tout un peuple si on ne visite qu'une seule ville ou une seule région du pays?

Activités d'expansion

Ⓐ Se faire remarquer

1. Est-ce qu'il y a des «looks» particuliers que l'on adopte sur votre campus? Lesquels? Avec un(e) partenaire, choisissez un «look» que vous avez tous (toutes) les deux remarqué. Est-ce que vous avez réagi à ce look de la même façon que votre partenaire? Comparez vos réactions et essayez de les analyser.
2. Il y a des gens qui veulent se faire remarquer *(make a statement)* par leur façon de s'habiller, de se coiffer, de se maquiller, etc. Trouvez un(e) partenaire et discutez des gens que vous connaissez qui veulent se faire remarquer. Qui sont-ils? Que font-ils pour se distinguer des autres? Pourquoi, à votre avis, veulent-ils être «différents»?

Ⓑ Qu'en pensez-vous?

Que pensez-vous de la publicité intitulée «Elle est où la différence?» faite par le Ministère de la Jeunesse, des Sports et de la Vie associative? Pourquoi est-il nécessaire de souligner que tous les jeunes sont «égaux en droits»? Selon votre propre expérience, les jeunes qui s'habillent, se coiffent ou se maquillent de façon provocante ou choquante sont-ils victimes de discrimination? Les professeurs, les marchands, les policiers réagissent-ils à ces jeunes de la même façon qu'ils réagissent aux jeunes dont l'apparence est plus «normale»?

Ⓒ Envoyez des SMS en français?

Les jeunes en France (15–25 ans) s'envoient autant de SMS (petits messages envoyés par téléphone mobile) que leurs contemporains dans les autres pays du monde. En groupes de 2 ou 3 personnes, dont au moins une avec un téléphone mobile, créez des SMS en français, puis envoyez-les à tous les autres groupes de la classe. Voici deux exemples pour vous aider dans votre travail.

J'espère que tu vas bien.: *«jspr k tu va bi1»*
Je t'appelle dès que je peux.: *«j'tapl d kej'pe»*

Chapitre 3

Les immigrés

A Présent ou passé?

Pour parler du présent	Pour parler du passé
aujourd'hui	hier
à notre époque	autrefois
de nos jours	il y a... heure(s)
actuellement	... jour(s)
à l'heure actuelle	... an(s)
maintenant	à cette époque-là
	en ce temps-là[1]

B L'immigration

Mots apparentés: l'immigré(e), immigrer, l'intégration *f.*, s'intégrer (à, dans), le passeport, le visa, le (la) réfugié(e), ethnique, la colonie, coloniser

accueillir	to welcome, to greet
l'accueil[2] *m.*	welcome, reception
accueillant(e)	welcoming
la carte de séjour	residence permit
les papiers *m.*	identity papers
la carte d'identité	identity card
le sans-papiers	illegal immigrant (person without proper identity papers)
l'ethnie *f.*	ethnic group

---

[1] Either **à cette époque-là** or **en ce temps-là** may be used to refer to a previously stated past time.

[2] **Accueil** means how someone or something is received. To say "Welcome!" as a greeting: **Soyez le (la) bienvenu(e)!**

 Pour obtenir des exercices et activités supplémentaires sur le contenu de ce chapitre, rendez-vous sur le site http://slv.heinle.com.

C Questions sociales

Mots apparentés: la tolérance, tolérant(e), l'égalité, l'iné-
galité *f.,* les inégalités sociales, le racisme, le (la) raciste, la
pauvreté, le (la) pauvre, la richesse, le (la) riche, la bourgeoisie, le (la) bourgeois(e), le (la) propriétaire

le chômage	*unemployment*
être au chômage	*to be unemployed*
le chômeur, la chômeuse	*unemployed person*
le (la) sans-abri, le (la) SDF[3]	*homeless person*
mendier	*to beg*
le préjugé	*prejudice*

D La vie active

Quoi?

faire une demande (d'emploi),	*to apply (for a job)*
poser sa candidature	
le formulaire	*form, application*
remplir un formulaire	*to fill out a form*
la lettre de candidature,	*cover letter, application*
la lettre de motivation	*letter*
le C.V.	*curriculum vitae, job résumé*
l'entretien *m.*	*interview*
passer un entretien	*to be interviewed*
d'embauche	*(for a job)*
le boulot	*job, work (slang)*
le poste	*position, job*
le métier	*trade, job*
les travaux domestiques *m. pl.*	*domestic work*
les petits travaux *m. pl.*	*odd jobs*
embaucher	*to hire*
gagner sa vie	*to earn one's living*

[3] sans domicile fixe *(invariable in plural)*

[4] président directeur général

le salaire	*salary*
travailler	*to work*
à plein temps	*full-time*
à mi-temps	*half-time*
à temps partiel	*part-time*
comme bénévole	*as a volunteer*
faire grève	*to go on strike*
faire de l'intérim	*to temp*
une agence d'intérim	*temp agency*
faire un stage	*to do an internship*
le (la) stagiaire	*intern*
licencier, renvoyer	*to dismiss, to fire, to lay off*

Qui?

Mots apparentés: l'employé(e), l'employeur *m.*

le (la) salarié(e)	*wage-earner*
l'ouvrier(-ière)	*blue-collar worker*
saisonnier(-ière)	*seasonal worker*
le (la) patron(ne)	*boss*
le PDG[4]	*CEO*
le (la) bénévole	*volunteer*
faire du bénévolat	*to do volunteer work*
l'association caritative *f.*	*charitable organization*

Où?

l'usine *f.*	*factory*
le chantier	*construction site*
l'atelier *m.*	*workshop*
textile	*textile mill*
d'artiste	*artist's studio*
le bureau	*office*
le champ	*field*
l'entreprise *f.*	*business, company*

Vocabulaire

A **Réactions personnelles.** Choisissez un mot de la liste B ou C du vocabulaire. Circulez dans la classe et demandez à trois camarades de classe ce qu'ils associent avec le mot que vous avez choisi. Puis partagez ces associations de pensée avec le reste de la classe.

> **Modèle:** VOUS: A quoi penses-tu quand je dis «chômage»?
> AUTRE ÉTUDIANT(E): **Je pense à la pauvreté, au travail, au malheur...**

B **Trouvez le mot.** Voici des définitions de dix mots de la liste D du vocabulaire. Trouvez les mots définis.

1. chef d'une entreprise industrielle ou commerciale
2. engager des salariés
3. renvoyer des employés pour des raisons économiques
4. une personne qui fait un travail gratuitement
5. rendez-vous entre une personne qui cherche des employés et une personne qui cherche du travail
6. feuille comportant des questions auxquelles il faut répondre
7. document sur lequel le candidat à un poste présente sa formation et son expérience
8. personne qui travaille pendant une période limitée, le plus souvent dans le secteur agricole
9. travail de durée limitée, souvent sans salaire, dans le but d'acquérir de l'expérience professionnelle
10. faire le travail de quelqu'un d'autre pendant une période de temps limité

C **Le contraire.** Trouvez l'antonyme (le contraire) des mots ou expressions de la liste ci-dessous.

1. avoir un emploi
2. la richesse
3. une personne qui a un endroit fixe où habiter
4. la supériorité ou l'infériorité
5. une personne qui a une carte de séjour
6. embaucher
7. un poste permanent

D **Positive ou négative?** Dans la liste de vocabulaire, choisissez cinq mots à connotation positive et cinq mots à connotation négative. Comparez votre liste avec celle d'un(e) camarade de classe et échangez vos points de vue.

E **Un reportage.** En groupes de trois ou quatre étudiants, choisissez l'un des sujets de la liste suivante. Ensemble, préparez cinq questions pour faire un reportage.

> **Modèle:** l'immigration
> **D'où viennent la plupart des immigrés?**

1. l'immigration
2. le racisme
3. les inégalités sociales
4. le chômage

Préparation grammaticale

Avant de continuer, révisez la formation et l'usage du passé composé et de l'imparfait, pages 161–165.

Saviez-vous que… ?

Si on est au chômage en France ou si on cherche un emploi différent, on s'adresse à l'ANPE, l'Agence nationale pour l'emploi, un organisme créé pour améliorer le fonctionnement du marché du travail. L'ANPE offre un service personnalisé et continu aux demandeurs d'emploi. Elle vient également en aide aux employeurs en leur proposant un espace de recrutement et en leur présentant différents services et conseils pour trouver les candidats idéaux.

Source: www.anpe.fr

A la recherche d'un travail

Dans ce texte sans titre, Francis Bebey (né en 1929), écrivain et musicien du Cameroun, présente les sentiments d'un homme qui doit quitter sa patrie pour chercher du travail en France.

Pour mieux comprendre

Lisez la première strophe. Qui parle? De quoi s'agit-il?

Lecture

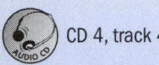 CD 4, track 4

Je suis venu chercher du travail
J'espère qu'il y en aura
lointain à une grande distance Je suis venu de mon lointain° pays
Pour travailler chez vous

5 J'ai tout laissé, ma femme, mes amis
Au pays tout là-bas
J'espère les retrouver tous en vie
Le jour de mon retour

Ma pauvre mère était bien désolée
En... Quand elle m'a vu 10 En me voyant° partir
Je lui ai dit qu'un jour je reviendrai
Mettre fin à sa misère

parcouru fait J'ai parcouru° de longs jours de voyage
Pour venir jusqu'ici
accueil réception 15 Ne m'a-t-on pas assuré d'un accueil°
vaudrait... would be worth so much trouble Qui vaudrait bien cette peine°

Regardez-moi, je suis fatigué
D'aller par les chemins
Voici des jours que je n'ai rien mangé
20 Auriez-vous un peu de pain?

déchiré torn Mon pantalon est tout déchiré°
Mais je n'en ai pas d'autre
Ne criez pas, ce n'est pas un scandale
Je suis seulement pauvre

25 Je suis venu chercher du travail
J'espère qu'il y en aura
Je suis venu de mon lointain pays
Pour travailler chez vous.

Francis Bebey, dans *Anthologie africaine d'expression française*, II. (Paris: Hatier, 1988), page 114.

Comprenez-vous?

1. Après la lecture de ce texte, que savez-vous sur le pays d'où vient le narrateur?
2. Comment sa famille a-t-elle réagi quand il a décidé de partir?
3. Est-ce que le narrateur a l'intention de rester en France? Justifiez votre réponse.
4. Décrivez l'apparence et les émotions du narrateur.
5. Comment les gens qui le voient ou à qui il parle réagissent-ils? Justifiez votre réponse.
6. Comment la structure du poème (répétition de la première strophe en fin de texte) souligne-t-elle le message de l'auteur?

Et le titre?

Puisque le poète n'a pas donné de titre à son poème, trouvez-lui-en un. Ne citez pas un des vers du poème.

■ Cherchez la forme

Faites une liste de tous les verbes conjugués du poème. Identifiez le temps de chaque verbe et expliquez pourquoi le poète a utilisé ce temps.

Préparation grammaticale

Avant de continuer, révisez l'usage de l'infinitif passé avec **après,** page 167.

Rappel There are two major tenses for talking about the past in French. The **passé composé** tells *what happened* in the past, the *imperfect* (**l'imparfait**) describes *how things were,* i.e. the conditions, in the past. For more details, see pp. 161–165.

Applications

Ⓐ **La réussite.** Voici un article qui présente un jeune beur (un Français né de parents maghrébins) qui a réussi dans sa vie professionnelle. Récrivez cet article au **passé composé.**

> Amar passe le baccalauréat professionnel, puis il a envie de poursuivre ses études pour avoir le brevet de technicien supérieur. Il doit convaincre ses parents qui ne comprennent jamais ses ambitions. Il choisit une école en province, loin de sa famille et il vit dans un foyer (résidence pour étudiants ou ouvriers). A 20 ans, il reçoit son diplôme et aussitôt après, il décroche (obtient) son premier boulot. A 25 ans, il décide de suivre une formation en gestion et se lance dans l'aventure de la création d'entreprise. Il monte un magasin de disques mais malheureusement, il fait faillite *(goes bankrupt).* Il va travailler dans un bureau d'études comme technicien. Plus tard, il devient directeur-adjoint de ce bureau. Quelques années après, il achète une partie de l'entreprise.

B **Autrefois.** Khaled décrit son enfance en Algérie. Mettez sa description à l'**imparfait.**

Pendant mon enfance, je vis dans un petit village avec mes parents et ma sœur. Nous ne sommes pas riches mais nous nous entendons bien. Mon père travaille dans une petite usine, ma mère reste à la maison. Cependant, mes parents sont très ouverts et très modernes. Ma sœur, qui est ambitieuse, va au lycée et veut devenir médecin. Elle lit beaucoup et apprend l'anglais et le français. Moi, je n'aime pas l'école. L'après-midi, je suis ma mère quand elle va au marché; d'autres fois, mes petits copains et moi, nous jouons dans les champs. Le soir, après le dîner, mon père me raconte des histoires et m'encourage à travailler plus dur à l'école. Cette vie tranquille m'ennuie et je ne veux pas devenir ouvrier comme mon père. Il y a beaucoup de chômeurs dans la région, alors je sais que je dois partir à l'étranger chercher du travail.

C **Une famille curieuse.** Imaginez que vous êtes un des membres de la famille de Khaled (voir exercice B). Il est rentré en Algérie pour les vacances. Vous ne l'avez pas vu depuis cinq ans. Posez-lui des questions (à l'**imparfait** et au **passé composé**) sur ce qu'il a fait en France pour trouver du travail et un logement.

Modèle: **Qu'est-ce que tu as fait quand tu es arrivé à Paris? Pourquoi? Pourquoi voulais-tu aller en France?**

D **Un sans-papiers.** Sema, un jeune Malien, est revenu dans son village au Mali et il parle de son séjour difficile en France. Mettez les infinitifs au **passé composé** ou à l'**imparfait,** selon le cas.

Quand je (arriver) en France, je (vivre) dans un foyer à Paris où je (connaître) beaucoup d'autres jeunes immigrés. La plupart d'entre eux (envoyer) au pays la plus grande partie de leurs revenus pour aider leurs familles et leur village. Moi aussi, je (vouloir) le faire mais je (ne pas pouvoir) parce que je (avoir) beaucoup de mal à trouver un boulot. Les autres sans-papiers et moi, nous (se cacher) de la police. Nous (passer) notre temps à chercher des petits boulots et évidemment, nous (ne pas gagner) beaucoup d'argent. Un jour, je (décider) de participer à une manifestation contre les lois sur l'immigration. Malheureusement, des policiers (me demander) mes papiers. Puisque je n'en avais pas, ils (m'expulser) de France. Je (devoir) rentrer chez moi. Il n'y a pas de travail ici, alors je ne sais pas ce que je vais faire.

E **Ce n'est pas facile quand on est jeune.** On parle de la vie de Kim N'Guyen, jeune infirmière d'origine vietnamienne. Récrivez les phrases ci-dessous en utilisant **après** + **l'infinitif passé.** Faites tous les changements nécessaires.

Modèle: Elle a fini ses études avant de partir en France.
Après avoir fini ses études, elle est partie en France.

1. Elle a reçu son diplôme avant de travailler comme bénévole en Afrique.
2. Elle est rentrée en France avant de chercher un stage.
3. Elle a fait un stage avant de faire de l'intérim.
4. Elle a fait de l'intérim avant de trouver un poste permanent.
5. Elle a travaillé pendant deux ans avant de gagner assez pour pouvoir quitter la maison de ses parents.

6. Elle a lu les petites annonces avant de louer un studio.
7. Elle a vécu seule avant de se marier.
8. Elle s'est mariée avant d'avoir des enfants.

Rappel To say you miss something or someone, use the verb **manquer (à).** *What* or *whom* you *miss* is the *subject,* and you are the *indirect object.* To say that something makes you feel a certain way, use the verb **rendre** + an *adjective.* For more details, see pp. 167–168.

F **De retour.** Vous rentrez chez vous après avoir travaillé à l'étranger pendant un an. Vous racontez à votre famille ce qui vous a manqué, ce qui vous a rendu(e) heureux(-euse), etc. pendant votre séjour à l'étranger.

> **Modèle:** la bonne cuisine de maman / le froid, malade
> **La bonne cuisine de maman m'a manqué. Le froid m'a rendu(e) malade.**

1. mes amis / mon travail, content(e)
2. mon lit / être seul(e), triste
3. parler anglais / ne pas bien parler la langue, anxieux(-ieuse)
4. ma maison / voyager, heureux(-euse)
5. le soleil / la pluie constante, malade

Continuez avec vos propres idées.

G **Mon tout premier boulot.** Avec un(e) partenaire, posez-vous des questions sur votre premier emploi.

1. Pourquoi voulais-tu travailler?
2. Est-ce qu'il a été difficile de trouver un emploi?
3. Qu'est-ce que tu as fait pour trouver un boulot?
4. Quelle sorte de travail faisais-tu?
5. Quand travaillais-tu? Quels étaient tes horaires de travail?
6. Tu étais content(e) de ton salaire?
7. Est-ce que le travail était intéressant? Explique.

Printemps

Printemps (1989) est une nouvelle de J.M.G. Le Clézio, né à Nice en 1940. Il a grandi bilingue, d'un père anglais et d'une mère française, mais a décidé d'écrire en français. Il a publié plus de trente livres: romans, essais, nouvelles, traductions de mythologie indienne. La nouvelle dont vous lirez des extraits est l'histoire d'une jeune Marocaine, Saba, qui a passé les douze premières années de sa vie comme fille adoptive de M. et Mme Herschel, un couple américain installé au Maroc. A l'adolescence, elle est retournée vivre chez sa mère biologique. Dans les passages ci-dessous, elle pense à la jeunesse de sa mère et à des événements qui ont marqué sa vie, tels que sa propre naissance et son adoption.

Entrons en matière

Quelles sont les difficultés que rencontre un père (une mère) quand il (elle) doit élever son enfant seul(e)?

Pour mieux comprendre

On peut mieux comprendre un texte si on sait qui en est le narrateur (la narratrice) et de quelles personnes il (elle) parle. Lisez les deux premières phrases du passage qui suit. Qui parle? De qui parle cette personne? Puis, continuez à lire en cherchant le pronom sujet qui apparaît le plus souvent dans les phrases qui suivent. A qui ce pronom personnel se réfère-t-il? Et quel pronom apparaît le plus souvent dans les trois dernières phrases du premier paragraphe? A qui ce pronom personnel se réfère-t-il?

Lecture

➤ C'est la nuit quand Saba commence son récit. Sa mère dort près d'elle pendant qu'elle se souvient de son histoire.

PREMIÈRE PARTIE

J'entends le bruit de la respiration de ma mère. Elle aussi, elle est partie de chez elle, une nuit, et elle n'est jamais revenue. Peut-être qu'on voulait la marier de force, ou bien elle a suivi un homme de passage°. Elle a quitté le village des Zayane[5], dans la montagne, elle a marché jusqu'à la mer. Son père était un guerrier°, un fils du grand
5 Moha ou Hammou[6] qui avait fait la guerre aux Français, à Khénifra[7]. Quand ma mère a quitté la montagne, elle avait mon âge, et déjà elle me portait dans son ventre°. Elle a voyagé seule dans toutes ces villes qu'elle ne connaissait pas, elle a travaillé dans les fondoucs°, sur les marchés. Celui qui était mon père avait pris le bateau, il est allé travailler de l'autre côté de la mer, en France, en Allemagne peut-être. Mais, il n'est jamais
10 revenu. Il est mort en tombant d'un échafaudage°, ou bien de maladie. Il n'a rien laissé derrière lui, pas même son image°.

Ma mère m'a dit un jour qu'elle avait reçu une lettre en français, et le patron du restaurant où elle travaillait l'a lue pour elle. Dans la lettre, on disait que mon père était mort à Marseille. Ensuite, mes oncles et mes tantes Zayane sont venus de la mon-
15 tagne, pour ramener° ma mère, parce qu'ils voulaient lui trouver un autre mari, et me garder avec eux. Ma mère a dit oui, et une nuit elle s'est échappée°, elle s'est cachée dans un fondouc jusqu'à ce que ses frères et ses sœurs se lassent° de la chercher et retournent dans la montagne. Alors, elle a décidé de partir, elle aussi. Elle m'a mise dans une boîte de carton°, et elle a voyagé en camion° et en autocar. Dans les marchés,
20 elle s'asseyait° par terre, avec la boîte à côté d'elle, et elle attendait qu'on lui donne à manger. Et un jour, elle est arrivée à Nightingale[8], et elle a déposé° le carton sur le sol° de la cuisine, elle a pris les billets de banque du Colonel[9], et elle est partie.

de... qui ne reste pas longtemps / **guerrier** homme qui fait la guerre

me... was pregnant with me

fondoucs establishments for merchants in Arab countries

échafaudage scaffolding
image ici, photo

ramener raccompagner, retourner avec / **s'est...** est partie sans être vue / **se...** se fatiguent

boîte... cardboard box / **camion** truck / **s'asseyait** would sit

déposé mis / **sol** floor

---

[5] Le nom de famille du grand-père de Saba. Les Zayane étaient aussi une confédération de tribus au Maroc.

[6] Moha ou Hammou est devenu chef de la confédération des Zayane en 1877, à l'âge de 20 ans.

[7] Une ville dans les montagnes du Maroc. En 1914, quand le Maroc était une colonie française, les Zayane ont battu l'armée française à Khénifra.

[8] la plantation des Herschel où Saba a passé son enfance

[9] Saba appelle M. Herschel «le Colonel».

Comprenez-vous?

Globalement

1. Où cette histoire a-t-elle lieu? Quelles en sont les indications?
2. Qui sont les personnages? Qu'est-ce que vous apprenez sur eux?
3. A quelles difficultés la mère a-t-elle dû faire face?
4. Qu'est-ce qui s'est passé à Nightingale quand la mère y est allée avec son bébé?

Les événements. En vous référant à la première partie, mettez les événements dans la vie de la mère de Saba dans l'ordre correct.

1. Elle a quitté le village dans la montagne.
2. Elle a rencontré un homme.
3. Le père de Saba a pris un bateau pour aller travailler en Europe.
4. Elle a voyagé et elle a travaillé.
5. Elle a laissé son bébé chez les Herschel à Nightingale.
6. Les oncles et les tantes voulaient ramener Saba et sa mère chez eux.
7. Elle était enceinte.
8. Elle s'est cachée de sa famille et a mendié.
9. Elle a reçu une lettre qui annonçait la mort du père de Saba en France.

■ Allez plus loin

1. Pourquoi, à votre avis, Saba dit-elle «aussi» dans la deuxième phrase du premier paragraphe?
2. Décrivez le caractère de la mère de Saba. Comment était-elle? (courageuse, timide, jeune, vieille, heureuse…) Justifiez votre description.

Lecture

➤ Dans cette partie, Saba ajoute des détails à son histoire. En lisant, pensez à ce que vous apprenez de nouveau.

DEUXIÈME PARTIE

Tout ça, c'est mon histoire, mais je peux y penser maintenant comme si c'était vraiment arrivé à quelqu'un d'autre. Je peux penser à mon père inconnu, qui est mort à
25 Marseille au moment où je commençais à vivre à Khénifra. Je peux imaginer ma mère, elle n'avait que seize ans, elle était si fragile, avec ses yeux de biche°, ses cheveux coiffés en nattes°, et pourtant elle était si audacieuse, si forte. Un jour le Colonel m'a parlé d'elle, quand il l'a rencontrée pour la première fois, elle portait ce tout petit enfant sur la hanche°. Il y avait quelque chose qui troublait son regard°, comme des larmes. Il la
30 revoyait toujours, cette jeune femme au visage d'enfant, l'allure° sauvage et décidée, et le bébé qu'elle tenait contre elle et qui suçait° son lait. Lui qui était si riche, si puissant, qui avait commandé aux hommes pendant la guerre[10], le malheur et la jeunesse de ma mère le subjuguaient°, le rendaient timide et dérisoire°. Ce qui l'émouvait lui, le soldat de l'armée américaine, c'était le secret sombre et âpre° dans les yeux de cette femme,
35 un secret semblable au pays des Zayane, les montagnes et les forêts de rouvres°, la lumière dure dans ses yeux, la méchanceté° de l'enfance interrompue.

> **yeux...** *doe-like eyes*
> **coiffés...** *braided*
>
> **hanche** hip / **regard** *expression* / **allure** apparence générale / **suçait** buvait
>
> **subjuguaient** captivaient / **dérisoire** insignifiant / **âpre** dur, pénible
> **rouvres** sorte d'arbre / **méchanceté** ici, misère

---

[10] M. Herschel, ancien colonel dans l'armée américaine, est probablement venu au Maroc avec les forces alliées pendant la Deuxième Guerre mondiale.

errait marchait sans but / **poussière** dust / **ombre** shadow / **serrée** held tightly / **plis** folds

pans... top of her dress / **seins** breasts

pont... lower deck

gercer to chap

Elle respire lentement, à côté de moi, dans l'alcôve. Je pense à ce qu'elle m'a fait. Je pense qu'elle errait° sur les routes blanches de poussière°, devant son ombre°, et j'étais serrée° contre sa hanche dans les plis° de sa robe, je suçais le lait de sa poitrine. Je pense
40 qu'elle m'a laissée dans la maison des Herschel, endormie dans le carton, et Amie[11] m'a prise et m'a posée doucement dans le lit blanc qu'elle avait préparé à côté du sien, dans sa chambre. Je pense aux billets de banque roulés et liés par un élastique, qu'elle avait cachés dans les pans de sa robe° serrée par une ceinture, entre ses seins°. Je pense à la route vide devant elle, personne ne l'attendait, personne ne l'aimait. Le bateau qu'elle a
45 pris pour Marseille, le pont inférieur° chargé d'émigrants, et le voyage à travers ce pays inconnu, où personne ne parlait sa langue, où personne ne lui ressemblait. Je pense aux endroits où elle a vécu, à Marseille, en Allemagne, à Hambourg, le travail, l'eau qui fait gercer° les mains, les ateliers où on se brûle les yeux. Peut-être qu'elle roulait déjà les billets de banque avec un élastique et qu'elle les cachait dans sa chambre, dans un car-
50 ton à chaussures, comme elle fait encore maintenant?

J.M.G. Le Clézio, *Printemps et autres saisons* (Paris: Gallimard, 1989), pages 63–65.
[11] Saba appelle Mme Herschel «Amie». Son vrai nom était Aimée.

Comprenez-vous?

Faites une liste de ce que vous avez appris dans cette partie sur:

1. la mère: son âge, son apparence, son caractère
2. le Colonel: sa profession, son caractère, sa réaction face à la mère
3. la vie de Saba à Nightingale: Quel détail dans le deuxième paragraphe symbolise la meilleure vie qu'aura le bébé?
4. la décision de la mère: Quels mots dans le deuxième paragraphe soulignent sa solitude? Où va-t-elle? Comment voyage-t-elle?

Ensuite, comparez votre liste à celles de vos camarades de classe pour vous aider à comprendre cette partie de l'histoire.

■ Cherchez la forme

Choisissez un des paragraphes du texte de l'une ou de l'autre des deux parties. Faites une liste de tous les verbes au passé, classez-les par temps et expliquez ensuite pourquoi Le Clézio a utilisé ces temps.

■ Allez plus loin

1. A quel moment de l'histoire Saba recommence-t-elle à raconter l'histoire de sa mère et de ce qu'elle a fait avant d'aller en France?
2. Dans le deuxième paragraphe de la deuxième partie, quelle expression Saba utilise-t-elle à six reprises? Pourquoi, selon vous, utilise-t-elle cette répétition?

Activités d'expansion

Ⓐ Votre réaction

Que pensez-vous de ce que la mère de Saba a fait? Imaginez une autre fin pour cette histoire.

Ⓑ La lettre

Ecrivez la lettre que la mère a reçue à la mort du père de Saba.

Commencez par:

> **Madame,**
> **J'ai le regret de vous annoncer…**

A la fin, mettez:

> **Veuillez recevoir, Madame, mes sincères condoléances.**

Ⓒ Mère et fille se retrouvent

Quand Saba a douze ans, sa mère vient la rechercher chez M. et Mme Herschel. Avec un(e) partenaire, jouez les rôles de la mère et de la fille et posez-vous des questions sur les douze années passées.

Ⓓ Ouvriers immigrés dans votre pays

Dans votre pays, il y a aussi des ouvriers immigrés. Qu'est-ce que vous savez d'eux?

1. D'où viennent les ouvriers immigrés?
2. Quelle(s) langue(s) parlent-ils?
3. Où habitent-ils?
4. Pourquoi veulent-ils travailler dans votre pays?
5. Quelles sortes de travail font-ils? Dans quels secteurs économiques les retrouve-t-on?
6. Quels avantages notre pays tire-t-il de leur travail?
7. Est-ce qu'on les accepte dans la société? Expliquez votre réponse.
8. Connaissez-vous ou avez-vous déjà fait la connaissance d'ouvriers immigrés? Racontez ce qu'ils vous ont appris.

Interlude 1

Zebda

Questions sur les photos: Qu'est-ce qui se passe sur la photo ci-dessous?

Chez moi les amis étrangers sont chez eux!

Chez moi les amis étrangers sont chez eux!

Pour obtenir des exercices et activités supplémentaires sur le contenu de ce chapitre, rendez-vous sur le site http://slv.heinle.com.

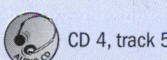

«Je crois que ça va pas[1] être possible»

Voici les paroles d'une chanson à grand succès, enregistrée en 1998 par Zebda[2], un groupe de sept musiciens, tous de Toulouse[3] mais d'origines différentes[4]. Ces musiciens parlent de problèmes sociaux avec humour. Ils veulent distraire les gens, mais les paroles de leurs chansons ont souvent un fond politique. En 2001, le groupe s'engage directement dans la politique et conduit la liste «Motivé-e-s» pour les élections municipales à Toulouse (avec l'acteur Dieudonné comme candidat au poste de maire). Zebda s'inscrit dans le courant des années 1980–1990 où les groupes de rock reflètent de multiples influences. Il y a une part de musique orientale, arabe notamment, un maximum de musique noire américaine, de rock anglais et de chanson française. Un des musiciens explique: «La musique, on ne l'a pas vraiment choisie. On a grandi avec celle de nos parents. On se sert de tout ce qu'on a entendu à la maison pour faire notre propre cuisine. Zebda, c'est pas vraiment du rap. Même si ça y ressemble. Pas vraiment du reggae non plus, même s'il en prend le rythme. Disons plutôt que c'est un gros mélange.»

 Après une première écoute de la chanson, dites ce que vous pensez de la musique. Quelle expression est répétée?

Entrons en matière

Dans quelles situations une personne d'une minorité raciale rencontre-t-elle des difficultés?

CD 4, track 5

Voici... ce que je vous propose comme entrée°
Je fais des fixations devant° les portes d'entrée
Pas n'importe lesquelles, surtout les bien gardées
Avec 100 kilos de muscles à la clef°

5 Devant trop de barbaque°, c'est vrai je fais des rejets°
Et je peux dire que je maîtrise° le sujet
Les portes je connais, j'en ouvre tous les jours
Mais j'en ai vu claquer° plus souvent qu'à mon tour

Je vous fais un topo° sur l'accueil
10 A l'entrée des boîtes

«Veuillez entrer monsieur, votre présence nous flatte»
Non je plaisante, car ça se passe pas ainsi
Devant les boîtes, moi je suis toujours à la merci
D'un imbécile à qui je sers de cible° et qui me dit:

15 Je crois que ça va pas être possible
Pas être possible, pas être possible

entrée *first course*
Je... Je suis obsédé par

à... *in the bargain*

barbaque muscles / **je...** *I can't stand the sight so I leave* / **je...** *I am an expert*

claquer *slam*

Je... *I give you a rundown*

cible *target*

---

[1] Dans le français parlé, on omet souvent le **ne** de la négation.

[2] «Zebda» est le mot arabe pour «beurre». Il s'agit d'un jeu de mots avec le mot «beur» qui veut dire «arabe» en verlan *(slang)*.

[3] Quatrième ville de France, Toulouse se trouve dans le sud-ouest, à 100 km des Pyrénées, et à mi-chemin entre l'océan Atlantique et la Méditerranée.

[4] Les membres du groupe s'appellent Magyd Cherfi, Hakim Amokrane, Mustapha Amokrane, Joël Saurin, Pascal Cabero, Vincent Sauvage et Rémi Sanchez.

Comprenez-vous?

1. Devant quelle porte se trouve le protagoniste?
2. Qui garde l'entrée à cet endroit?
3. Qu'est-ce qui ne va pas être possible?

J'ai pas fini, voici mon plat de résistance°
Comme tout un chacun° j'ai bossé pour ma pitance°
Et histoire de vivre° convenablement
20 Je me suis mis à la recherche d'un appartement

J'ai bichonné° un excellent curriculum vitæ
Couleur et Macintosh enfin toute la qualité
En prime°; irréprochable situation morale
Et même quelques feuilles de salaire°: la totale

25 Vas-y Dieudo, fais-leur le proprio[5]
«C'est un honneur pour moi, je vais vous montrer le patio»
Non, je plaisante car ça s'est pas passé ainsi
Quand il m'a vu, j'ai vu que tout s'est assombri
A-t-il senti que je ne lisais pas la Bible et il m'a dit

30 Je crois que ça va pas être possible
Pas être possible, pas être possible

Comprenez-vous?

1. Que cherche le protagoniste?
2. Que présente-t-il pour avoir ce qu'il veut?
3. Que suggère la ligne 29: «… je ne lisais pas la Bible… »?
4. Quand et pourquoi le propriétaire change-t-il d'avis?
5. Qui dit «ça va pas être possible» cette fois-ci?

Le bonheur étant toujours pour demain
J'ai placé quelques thunes° pour un petit jardin
Un petit nid° et balcon sur «la prairie des filtres»[6]
35 Avec piscine au bord de la Garonne, si j'insiste!

Mais ce putain de bonheur n'est jamais dans le pré[7]
J'ai appelé° «le bon sens près de chez vous»[8] pour un prêt°
Mais les banques, c'est les banques!
Comment vous dire…, eh bien, les mots me manquent

40 Enfin je vous fais le topo des grosses têtes°
«Il vous manque des points pour compléter votre retraite°
Vous devriez me semble-t-il pour assurer les traites°
Mettre à jour et un terme à l'ensemble de vos dettes°.»
Et puis, il a souri en me disant: c'est terrible mais…

45 Je crois que ça va pas être possible
Je crois que ça va pas être possible

---

[5] Le chanteur demande à un ami, l'acteur Dieudonné (Dieudo), de jouer le rôle du propriétaire *(landlord)*.
[6] grand champ au milieu de Toulouse, à côté de la Garonne (fleuve qui traverse Toulouse)
[7] allusion à un poème de Paul Fort (1872–1960), *Le bonheur est dans le pré,* et au film du même titre (1994) dans lequel le protagoniste trouve son bonheur dans la vie rurale (**pré:** *meadow, field*)
[8] publicité pour une banque

Comprenez-vous?

1. Que fait le protagoniste maintenant pour avoir un logement?
2. Comment justifie-t-on le refus cette fois-ci?
3. Qui dit maintenant «ça va pas être possible»?

> Mais je lâcherai pas l'affaire°, cousins, cousines
> J'ai la patate° à faire peur à la pile alcaline[9]
> Et je ferai pas comme celui qui
> 50 Va prendre un billet dans... La chaleur de la nuit°
>
> Et je sais tous les noms d'oiseaux dont on nous traite
> Et un jour je sais bien que c'est nous qu'on fera la fête
> A tous ces gens qui vivent dans les autres sphères
> Je vais les inviter à mon joyeux anniversaire
>
> 55 Et là plus de «qu'est-ce qu'y fait? Qu'est-ce qu'il a?»
> De rebelote° «qui c'est celui-là?»[10]
>
> Et à toutes ces taches° qui vous jugent à la figure
> Je leur ferai une justice avec mes chaussures
> Quand ils voudront sortir, là! ce sera terrible
> 60 Je leur dirai
>
> Je crois que ça va pas être possible
> Pas être possible, pas être possible
>
> Zebda, *Essence ordinaire*, Barclay, 1998

*lâcherai... will not give up the matter / **patate** punch*

Va... Run away without a fight

De... Encore une fois

***taches** jerks (slang)*

La vengeance

A la fin, le protagoniste veut se venger en invitant tous ceux «qui le jugent à la figure». Une fois à sa fête, il propose de leur donner des coups de pieds («leur faire une justice avec mes chaussures»). Qu'est-ce qu'il va leur dire quand ils vont vouloir partir?

 Ecoutez la chanson une deuxième fois et lisez les paroles en même temps.

Résumons

Sous la forme d'un court récit, racontez les épisodes de cette chanson au passé. Qui étaient les personnages? Comment étaient-ils? Qu'est-ce qu'ils ont fait?

Allez plus loin

Magyd Cherfi, un des chanteurs de Zebda explique: «La musique est une arme contre l'ignorance, l'intolérance et le racisme. Et nous, on fait la guerre... on a la volonté de faire une musique qui mélange un peu toutes les cultures.» Quel est le message politique ou social de cette chanson? Contre qui ou quoi le groupe Zebda est-il «en guerre»?

---

[9] *more determination than the Energizer bunny*
[10] les questions que les invités à son anniversaire ne poseront plus

Chapitre 4

En route!

A Les moyens de transport

Mots apparentés: l'automobile *f.* (l'auto), le train, la motocyclette (la moto), le taxi, le train, le tramway

la voiture...	... car
neuve	new car
d'occasion	used car
électrique	electric
hybride	hybrid
le camion	truck
le monospace	minivan
le break	station wagon
le 4x4 (le quatre-quatre), le tout-terrain	four-wheel drive
le pick-up	pickup truck
la décapotable	convertible
l'autobus *m.* (le bus)	city bus
l'autocar *m.* (le car)	commercial bus line
le métro	subway
le scooter	moped
le vélo	bicycle

le VTT (vélo tout-terrain)	mountain bike
les rollers *m.*	roller blades
les transports en commun *m.*	public transportation
la marche	walking

B Les gens qui se déplacent

l'automobiliste *m./f.*	car driver
le conducteur (la conductrice)	driver
le chauffeur	driver (taxi, bus)
le covoitureur	person who carpools
le (la) cycliste	bicycle rider
le (la) motocycliste	motocycle rider
le piéton (la piétonne)	pedestrian
le passager (la passagère)	passenger (car, city bus, plane)
le roller/rolleur (la rolleuse)	in-line skater
le voyageur (la voyageuse)	passenger (train, commercial bus)

Pour obtenir des exercices et activités supplémentaires sur le contenu de ce chapitre, rendez-vous sur le site http://slv.heinle.com.

C Le déplacement

le permis de conduire	*driver's license*
la vitesse maximum	*speed limit*
la circulation	*traffic*
l'essence *f.*	*gas*
la station-service	*service station*
la borne de recharge	*recharging station (for electric car)*
le parking	*parking lot*
le stationnement	*parking*
... sur la chaussée	*(on the) street parking*
l'assurance automobile *f.*	*car insurance*
le covoiturage	*carpool*
le casque	*helmet*
l'antivol *m.*	*anti-theft device*
la voie cyclable	*bike lane*
la piste cyclable	*bike path*

D Activités

monter dans la voiture	*to get into a car*
dans l'autobus	*on a bus*
descendre de la voiture	*to get out of the car*
de l'autobus	*off the bus*
démarrer	*to start off*
conduire	*to drive*
se promener en voiture	*to go for a car ride*
emmener quelqu'un en voiture	*to give someone a ride*
accélérer	*to accelerate*
ralentir	*to slow down*
rouler	*to go (a car, a bike, etc.)*
doubler, dépasser	*to pass*
freiner	*to brake*
garer la voiture	*to park the car*
(se) garer, stationner	*to park*
faire du vélo	*to bike*
faire du roller	*to rollerblade*
prendre...	*to take...*
le bus, le train, le métro	*the bus, the train, the subway*

E Problèmes et solutions

le bouchon, l'embouteillage *m.*	*traffic jam*
l'heure de pointe *f.*	*rush hour*
tomber en panne...	*to break down*
d'essence	*to run out of gas*
de courant	*to run out of battery power (for electric car)*
faire le plein	*to fill up with gas*
brancher la voiture sur une prise	*to plug the car into an outlet*
marcher	*to work*
La radio marche bien.	*The radio works well.*
le pneu crevé	*flat tire*
la roue de secours	*spare tire*
la batterie à plat	*dead battery*
rentrer dans	*to run into*
écraser	*to run over*
déraper	*to skid*
le garage	*garage*
le garagiste	*car mechanic*
dépanner, réparer	*to repair*
la dépanneuse	*tow truck*
remorquer	*to tow*
l'excès de vitesse *m.*	*speeding*
l'amende *f.*	*fine*
le PV	*traffic ticket*
attraper un PV	*to get a ticket*
le feu (rouge, orange[1], vert)	*traffic light*
la police	*the police*
le poste, le commissariat de police	*police station*
le policier, l'agent de police, le flic *(slang)*	*policeman*

[1] En France, on utilise **feu orange** au lieu de **feu jaune** (entre le rouge et le vert).

Saviez-vous que... ?

Le marché français de la «voiture propre» comprend environ 10 000 voitures électriques et seulement 165 voitures hybrides. Il existe deux raisons pour le manque d'intérêt actuel: le prix des véhicules propres reste supérieur aux motorisations essence ou diesel et la difficulté à revendre ces véhicules sur le marché de l'occasion. Le gouvernement va débloquer 38,5 millions d'euros supplémentaires sur cinq ans pour la recherche en faveur des véhicules propres.

Source: Un plan pour «rouler propre», http://news.tf1.fr, 15/09/03

Préparation grammaticale

Avant de continuer, révisez les articles, pages 169–172.

Vocabulaire

Ⓐ Comment se déplacer? A votre avis, quel moyen de transport chacun des Français suivants va-t-il choisir? Justifiez votre réponse.

1. une mère qui emmène ses quatre enfants chez leurs grands-parents
2. un retraité *(retired man)* qui veut traverser Paris et qui a beaucoup de temps
3. un homme d'affaires qui doit traverser Paris aux heures de pointe
4. un adolescent qui va chez un copain le samedi après-midi
5. un couple qui veut profiter du beau temps le dimanche
6. une femme qui habite en banlieue et qui emmène son fils malade chez le médecin
7. une étudiante qui descend sur la Côte d'Azur au mois d'août avec des copines
8. des touristes à Paris qui veulent voir les monuments de la capitale
9. une femme qui est à l'aéroport et qui veut se rendre au centre-ville
10. un enfant de banlieue qui joue dans son jardin

Ⓑ Les associations. Quels mots (noms, adjectifs, verbes) associez-vous à chacun de ces moyens de transport?

1. le monospace
2. le vélo
3. la décapotable
4. les rollers

5. le train
6. le 4x4
7. la voiture électrique
8. la marche

Ⓒ Comment conduire? D'abord, mettez les verbes suivants dans l'ordre logique pour expliquer les actions d'un automobiliste.

1. se garer
2. monter dans
3. accélérer
4. descendre de

5. démarrer
6. freiner
7. doubler
8. rouler

Ensuite, expliquez ce qu'un automobiliste nommé Alain a fait quand il a pris la voiture de son père hier après-midi. Faites des phrases complètes et ajoutez des détails pour rendre le récit plus intéressant.

D'abord, Alain est monté dans la voiture...

D **Finissez la phrase.** Cherchez dans la liste E du vocabulaire un mot ou une expression qui vous aide à terminer les phrases suivantes de façon logique.

1. Il y a des embouteillages parce que c'est…
2. Si je ne trouve pas de station-service, je vais…
3. La voiture dérape et…
4. Elle attend la dépanneuse parce que (qu')…
5. Quand on ne s'arrête pas au feu rouge, on risque de (d')…
6. Je demande au garagiste de (d')…
7. Si la voiture ne marche pas, il faut…
8. Une roue de secours est très utile quand on…

Préparation grammaticale

Avant de continuer, révisez les pronoms d'object direct, indirect, **y** et **en**, pages 172–176.

Saviez-vous que… ?

Le port du casque n'est pas obligatoire pour les cyclistes en France, et la FUBicy (Fédération française des Usagers de la Bicyclette) est contre une loi qui l'exigerait. Selon cette organisation, une telle loi inciterait les cyclistes à prendre plus souvent leur voiture. Afin de rendre moins dangereux le déplacement à vélo, la FUBicy propose d'apprendre aux automobilistes à partager la rue et la confiscation des téléphones mobiles utilisés par les conducteurs.

Source: http://www.fubicy.org/

Souriez, vous avez été piégé°!

piégé *caught*

Le texte que vous allez lire est tiré du site Internet Caradisiac qui se dit «leader français de la petite annonce automobile». Ce site se spécialise dans la vente de voitures d'occasion et offre des fiches pratiques pour l'entretien de votre voiture. On y présente des conseils juridiques, des forums de discussion et un dossier «fun auto» qui comprend de fausses annonces, des gags et des blagues. On y retrouve également des rubriques sur l'assurance et le financement d'une voiture.

Entrons en matière

Que suggère le titre de l'article *(Souriez, vous avez été piégé!)* que vous allez lire? A votre avis, sous quelle rubrique du site Internet Caradisiac cet article se trouve-t-il? Connaissez-vous une expression équivalente de ce titre en anglais? Dans quelle circonstance l'utilise-t-on? Maintenant imaginez un contexte «moyen de transport» (vocabulaire A) dans lequel vous êtes la personne à qui on demande de sourire. Qu'est-ce qui vient de se passer?

Lecture

l'a... *diverted it from its customary use by citing* / **toutous** chiens / **sévi** puni / **radar-jumelles** *radar binoculars* / **polars** romans policiers (*fam.*)

Les radars, c'est l'angoisse permanente pour les automobilistes. Pour rire un peu avec cet instrument de malheur, *Caradisiac* l'a détourné de son usage en verbalisant° pour excès de vitesse des cyclistes, des rollers et même les «toutous°-à-leur-mamy». Histoires drôles, racontées par nos deux faux policiers, qui ont sévi° avec un vrai radar-jumelles°.

Nous avions mis en place un scénario digne des meilleurs polars°, en faisant croire aux piétons, rollers et cyclistes parisiens que Bertrand Delanoë, leur nouveau maire socialiste[2], avait pris une décision inédite: réglementer la circulation sur les trottoirs à l'aide de radars. Voici le faux barème de limitation de vitesse qui a été présenté:

- les piétons ne devront plus dépasser la vitesse de 3 km/h;
- les adeptes du roller et les cyclistes seront, pour leur part, limités à 5 km/h.

Un radar-jumelles, deux faux policiers, notre équipée sauvage décide de sévir rue de Rivoli, à Paris. L'objectif: traquer les rollers en excès de vitesse. Nous infligeons une amende de 35 euros à nos faux contrevenants°, contrôlés à plus de 20 km/h. L'illusion est parfaite: les rollers n'en reviennent pas° mais nous donnent leurs papiers, avant d'éclater de rire quand ils réalisent qu'ils ont été victimes d'un gag.

contrevenants qui désobéissent à la loi / **n'en...** sont très étonnés

La deuxième personne verbalisée est un homme d'une quarantaine d'années, atterré au premier abord par notre contrôle: «Quoi, vous contrôlez les rollers, c'est une plaisanterie, une blague?» L'homme reconnaît ensuite: «Je trouve que c'est bien de contrôler car il y a des excès. Quand on voit comment roulent certains jeunes, on est bien obligé de sévir. Franchement, dans mon cas, je trouve que c'est un peu n'importe quoi, mais si vous me dites que je suis en excès de vitesse, je veux bien vous croire.»

Nous lui demandons ses papiers afin de rédiger le procès-verbal et là, notre fraudeur si compréhensif° prend les choses beaucoup moins bien quand on lui annonce le montant de l'amende: «Vous voulez me faire payer 35 euros pour ça? Je trouve franchement que vous exagérez!» Finalement, nous révélons notre véritable identité et l'homme avoue n'avoir pas trop crû à notre histoire car un tel décret aurait fait couler beaucoup d'encre° et on en aurait forcément entendu parler, ce qui n'était pas le cas. «Malgré tout, conclut-il, c'est une bonne idée car cela nous fait réfléchir sur notre comportement en rollers.»

compréhensif *understanding*

couler... écrire beaucoup à ce sujet

Dans l'ensemble, les rollers ont été très surpris par cette verbalisation. Néanmoins, leurs réactions ont été nettement plus favorables que celles des cyclistes. Force est de reconnaître° que tout le monde a déjà constaté des comportements dangereux de la part de certains adeptes des rollers sur des trottoirs bondés° de piétons, et la majorité d'entre eux semblent même favorables à une règle ou à un code de bonne conduite.

Force... *It leads one to conclude*

bondés pleins

Poussant le vice jusqu'au bout, nous nous sommes amusés à radariser le chien d'une petite mamy°. La dame, surprise, ne pose pas de problème; en revanche°, il n'en est pas de même pour sa voisine, qui crée un véritable petit scandale: «Ce n'est pas possible, c'est une plaisanterie! Vous importunez des gens sans histoire; en revanche, les dealers de drogue et les drogués du quartier, vous les laissez tranquilles. C'est une honte! Je vais aller me plaindre à votre commissaire, ça ne peut plus durer!» Devant tant de détermination, nous intervenons et lui révélons notre véritable identité. Étonnée et ravie, elle éclate littéralement de rire, en se jurant de ne plus se faire prendre°.

petite... *little old lady* / **en...** mais

se... *to be tricked*

http://www.caradisiac.com

[2] élu en 2001

Comprenez-vous?

1. Expliquez la première phrase du texte: «Les radars, c'est l'angoisse permanente pour les automobilistes.»
2. Selon l'homme arrêté par les faux policiers, quels rollers sont les plus dangereux? Fait-il partie de ce groupe? Justifiez votre réponse.
3. A quel moment cet homme cesse-t-il d'être «compréhensif»?
4. L'homme dit qu'un «tel décret aurait fait couler beaucoup d'encre». Expliquez.
5. Décrivez le comportement des deux femmes mentionnées dans le dernier paragraphe.

■ Cherchez la forme

Dans le paragraphe 5 (lignes 22–29) de la lecture, relevez tous les pronoms complément d'objet direct et indirect et les pronoms **y** et **en**. Organisez ces pronoms selon leur nature, puis analysez la fonction de chaque pronom dans son contexte (par exemple, qu'est-ce que le pronom remplace dans la phrase?).

■ A discuter

Les cyclistes et les rollers sont-ils dangereux pour les piétons? Existe-t-il assez de lois dans votre pays pour réglementer le comportement de ces deux groupes? Avez-vous d'autres lois à proposer?

Rappel The *definite article* in French (**le, la, l', les**) is the equivalent of *the* in English. The *indefinite article* (**un, une**) is the equivalent of *a* or *an*. The *partitive article* (**du, de la, de l', des**) is the equivalent of *some*. There are several differences in the use of these articles in the two languages. For more details, see pp. 169–172.

Saviez-vous que... ?

La Préfecture de Police de Paris a créé la Brigade de Police à Rollers (BPR) en 1998 pour encadrer les manifestations à rollers qui se déroulent régulièrement à Paris le vendredi soir et le dimanche après-midi. Aujourd'hui l'unité est devenue une brigade de 35 membres, et leur rôle est triple: encadrer (pour que la randonnée reste compacte), surveiller (pour éviter les éléments perturbateurs) et protéger (les rollers des voitures, et réciproquement). Le chef de la BPR, le lieutenant Emmanuel Mairesse, pense que les rollers donnent une image plus jeune à la police, et que cela facilite le dialogue, surtout avec les jeunes.

Source: http://www.rollers-coquillages.org/

Applications

Ⓐ Le code de conduite à VTT³. Sur son site Web, l'association des Amis du Vélo de Montagne affiche son code de conduite à VTT. Voici quelques-unes des règles de ce code. Pour chacune d'elles, relevez les articles définis (ou contractés avec les prépositions **à** ou **de**) et les articles indéfinis.

1. Accorder la priorité aux marcheurs et aux cavaliers *(horseback riders),* ne pas les gêner ni les effrayer.
2. Ne pas effrayer les animaux sauvages ou domestiques.
3. Refermer les portails et les barrières; tenir compte des interdictions et de la signalisation routière et forestière.

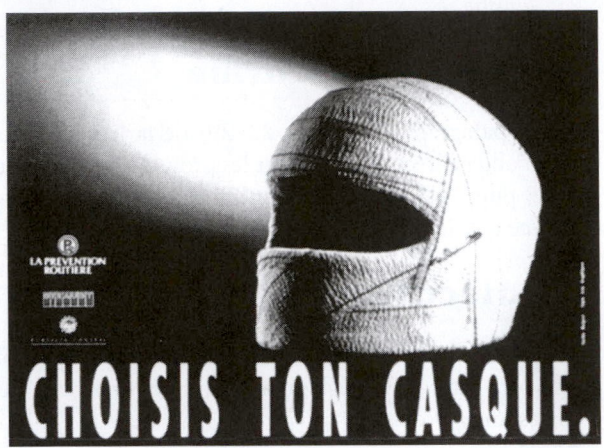

4. Respecter la faune, la flore, les cultures et les pâturages.
5. Ne pas s'écarter, dans la forêt, des chemins et des sentiers.
6. Participer à la sauvegarde de l'environnement.
7. Pour la sécurité de chacun, veiller au bon fonctionnement de votre vélo.
8. Porter le casque en toute circonstance.

Ⓑ Se déplacer. Formez des phrases complètes en ajoutant des articles et des prépositions aux endroits appropriés. Faites les changements nécessaires. Attention! Les mots sont dans l'ordre correct.

1. Français / font / rarement / covoiturage.
2. prendre / bus / à Paris / offre / possibilité / de / voir / monuments.
3. métro / est / plus / pratique / pour / gens / qui / n'ont pas / beaucoup / temps.
4. cycliste / en ville / doit / avoir / courage / et / patience.
5. rollers / sont / moyen de transport / que / jeunes / préfèrent.
6. essence / coûte / plus / cher / en / France / qu'à / Etats-Unis.
7. pour / éviter / problèmes / de / stationnement / on / peut / faire / covoiturage.
8. il y a / moins / bouchons / tôt / matin.
9. si / on / a / panne / de / essence / il / faut / trouver / station-service.
10. vous / risquez / de / attraper / PV / si / vous / brûlez / feu rouge *(run a red light).*

Rappel *Direct object pronouns* replace nouns that are acted on directly by the verb; *indirect object pronouns* replace the preposition **à** + *a person;* **y** replaces the preposition **à** + *a thing, an idea, or a place;* **en** replaces **de** + *a thing* or *a place.* For more details, see pp. 172–176.

³ http://www.lyoba.ch/bike/code.htm

C **Assez de questions!** M. et Mme Dupont et leur fille Alice sont en route pour la mer. Alice, qui n'a que quatre ans, est très curieuse. Elle pose des questions sur tout! Pour aider ses pauvres parents, trouvez une réponse logique à chacune de ses questions. Dans votre réponse, remplacez les mots soulignés dans la question par le(s) pronom(s) approprié(s).

1. ALICE: Papa, pourquoi as-tu besoin d'<u>un permis de conduire</u>?
M. DUPONT: _____.

2. ALICE: Maman, pourquoi faut-il respecter <u>la vitesse maximum</u>?
MME DUPONT: _____.

3. ALICE: Qu'est-ce qu'on achète <u>dans une station-service</u>?
MME DUPONT: _____.

4. ALICE: Quand est-ce qu'on téléphone <u>au garagiste</u>?
M. DUPONT: _____.

5. ALICE: Pourquoi faut-il s'arrêter <u>au feu rouge</u>?
MME DUPONT: _____.

6. ALICE: Pourquoi voulons-nous éviter <u>les heures de pointe</u>?
MME DUPONT: _____.

7. ALICE: Pourquoi est-ce que nous n'avons pas <u>de décapotable</u>?
MME DUPONT: _____.

8. ALICE: Quand est-ce que je peux descendre <u>de la voiture</u>?
M. DUPONT: _____.

Préparation grammaticale

Avant de continuer, révisez l'ordre des pronoms, pages 176–177.

D **Jouez le prof!** Mettez-vous à deux ou trois pour jouer le rôle d'un prof d'un cours intermédiaire de français. Un de vos étudiants vient de vous rendre un texte décrivant un incident de voiture. Pour l'aider à éliminer les répétitions de noms, insérez les pronoms nécessaires (d'objet direct, d'objet indirect, **y** et **en**). Après avoir corrigé le texte, comparez-le à ceux des autres groupes de votre classe.

> Un soir, je devais emmener mon amie au cinéma dans la voiture de mon père. D'abord, je n'arrivais pas à retrouver les clés. Enfin, j'ai retrouvé les clés sous le siège de la voiture. J'ai aussi trouvé sous le siège de la voiture un billet de vingt dollars. J'ai demandé à mon père s'il avait perdu ce billet de vingt dollars. Il a dit non, et il a donné ce billet de vingt dollars à moi. Puis, j'ai remarqué qu'il n'y avait pas assez d'essence. Quel dommage! J'allais être obligé de dépenser cet argent pour acheter de l'essence. Je me suis rendu tout de suite à la station-service. Quand je suis arrivé à la station-service, j'ai découvert que j'avais aussi un pneu crevé! Après avoir payé l'essence et la réparation du pneu, je n'avais plus d'argent. Alors, j'ai téléphoné à mon amie pour dire à mon amie que je ne pouvais plus l'emmener mon amie au cinéma. Quand j'ai raconté à mon amie cette histoire de panne d'essence et de pneu crevé, elle a dit à moi que j'avais inventé cette histoire!

Rappel The word order for pronouns in affirmative commands is different from the regular word order. To review this imperative pronoun word order, see the chart on p. 177.

E **Avant le départ.** Les Martin préparent leur départ en vacances. Madame Martin donne des ordres à tout le monde. Sa mère de 85 ans, qui veut l'aider, répète tout ce qu'elle dit! Créez les ordres de la grand-mère en remplaçant tous les mots soulignés par des pronoms.

> **Modèle:** MME MARTIN: Robert, mets <u>tes rollers</u> <u>dans ton sac</u>.
> GRAND-MÈRE: **Oui, mets-les-y!**

1. MME MARTIN: Cécile, demande <u>à ton père</u> s'il a <u>les billets</u>.
GRAND-MÈRE: Oui, _____!

2. Mme Martin: Max, n'oublie pas <u>ton casque</u>!
GRAND-MÈRE: Non, _____!

3. Mme Martin: Roger, va acheter <u>de l'essence</u>.
GRAND-MÈRE: Oui, _____!

4. Mme Martin: Mettons <u>les valises</u> <u>dans la voiture</u>!
GRAND-MÈRE: Oui, _____!

5. Mme Martin: Dites <u>aux voisins</u> que nous partons.
GRAND-MÈRE: Oui, _____!

Continuez cet exercice avec un(e) partenaire.

Préparation grammaticale

Avant de continuer, révisez les pronoms disjoints, pages 177-178.

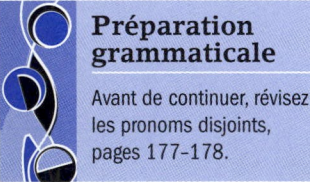

F **Des incidents de route de plus en plus graves!** Avec un(e) partenaire, créez un dialogue entre deux amis qui se revoient après des vacances. Vous avez tous (toutes) les deux un «incident de route» à raconter, et chacun(e) de vous pense que ce qui lui est arrivé était plus grave et plus intéressant que l'incident de l'autre. Utilisez la liste E du vocabulaire (au début du chapitre) et autant de pronoms disjoints que possible.

> **Modèle:** **Moi, j'ai un incident de route incroyable à te raconter…**
> **Mes parents, eux, n'étaient pas du tout contents…**

La 2 CV[4] de ma sœur

Fernand Raynaud (1926–1973) est l'un des comédiens français les plus connus. Apprécié aussi par des étrangers, Raynaud a reçu un télégramme de Charlie Chaplin en 1960 annonçant son intention de venir assister à son premier grand spectacle. Ses sketchs, improvisés et présentés sur scène au fil des ans, ont été mis par écrit beaucoup plus tard quand Raynaud les a dictés à sa secrétaire. Le public français d'aujourd'hui continue à rire en lisant les histoires drôles de ce comédien, et plusieurs fois par an on trouve ses sketchs diffusés à la télévision.

Entrons en matière

Dans l'édition 2003 de *Francoscopie,* on trouve ces statistiques: «A nombre égal de kilomètres parcourus, les femmes ont trois fois moins de risque d'être tuées que les hommes. (…) Seuls 6% des procès-verbaux pour alcoolémie au volant concernent des femmes. Elles sont enfin plus prudentes: 4% déclarent avoir conduit à plus de 180 km/h° au cours des douze derniers mois, contre 15% des hommes.»[5] Que pensez-vous de ces statistiques? Est-ce que la situation est la même dans votre pays?

180 km/h *approximately 108 mph*

Pour mieux comprendre

Souvent les histoires comiques nous semblent encore plus comiques si nous comprenons le caractère du protagoniste (ou de la «victime»). Un bon comédien sait donc bien décrire ses personnages. Parcourez le deuxième paragraphe de ce sketch de Fernand Raynaud où le narrateur décrit sa sœur. Qu'est-ce que nous y apprenons sur cette femme? Quelle est l'attitude du narrateur envers son personnage?

Lecture

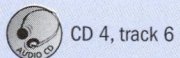 CD 4, track 6

PREMIÈRE PARTIE
Si un jour une de vos amies vous dit: «Veux-tu que je te parle franchement?» répondez-lui: «Non! Non! Non! Continue à me parler comme avant.» Donc, avec ma sœur… Ne soyez pas sincère, c'est-à-dire, soyez diplomate, ne lui demandez pas pourquoi sa 2 CV n'est plus peinte en rouge!

---

[4] The **2 CV (deux chevaux-vapeur)** is often referred to in France as the **deuch.**
[5] *Francoscopie 2003,* page 100

le... 25 kilomètres à l'heure *(approx. 16 mph)*

nuisible qui fait du mal

convoi... groupe de véhicules qui roulent ensemble

J'y... *(fam.)* j'y vais, je n'y vais pas / **me...** *(fam.)* me permets de faire une chose inhabituelle / **roulottes** maisons roulantes / **laisser...** *let the elephants move about* / **s'ébrouer** s'agiter vivement

s'est... s'est évanouie *(fainted)* / **cornac** *trainer*

assurés *insured*

piste *circus ring* / **tonneau** *barrel*

être... *to be indebted to*

en... *humming*

5 Ah! Oui, il lui est arrivé un incident—j'ai pas dit accident mais incident. Parce que ma sœur est très prudente. Elle ne dépasse jamais le vingt-cinq à l'heure° et elle roule toujours au milieu de la route, et elle dit: «Si tout le monde était comme moi, y'aurait pas souvent d'accident!» Elle en est à son seizième mort, parce que, y'a des gens qui veulent doubler, des imbéciles, des artistes! C'est nuisible° à la société!

L'autre jour, ma sœur roulait avec sa 2 CV et il y avait un convoi° du cirque Tantini.
10 Comme le convoi roulait à vingt-cinq à l'heure, ma sœur dit: «J'y va-t-y, j'y va-t-y pas°? Allez, je me paye le culot°, je double le convoi!» Elle l'a fait, et v'là qu'après avoir doublé trois roulottes°, cinq camions, deux caravanes, un gros camion s'était arrêté pour laisser prendre aux éléphants leurs ébats°—parce que tous les quarante kilomètres
15 il faut s'arrêter pour laisser descendre les éléphants, afin qu'ils puissent se détendre, s'ébrouer°, enfin, tout ce que les éléphants ont besoin de faire lorsqu'ils sortent d'un camion… Ma sœur a donc été obligée de stopper avec sa 2 CV rouge, et quelle n'a pas été sa stupeur de voir arriver lentement vers elle, alors qu'elle était assise dans sa 2 CV, un gros pachyderme, qui se tourne vers elle, lui fait voir son arrière-train, lève la queue
20 et crac! Il s'assoit sur le devant de la 2 CV!

Ma sœur, ça lui a fait comme un coup. Elle se croyait en pleine nuit, elle s'est trouvée mal°. Le cornac° est arrivé précipitamment, a fait lever l'éléphant, a ranimé ma sœur à grands coups de gifles. Le directeur est arrivé en courant: «Rassurez-vous, nous sommes assurés°, on vous paiera les réparations! Je vais vous expliquer pourquoi
25 l'éléphant s'est assis sur la 2 CV. C'est parce que, chaque soir, au cours de son numéro, au milieu de la piste°, il s'assoit sur un tonneau° qui est rouge comme votre voiture!» Ma sœur était tellement suffoquée que le directeur du cirque Tantini l'a emmenée dans un petit café, lui a fait prendre un cognac, puis un deuxième, puis un troisième. Le cornac a payé sa tournée, ma sœur n'a pas voulu être en reste°, elle a payé la sienne…
30 Et elle est repartie en fredonnant° «Cerisiers roses et pommiers blancs».

Comprenez-vous?

1. Qu'est-ce qu'on apprend au sujet de la voiture de la sœur du narrateur dans le premier paragraphe?
2. Comment conduit la sœur, et quel est le résultat de sa façon de conduire?
3. Pourquoi la sœur a-t-elle été obligée d'arrêter sa voiture sur la route?
4. Pourquoi la sœur s'est-elle trouvée mal?
5. Pourquoi l'éléphant a-t-il agi ainsi?
6. Combien de verres de cognac la sœur a-t-elle bus au café?

■ Cherchez la forme

Cherchez tous les pronoms complément d'object indirect dans le premier paragraphe de la lecture.

■ Pour mieux comprendre

La première partie de ce texte de Fernand Raynaud est une narration. Dans la deuxième partie, que vous allez lire, il s'agit plutôt d'un dialogue. Parcourez le texte pour découvrir qui parle.

Lecture

 CD 4, track 7

DEUXIÈME PARTIE

Elle a réussi quand même à doubler le cirque mais v'là qu'au bout de trois kilomètres, elle dit: «Pourvu que ma direction° n'en ait pas pris un coup! Vérifions s'il n'y a rien. Montons sur le petit talus° à droite, ça a l'air d'aller… Voyons le petit talus à gauche… »
On entend des coups de sifflet. Deux motards° arrivent: «Rangez-vous° à droite, non
35 mais dites donc, ça va pas vous?

Vous êtes un danger public, mademoiselle! Vous allez à droite, vous allez à gauche… Mais dites donc! Vous avez eu un accident?

— Non, non! C'est un éléphant qui s'est assis sur ma voiture!

— Ah… Oui, oui, je vois très bien ce que c'est! Marcel! Viens voir! Y'a un éléphant
40 qui s'est assis sur le devant de la voiture de Madame!

— Mademoiselle s'il vous plaît!

— J'vais vous en donner moi, du mademoiselle!

— Oui! Je vous assure Monsieur l'agent! C'est un éléphant qui s'est assis sur le devant de ma voiture!
45 — Mais vous puez° le cognac, vous?

— Mais, monsieur…

— Y'a pas de «Mais, monsieur». Vous allez à droite, vous allez à gauche, vous sentez le cognac et vous nous dites qu'un éléphant s'est assis sur votre voiture? Vous nous prenez pour des enfants de chœur°? Suivez-nous au poste!»
50 Ils ont fait une prise de sang à ma sœur et, comme il y avait évidemment de l'alcool, ils l'ont gardée quarante-huit heures. Elle hurlait: «Oui, oui, oui! C'est vrai! Un éléphant s'est assis sur mon auto! Je le vois arriver, je vois un éléphant… Ouh! Le gros n'éléphant!»[6]

[6] The use of **n'** before a noun beginning with a vowel comes from child's speech; since French children must learn to make the liaison between the final consonant **n** of **un** and the initial vowel of the following noun (**un éléphant**) they often assume that the noun actually begins with the consonant **n.**

direction *steering*

talus *embankment*

motards motocyclistes de la gendarmerie / **Rangez-vous** Arrêtez-vous

puez *reek*

enfants… garçons qui aident le prêtre à l'église (ici, personnes très naïves)

interner mettre à l'hôpital psychiatrique / **relâchée** remise en liberté

Ils voulaient l'interner°, il a fallu que le directeur du cirque vienne témoigner que
55 les faits étaient exacts. Ils l'ont relâchée°.

Elle a fait repeindre sa voiture en vert et, si vous la rencontrez, surtout ne lui dites pas: «Pourquoi votre 2 CV est-elle verte maintenant, expliquez-moi ça?» Surtout ne lui dites pas, car elle verrait rouge.

Fernand Raynaud, *La 2 CV de ma sœur, Heureux!* (Paris: Editions de Provence, 1975), pages 95–98.

Comprenez-vous?

1. Pourquoi la sœur commençait-elle à zigzaguer d'un côté à l'autre de la route?
2. Pourquoi les gendarmes ne croyaient-ils pas l'explication de la sœur?
3. Quelle raison la police avait-elle de garder la sœur pendant quarante-huit heures?
4. Qui a convaincu la police de relâcher cette femme?
5. Pourquoi ne faut-il pas poser de questions à la sœur sur le changement de couleur de sa voiture?

■ Cherchez la forme

Identifiez et analysez les éléments soulignés dans la phrase suivante (lignes 50–51): «Ils ont fait une prise de sang à ma sœur et, comme il y avait évidemment de l'alcool, ils l'ont gardée quarante-huit heures.»

■ Allez plus loin

1. Quelles sont les raisons possibles pour lesquelles Fernand Raynaud a décidé de faire parler les personnages dans la deuxième partie de son histoire (sous forme de dialogue) au lieu de raconter (sous forme de narration) leurs actions?
2. Quelle(s) technique(s) le comédien utilise-t-il dans son sketch pour attirer l'attention du public qui l'écoute? Trouvez-en des exemples dans *La 2 CV de ma sœur.*

Activités d'expansion

Ⓐ Faites du théâtre! A trois, mettez-vous à la place de la sœur et des gendarmes (lignes 36–49) et jouez la scène où elle essaie de leur expliquer ce qui est arrivé à sa voiture.

Ⓑ La voiture la plus économique. Avec trois ou quatre camarades de classe, essayez de vous mettre d'accord sur la voiture la plus économique du monde. Il faut trouver une voiture qui est économique du point de vue du prix et de l'usage. Quels sont les avantages et les inconvénients de cette voiture?

Mots et expressions utiles:
confortable, maniable *(easy to handle)*, puissante *(powerful)*, sûre *(reliable)*
consomme peu d'essence *(uses little gas)*
ne coûte pas cher, est bon marché *(cheap)*
a une bonne tenue de route *(holds the road well)*
à deux (quatre) portes, avec traction avant *(front-wheel drive)*, à boîte automatique *(automatic transmission)*, à boîte manuelle

Pour exprimer votre opinion:

Moi, je pense que…   Il me semble que…
A mon avis…   Je trouve que…
Pour ma part…   Je crois que…

Pour exprimer votre accord:

Je suis (tout à fait) d'accord.   Bien sûr!
Je suis de ton (votre) avis.   Absolument!
C'est vrai.   Sans aucun doute!
Tu as (Vous avez) raison.

Pour exprimer votre désaccord:

Je ne suis pas d'accord.   Absolument pas!
Au contraire!   Tu as (Vous avez) tort.
Par contre…   Pourtant
Cependant…   Pas du tout!

C **Qui sont les conducteurs les plus dangereux?** Il y a des gens qui pensent que les conducteurs les plus dangereux sur la route sont ceux qui conduisent trop vite; d'autres, en revanche, pensent que ce sont ceux qui conduisent trop lentement. Qu'en pensez-vous et pourquoi? Si possible, donnez des exemples pour justifier votre opinion.

D **La voiture: malheur du monde?** La plupart des gens en Amérique du Nord et en Europe considèrent la voiture comme un objet absolument indispensable, mais on ne nie pas que sa prolifération dans le monde entraîne des conséquences très graves comme la pollution, les embouteillages et le gaspillage d'énergie. Qu'est-ce que vous en pensez? La voiture est-elle vraiment essentielle à la vie? Quelle(s) solution(s) voyez-vous à ce problème?

Chapitre 5

Les voyages

A Pourquoi?

s'amuser (à)	*to amuse oneself, to enjoy, to have fun*
se cultiver	*to improve one's mind*
découvrir	*to discover*
se détendre	*to relax, to unwind*

B Comment?

faire du stop[1]	*to hitchhike*
prendre le car, le train, etc.	*to take the bus, the train, etc.*
voyager en avion, en car, en train, en voiture, à pied	*to travel by plane, bus, train, car, on foot*

[1] Au Québec, on dit «faire du pouce».

Pour obtenir des exercices et activités supplémentaires sur le contenu de ce chapitre, rendez-vous sur le site http://slv.heinle.com.

D Quoi?

descendre à, loger à	*to stay (in a hotel, condo, etc.)*
faire la grasse matinée	*to sleep in, to sleep late*
faire une croisière	*to go on a cruise*
(se) bronzer	*to tan, to get a tan*
le coup de soleil	*sunburn*
attraper, prendre un coup de soleil	*to get a sunburn*
faire du bateau	*to go boating*
du canoë	*canoeing*
de la planche à voile	*windsurfing*
de la voile	*sailing*
du rafting	*white-water rafting*
du scooter des mers	*jet-skiing*
du ski nautique	*waterskiing*
du surf	*surfing*
de la plongée	*diving, scuba diving*
se baigner	*to go swimming*
aller à la pêche	*to go fishing*
aller à la chasse	*to go hunting*
faire de l'alpinisme *m.*	*to go mountain climbing*
de l'escalade *f.*	*rock climbing*
du parapente	*hang-gliding*
de la randonnée	*hiking, backpacking*
faire du ski alpin	*to go downhill skiing*
du ski de fond	*cross-country skiing*
du surf des neiges	*snowboarding*
de la motoneige	*snowmobiling*
la planche (des neiges)	*snowboard*
la raquette	*snowshoe*
faire... de l'équitation	*to go . . . horseback riding*
une promenade à cheval	*for a horseback ride*
un pique-nique	*on a picnic*
du VTT	*mountainbiking*
faire une balade	*to go for an outing, a walk, a ride*
faire une promenade...	*to go...*
en bateau	*for a boat ride*
à vélo	*bike riding*
en voiture	*for a (car) ride*
le décalage horaire	*time difference, jet lag*
mal supporter le décalage horaire	*to suffer from jet lag*
rater l'avion	*to miss the airplane*

C Où?

l'auberge de jeunesse *f.*	*youth hostel*
la caravane	*camping trailer*
le chalet	*small vacation house (in the mountains)*
la colonie de vacances	*summer camp (for children)*
coucher...	*to sleep...*
sous la tente	*in a tent*
à la belle étoile	*out in the open*
en plein air	*outdoors*
la tente	*tent*
le terrain de camping	*campground*
le sac de couchage	*sleeping bag*
la maison de campagne	*country house*
la mer	*ocean*
la montagne	*mountain*
la plage	*beach*
la station balnéaire	*seaside resort*
la station de sports d'hiver	*winter (sports) resort*

Préparation grammaticale

Avant de commencer ce chapitre, révisez l'usage des prépositions avec les noms géographiques, pages 180–181.

Saviez-vous que... ?

Depuis 1982, les salariés français ont droit à cinq semaines de vacances. 10% des actifs disposent de plus de cinq semaines de congés payés annuels. Ainsi, la France arrive en première position en Europe (et peut-être dans le monde) pour la durée des vacances. Mais seulement 64% des Français partent en vacances; les autres restent à la maison.

Source: *Francoscopie 2003*, p. 487, www.ifop.com

SOURIS !

Serre, *Les vacances*, Grenoble: Editions Glénat, 1984.

**Qui sont les personnages sur ce dessin? Où sont-ils?
Qu'est-ce qui est arrivé? Que font-ils?**

Vocabulaire

Ⓐ Mais qu'est-ce qu'on y fait? Vous et vos amis voulez passer vos vacances dans une région ou un pays francophone. Mettez-vous d'accord sur la destination en vous posant des questions sur les endroits proposés. Précisez aussi la saison de votre voyage.

> **Modèle:** la Guyane
>
> VOUS: **Où se trouve la Guyane?**
> **Qu'est-ce qu'on peut y faire en été (en hiver)?**
>
> VOS CAMARADES: **La Guyane se trouve en Amérique du Sud, près du Venezuela.**
> **En Guyane, on va à la plage, on fait des randonnées en forêt, on va à la pêche. L'hiver, c'est la saison du carnaval.**

1. la Martinique
2. le Sénégal
3. le Viêt Nam
4. le Québec
5. la Louisiane
6. Tahiti
7. la Suisse
8. le Maroc

Une fois que vous aurez choisi votre destination, expliquez vos raisons à la classe.

Ⓑ Qui ferait cela? Quelle sorte de personne aimerait les activités suivantes? Indiquez leur sexe et leur âge, puis décrivez leur caractère. Si possible, inventez-leur aussi une profession.

> **Modèle:** faire du rafting
> **Je pense qu'un garçon de 16 ans aimerait faire du rafting. C'est un lycéen qui recherche l'aventure; il est courageux et bien sûr, il nage bien!**

1. faire une croisière
2. faire du stop
3. faire de la randonnée
4. aller à la chasse
5. faire de l'équitation
6. faire de l'alpinisme
7. coucher à la belle étoile
8. passer la nuit dans une auberge de jeunesse

Rappel Prepositions that express *to, at,* or *in* with place names vary according to the type of place. The preposition **à** is used before the names of cities, **en** is used before countries that are feminine, and **au** before countries that are masculine (**aux** for plural masculine countries). For more details, see pp. 180–181.

C Les vacances idéales. Imaginez des vacances idéales pour chacune des personnes suivantes. Où iront-elles? (Donnez une destination précise.) Comment voyageront-elles? Où logeront-elles? Que feront-elles? Mentionnez aussi au moins trois activités.

1. un étudiant sportif qui adore l'eau mais qui n'a pas beaucoup d'argent (en juin)
2. votre professeur de français (en mai)
3. le président des Etats-Unis (en juillet)
4. une mère de famille nombreuse (après la fête de Noël)
5. deux Françaises de 19 ans qui viennent de réussir leur bac (en août)
6. un homme d'affaires de 60 ans qui vient de divorcer (en décembre)
7. l'ancienne femme de cet homme d'affaires (en décembre)
8. trois étudiantes américaines dont les grands-parents leur offrent des vacances (en été)
9. un adolescent de 16 ans qui est obligé de partir avec sa famille (en février)

D Ennuyeuses ou amusantes? Mettez-vous en groupe de trois ou quatre. A tour de rôle, décrivez les vacances les plus ennuyeuses ou les plus amusantes que vous ayez jamais passées. Donnez beaucoup de détails et exagérez autant que vous le pouvez. Choisissez les meilleures descriptions de votre groupe pour les présenter à la classe.

E Devinettes. Choisissez un mot (ou une expression) des listes C et D du vocabulaire. Décrivez-le ou expliquez-le en français pour que vos camarades de classe devinent ce que vous avez choisi.

Modèle: VOUS: **C'est un sport d'hiver que les jeunes préfèrent au ski. On l'apprend plus vite que le ski. On utilise une planche.**

AUTRE ÉTUDIANT(E): **C'est le surf des neiges.**

Préparation grammaticale

Avant de continuer, révisez la formation du futur, pages 181–183.

Saviez-vous que... ?

Les Français qui partent à l'étranger en été privilégient les pays et régions du pourtour méditerranéen, c'est-à-dire l'Espagne, l'Italie, l'Afrique du Nord, la Grèce et la Turquie, ainsi que le Portugal. En hiver, ils préfèrent l'Europe du Sud, le Royaume-Uni, les Etats-Unis et les pays de la chaîne des Alpes, c'est-à-dire l'Allemagne, l'Autriche et la Suisse.

Source: France, *Portrait social 2002/2003,* Ambassade de France, USA

Le Port Tino Rossi, Ajaccio

Chère Claire,
Nous campons près d'Ajaccio.
Il fait très beau.
On mange bien.
J'ai pris un coup de soleil.
Bon baisers.

Charles

Claire Collombat
14, rue de Moulin vert
75013 Paris

Deux cent quarante-trois cartes postales en couleurs véritables

En voyage à Londres, en promenade à Beaubourg ou en traversant la rue de sa petite enfance, Georges Perec (1936–1982) décrit ce qu'il voit. *Les choses* (1965) et *La vie, mode d'emploi* (1982) sont ses œuvres les plus connues. Voici des extraits tirés d'une œuvre posthume, *Deux cent quarante-trois cartes postales en couleurs véritable* (1989). C'est une collection de cartes postales typiques, écrites par diverses personnes inventées par Perec, et envoyées de leurs vacances à des amis ou à leur famille.

Entrons en matière

Pourquoi écrit-on des cartes postales? Comment les choisit-on? Qu'est-ce qu'on écrit sur les cartes? A qui en envoie-t-on?

Lecture

Bons... *here, hugs and kisses*

potes amis *(fam.)*

sensas sensationnelles
chameau *camel*

Nous campons près d'Ajaccio[2]. Il fait très beau. On mange bien. J'ai pris un coup de soleil. Bons baisers°.

On est à l'hôtel Alcazar. On bronze. Ah ce qu'on est bien! Je me suis fait un tas de potes°. On rentre le 7.

5 Nous naviguons dans les environs de l'Ile-Rousse[3]. On se laisse bronzer. On mange admirablement. J'ai pris un de ces coups de soleil! Baisers et tout.

On vient de faire le Dahomey[4]. Nuits superbes. Baignades sensas°. Balades à dos de chameau°. Nous serons à Paris le 15.

[2] ville principale de Corse
[3] station balnéaire en Haute-Corse
[4] ancien nom de la République du Bénin, pays d'Afrique de l'Ouest

Nous avons fini par atterrir à Nice. Farniente° et dodo°. Ah qu'on est bien (malgré
10 les coups de soleil). Baisers.

On est à l'hôtel Les Jonquilles. Temps merveilleux. On va à la plage. Avons fait connaissance avec tout plein de gens charmants. On vous embrasse.

Nous campons près de Woods Hole. On se dore au soleil. Homards° à tous les repas. J'ai pêché un saumon. Mille pensées.

15 Meilleurs souvenirs de Hongrie. On s'est bronzé sur le lac Balaton et on est monté à cheval. Pensées amicales.

Nous croisons au large du° Yucatan. Temps idéal. Tout est au poil°. J'ai pris un petit requin° de 30 kg! Baisers.

En vacances en Ulster. Très belles plages. Les Irlandais sont merveilleux. Pensons
20 être à Strasbourg le 4.

Un grand bonjour de Biarritz[5]. Ah que c'est bon de se laisser dorer au soleil. Ai fait un peu de voile. Baisers.

On a atterri à Deauville[6]. Je me repose bien mais les repas sont trop copieux. Les clients de l'hôtel sont très sympathiques. Mille pensées.

25 On est au Hilton. Farniente au soleil au bord de la piscine. Baisers à tous.

On est au Louis-XIV. Très sélect°. En plus, il fait très beau. Je fais du cheval pour garder la ligne. Baisers.

Un petit mot d'Ars-en-Ré[7]. C'est très beau. On va à la plage. J'ai joué au tennis. Bons baisers.

30 On arpente° l'Oregon. Sites admirables. Nourriture de trappeurs. Les Amerloques° sont des gens au poil°. Baisers.

Une lettre de Nouméa[8]. On bronze et on bouffe°, on rebronze et même on cuit°. On pense rentrer le 2.

On revient des Ardennes[9]. Il a fait très beau. C'était parfait. On a fait beaucoup de
35 cheval. Serons à Paris ce dimanche.

On sillonne les Everglades. Vaut le voyage. C'est sublime. Je deviens champion de ski nautique.

En visitant le Var[10]. Beaucoup de bon repos et de bons repas et un peu de marche à pied. Mille baisers.

40 Un grand salut de Minorque[11]. On bronze sur la plage. Je skie nautiquement. On rentrera le plus tard possible!

On traverse Haïti. Temps idéal. Tout est parfait. Les gens sont très accueillants°. Baisers.

Nous faisons le Sénégal. Fatigués mais enthousiastes. Le seul problème, c'est la
45 bouffe°.

Avons visité une plantation de bananes. On sera à Paris le 30.

Nous traversons Quiberon[12]. Douce inaction. On mange très bien. Je prends un peu de ventre. Baisers à vous.

Farniente Ne rien faire (*mot italien*) / **dodo** dormir

Homards *Lobsters*

au... *off the coast of the* / **au... magnifique** (*fam.*) / **requin** *shark*

sélect chic, élégant

arpente traverse / **Amerloques** Américains (*fam.*) / **au...** super (*fam.*) / **bouffe** mange (*fam.*) / **cuit** *burn, cook*

accueillants *welcoming*

bouffe nourriture (*fam.*)

Georges Perec, *Deux cent quarante-trois cartes postales en couleurs véritables, L'infra-ordinaire* (Paris, Editions du Seuil, 1989), pages 33–66.

[5] ville du Pays basque, sur la côte atlantique, près de l'Espagne
[6] station balnéaire en Normandie sur la Manche (*English Channel*)
[7] station d'été sur l'Ile de Ré, au large de La Rochelle, dans l'Atlantique
[8] ville principale de la Nouvelle-Calédonie, territoire français dans le Pacifique
[9] chaîne de montagnes en Belgique, au Luxembourg et dans le nord de la France
[10] département de la région Provence-Côte d'Azur, destination favorite des vacanciers
[11] île espagnole dans la mer Méditerranée
[12] presqu'île située dans le sud de la Bretagne

Comprenez-vous?

1. Dans quels pays ces voyageurs passent-ils leurs vacances?
2. Quelles activités sont mentionnées le plus souvent?
3. A part le temps, qu'est-ce qui semble être le plus important pour ces voyageurs?
4. Quels sports font ceux qui écrivent ces cartes?
5. Puisqu'il n'y a pas beaucoup de place sur une carte postale, quelle partie des phrases est parfois éliminée?
6. Quelles sont les expressions utilisées pour conclure les messages de ces cartes postales? En connaissez-vous d'autres?

▨ Cherchez la forme

1. **Les prépositions.** Identifiez les prépositions utilisées avec les endroits suivants: Nice (ligne 9), Strasbourg (ligne 20), Deauville (ligne 23), Paris (ligne 35), Ardennes (ligne 34). Pourquoi ces prépositions-là sont-elles utilisées?
2. **Les sujets.** Quel pronom sujet le pronom **on** remplace-t-il souvent dans le texte précédent? Quelle forme du verbe est utilisé avec **on**?

▨ Allez plus loin

1. En imitant le style des cartes postales du texte, écrivez-en une d'un endroit que vous aimeriez visiter.
2. Choisissez une des cartes postales du texte. Qui est (sont) ce(s) voyageur(s)? Imaginez une journée typique de ses (leurs) vacances.
3. Choisissez un des endroits mentionnés et faites des recherches (sur le Web, dans des guides touristiques, etc.) pour trouver plus de renseignements à son sujet. Présentez votre rapport à la classe.

▨ A discuter

Pourquoi, en général, les voyageurs disent-ils toujours que tout se passe bien ou qu'il fait un temps splendide quand ils écrivent des cartes postales? Avez-vous déjà écrit ou envoyé un message négatif sur une carte postale? Expliquez.

Rappel The *future tense*, whose stem is based on the infinitive, is used to talk about what will happen in the future. When one event is expected to happen before another in the future, the earlier one is expressed in the *future perfect* (**futur antérieur**). For more details, see pp. 181–186.

Applications

A **Les vacances et les voyages changeront-ils?** Dans l'avenir, est-ce que tout changera ou nos habitudes de vacances resteront-elles les mêmes? Finissez les phrases selon votre propre vision de l'avenir.

Modèle: Aujourd'hui, je voyage en voiture. Dans l'avenir…
Je ne voyagerai plus en voiture. Je prendrai l'avion ou peut-être un vaisseau spacial *(space ship).*

1. Aujourd'hui, nous allons à la plage. Dans l'avenir…
2. Ces jours-ci, je fais du camping. Quand j'aurai des enfants…
3. A l'heure actuelle, la plupart des Américains n'ont que quinze jours de congé. Dans vingt ans…
4. Aujourd'hui ma famille se détend à la mer. Quand mes parents seront à la retraite…
5. D'habitude, mes amis s'amusent à la montagne. Lorsqu'ils auront cinquante ans…
6. L'été, mon prof va en Tunisie. L'année prochaine…
7. Actuellement, je prends souvent le car. Dès que j'aurai gagné assez d'argent…
8. De temps en temps, ma mère et moi nous visitons des musées. Aussitôt que nous ne voyagerons plus ensemble…

Préparation grammaticale

Avant de continuer, révisez le conditionnel, pages 181–186.

B **Des entretiens imaginaires.** Un(e) étudiant(e) est journaliste et l'autre joue le rôle d'un personnage célèbre de son choix (une vedette de cinéma, un(e) chanteur/chanteuse, un personnage de série télévisée, le président des Etats-Unis, etc.). Le (La) journaliste pose des questions sur les projets de vacances et l'autre personne répond, au futur.

Notez bien: Il y a dans ce genre de situation un certain protocole. Faites attention aux formes interrogatives et utilisez **vous** dans les questions.

Modèle: **—Où irez-vous en vacances?**
—J'irai à la Martinique.

C **Une chaîne d'événements.** Avec vos camarades, faites des projets d'avenir d'après le modèle. Une personne complète la phrase donnée. Les autres enchaînent en formant des phrases contenant les mêmes conjonctions et les mêmes temps que dans le modèle.

> **Modèle**: Après avoir reçu mon diplôme, je…
>
> **Après avoir reçu mon diplôme, j'ai l'intention de trouver un poste.**
> **Dès que j'aurai trouvé un poste, je gagnerai beaucoup d'argent.**
> **Lorsque j'aurai gagné beaucoup d'argent, je me marierai.**
> **Aussitôt que je me serai marié(e), ma femme (mon mari) et moi achèterons une belle maison.**
> **Et finalement, nous aurons beaucoup d'enfants et nous serons très heureux.**

1. Après avoir gagné le gros lot *(jackpot)* à la loterie, je…
2. Après avoir pris leur retraite, mes parents…
3. Après avoir fini nos examens à la fin du semestre, mes amis et moi, nous…
4. Après être allé(e) au Sénégal, mon (ma) prof de français…
5. Et moi, après…

 **Rappel** The *conditional form* uses the same stem as the future tense, but it has different endings. It is used to express hypotheses (what would or could happen if certain conditions occurred). For more details, see pp. 181–186.

D **Un rêve.** Aimeriez-vous habiter un endroit ou un pays tout à fait différent de celui où vous vous trouvez actuellement? Où iriez-vous? Imaginez votre vie dans cette nouvelle région ou dans cet autre pays: votre logement, votre travail, vos amis, vos distractions, etc. Utilisez le conditionnel pour parler de votre rêve et ensuite, comparez-le à celui d'un ou deux camarades de classe.

E **Les parents se font du souci.** Quand leurs enfants partent en voyage, les parents veulent savoir s'ils sauront se débrouiller en cas de besoin. Un(e) étudiant(e) joue le rôle du parent inquiet et pose la question. L'autre trouve une réponse rassurante, au conditionnel.

> **Modèle:** perdre ton passeport
> PARENT: **Qu'est-ce que tu ferais si tu perdais ton passeport?**
> ENFANT: **J'irais au consulat américain.**

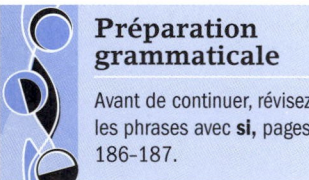

Préparation grammaticale

Avant de continuer, révisez les phrases avec **si,** pages 186-187.

1. rater l'avion
   PARENT:
   ENFANT:
2. tes valises / ne pas arriver
   PARENT:
   ENFANT:
3. ne pas trouver de chambre d'hôtel
   PARENT:
   ENFANT:
4. on / voler ton portefeuille
   PARENT:
   ENFANT:

5. ne plus avoir d'argent
PARENT:
ENFANT:

6. les copains avec qui tu voyages / se faire arrêter par la police
PARENT:
ENFANT:

7. tomber malade
PARENT:
ENFANT:

8. nous / ne pas pouvoir venir te chercher à l'aéroport à ton retour
PARENT:
ENFANT:

Continuez le dialogue.

Rappel
The tense used to express a condition determines the tense used to express the result.

Si je n'**ai** pas trop de travail (présent), j'**irai** (futur) à la montagne ce week-end.
If I don't have too much work (present), I will go (future) to the mountains this weekend.

Si je n'**étais** pas à la fac (imparfait), j'**aurais** (conditionnel présent) plus de temps.
If I were not in school (imperfect), *I would have* (present conditional) *more time.*

Si j'**avais appris** (plus-que-parfait) à faire du ski, je **serais allé(e)** (conditionnel passé) en Suisse.
If I had learned (pluperfect) *to ski, I would have gone* (past conditional) *to Switzerland.*

For more details, see pp. 186–187.

F **Des vacances: réalité, rêve et regrets.** Créez des petits récits en utilisant les débuts de phrases donnés. Attention au temps et à la forme des verbes.

1. La réalité:
  a. Si je pars en vacances l'été prochain, je…
  b. S'il fait beau quand j'arrive…
  c. Mes amis m'accompagneront si…
  d. Nous nous amuserons si…
  e. Mais nous rentrerons tôt si…

2. Un rêve:
  a. Si j'avais un mois de vacances et beaucoup d'argent, je…
  b. Mes amis m'accompagneraient si…
  c. Ces vacances nous plairaient si…
  d. Si je louais une voiture…
  e. Je ne coucherais pas sous la tente si…

3. Des regrets. Vous êtes rentré(e) tôt, il a plu la plupart du temps, vous n'avez pas bien mangé, vous avez eu un accident de voiture, vous vous êtes disputé(e) avec vos amis, et quoi d'autre? Exprimez vos regrets et expliquez ce que vous auriez pu ou auriez dû faire autrement.
  a. Si je n'étais pas allé(e) à / en / au / aux…
  b. S'il avait fait beau, nous…
  c. Si je n'avais pas invité mes amis…
  d. Je n'aurais pas eu d'accident si…
  e. Je me serais reposé(e) si…

Saviez-vous que… ?
La France est une des destinations préférées des Anglais et des Allemands. Les Européens, quand ils séjournent en France, privilégient largement Paris (20%) ou la côte méditerranéenne (16%), alors que le nord de la France et les Pyrénées sont les régions les moins visitées. Leur mode d'hébergement favori est l'hôtel, suivi de la location d'appartement.

Source: http://www.tns-sofres.com

G **Tout serait différent.** Décrivez les résultats possibles ou probables dans chaque cas suivant. Comparez vos idées à celles de vos camarades de classe. Attention à la forme et au temps des verbes!

1. Si tous les Américains avaient cinq semaines de congés payés…
2. Si mes copains avaient appris à faire de l'escalade…
3. Si nous pouvions partir pour Tahiti…
4. Si mon professeur de français voulait se cultiver en vacances…
5. S'il n'y avait pas de tunnel sous la Manche…
6. Si ma mère me payait mon billet d'avion…
7. Si j'avais passé l'été à faire du stop…

Il se pourrait bien que les arbres voyagent

Roch Carrier est né en 1937 à Sainte-Justine, au Québec. Il fait ses études au Canada puis en France où il obtient un doctorat en littérature. Dans sa jeunesse, il publie des poèmes mais par la suite son œuvre s'oriente vers le roman. *La guerre, yes sir!* (1968) est son roman le plus connu. *Les enfants du bonhomme dans la lune* (1980), dont est tirée l'histoire suivante, est un recueil d'une vingtaine de contes. C'est un hommage à l'enfance qui met en scène des personnages du Québec, avec leurs aspirations, leurs rêves et leurs illusions.

NOTE SUR LA LANGUE: Le français est une langue dont la prononciation et le vocabulaire varient selon la région. La façon de parler en Alsace ne ressemble pas tout à fait à celle du Limousin, par exemple. Dans le sud de la France, la prononciation du français est proche de celle de l'italien ou de l'espagnol; par exemple, on prononce Avignon «Avignoun». Il y a aussi des expressions typiques de la région: bicloun = bicy-

clette, parcage = parking. Dans les régions francophones du Canada (surtout au Québec et en Acadie), on trouve des expressions et prononciations archaïques, c'est-à-dire apportées de France au dix-septième siècle (moé = moi); certaines sont nées sur le continent nord-américain (un traversier = un ferry-boat), puis d'autres ont évolué sous l'influence de l'anglais (avoir du fun = s'amuser, un chum = un petit ami). La prononciation varie selon la région et la classe sociale. Roch Carrier reproduit surtout la façon de parler de la campagne (i' = il, j' = je, r' = re-, pu = plus, sus = suis). Pour d'autres renseignements sur le français québécois, voir **Prélude,** page 4.

Entrons en matière

Quelles sortes de personnes voyagent beaucoup? Quelles sortes de personnes ne voyagent presque jamais?

Pour mieux comprendre

Le premier paragraphe sert d'introduction au conte et présente, d'un point de vue un peu fantaisiste, l'opposition qu'on voit entre la vie du personnage principal, le vieil Herménégilde, et celle de son fils. Lisez-le et répondez aux questions suivantes:

1. Dites ce qu'il y a de fantaisiste et de réaliste dans cette introduction.
2. Quelle opposition le narrateur établit-il dans le premier paragraphe?

Puis, continuez à lire.

Lecture

PREMIÈRE PARTIE

Il y avait ceux qui avaient voyagé comme des oiseaux migrateurs et ceux qui avaient vécu, attachés à la terre, comme les arbres. Certains étaient allés très loin.
5 Je me souviens d'avoir entendu le récit d'un homme qui était allé jusqu'au point où le ciel rencontre la terre: l'homme avait dû se pencher pour ne pas heurter° le ciel de sa tête. L'homme s'était tout à 10 coup senti seul et il avait écrit à sa femme. Son timbre lui avait coûté mille dollars. Quelques-uns étaient allés à New York; un autre était allé visiter un frère au Montana; mon grand-père avait 15 navigué sur la mer Atlantique; une famille avait émigré en Saskatchewan; et des hommes allaient couper du bois dans les forêts du Maine ou de l'Abitibi[13]. Quand ces gens revenaient, 20 dans leurs vêtements neufs, même les arbres de la rue principale enviaient un peu ceux qui avaient voyagé.

heurter *to bump*

[13] région du nord-ouest du Québec, près de l'Ontario, connue pour ses industries minières et forestières

Il y avait ceux, donc, qui n'étaient jamais partis… Comme le vieil Herménégilde. Il
était si vieux qu'il avait vu construire la première maison de notre village. Il était vieux
25 et pourtant sa moustache était toute noire. C'était une moustache énorme qui lui
cachait le nez, la bouche et le menton. Je vois encore la moustache du vieil
Herménégilde comme un gros nuage noir au-dessus de notre village. Nos parents disaient de lui qu'il avait une santé de bois franc°; toutes les tempêtes de la vie n'avaient
pas réussi à courber° sa droite et solide fierté. Au bout d'une vie, il ne possédait rien
30 d'autre qu'une petite maison de bois. Ses enfants étaient tous partis. Le vieil
Herménégilde, lui, avait vécu toute sa vie sans jamais franchir° la frontière du village. Il
était d'ailleurs très fier d'avoir vécu ainsi, enraciné° à la terre de notre village. Pour
donner toute la mesure de sa fierté, il disait:
—Moé°, j'ai vécu toute ma vie sans jamais avoir eu besoin des étrangers!
35 Le vieil Herménégilde n'était jamais allé courir les forêts lointaines, il n'était jamais
allé dans les villages voisins acheter ou vendre des animaux; sa femme, il l'avait trouvée
dans le village. Le vieil Herménégilde disait:
—L'bon Yeu° nous a tout donné c'qu'i nous faut pour vivre dans notre village!
Pourquoi c'est qu'i faudrait aller courir ailleurs, là iousque° c'é pas mieux?
40 Dans sa vieille tête, revenait un proverbe qu'avait écrit un très ancien poète français
et qu'il répétait à sa façon:
—L'harbe° des voisins paraît toujours ben plus varte° que la nôtre…
Le vieil Herménégilde n'était jamais monté dans une automobile:
—J'veux pas aller vers la mort trop vite, disait-il, j'veux y aller en
45 marchant au pas d'un homme.

de… solide
courber to bend

franchir passer
enraciné rooted

Moé Moi (*archaïque*)

L'bon… Le bon Dieu (*phoné-tique*) / **iousque** où est-ce que (*phonétique*)

L'harbe L'herbe (*archaïque*) / **varte** verte (*archaïque*)

Comprenez-vous?

1. Faites le portrait physique et moral du vieil Herménégilde.
2. Pourquoi n'a-t-il jamais quitté son village?
3. Pourquoi l'auteur le compare-t-il à un arbre?

Lecture

Un matin, une voiture noire, plus longue que celle de M. Cassidy, l'embaumeur°, s'arrêta, dans un bond, devant la maison du vieil Herménégilde. Un fils qu'il n'avait pas vu depuis bien des années sortit de la voiture, tout habillé de noir, comme avait l'habitude de l'être M. Cassidy.

embaumeur *undertaker*

50 «Mon garçon, viens-tu à mon enterrement° demanda le vieil Herménégilde?

—Non, dit le fils, J'sus v'nu vous emmener en voyage.» De métier° en métier, de travail en travail, le fils était devenu chauffeur particulier d'un homme d'affaires de Montréal; avant d'avoir pu se demander ce qui se passait, le vieil Herménégilde, qui n'était jamais monté dans une automobile, fut poussé dans le fauteuil de cuir d'une
55 Cadillac qui piaffait° comme un cheval.

enterrement *burial*
métier *profession*

piaffait *pawed the ground*

«Son père°, dit le fils, vous pouvez pas mourir avant d'avoir vu un peu le monde.

—J'ai tout vu ce qu'un homme a besoin de voir», dit le vieil Herménégilde.

Son... Papa (*usage régional*)

La longue voiture noire du fils l'enleva à une vitesse qu'il n'avait jamais éprouvée°. Pour ne pas voir qu'il traversait la limite du village, le vieil Herménégilde ferma les
60 yeux. Et, les yeux fermés, le vieil homme ne vit pas qu'il traversait le village voisin où plusieurs étaient allés chercher leur femme; il ne vit pas le mont Orignal, la plus haute montagne de la région; il ne vit pas les dix villages que la voiture noire traversait à une vitesse que n'avait atteint aucun cheval emballé°. Tobie, son garçon, parlait mais il ne voulait pas l'entendre.

éprouvée *experienced*

cheval... *runaway horse*

65 —Moé, votre garçon, j'vois ben qu' vous avez passé votre vie comme en prison. Faut voir le monde avant de mourir. C'est moé qui vas vous sortir de votre prison. Aujourd'hui, y a pus de distance. Mon boss, i' s' lève à Montréal, i' s' réveille à Toronto, i' va déjeuner à New York, pis° i' r' vient s' coucher à Montréal. C'est vivre, ça! Faut vivre avec son temps. On sait que la terre tourne. Faut tourner avec la terre. Moé, j'ar-
70 rête pas de voyager. J' connais le monde. J' connais la vie. Mais vous, vous n'avez jamais vécu dans les temps modernes. Faut voir ça.

pis *puis*

—Un homme peut aller aussi loin qu'i' veut, dit le vieil Herménégilde, mais i' reste toujours dans ses bottines°…

bottines *chaussures*

—J' sus pas c' qu'on appelle un bon fils, dit Tobie, mais c'est moé qui vous aurai
75 montré le monde. J'aurai fait ça de bon dans ma vie.

Alors le vieil Herménégilde comprit qu'il n'avait plus le droit de tenir les yeux fermés. Ils étaient entrés dans Québec. Le vieil homme aperçut, d'un seul coup, des maisons plus hautes que l'église, des gens dans la rue plus nombreux que pour une procession religieuse, et des automobiles qui grouillaient° partout comme des fourmis.
80 Son fils l'amena devant un immense château, un vrai château dont il avait entendu le nom quand on parlait des riches, le Château Frontenac; ensuite il lui montra quelque chose de beaucoup plus vieux que lui, même plus vieux que son défunt père°, les maisons que les premiers Français avaient construites.

grouillaient *swarmed*

père... père qui est mort

L'automobile noire s'arrêta devant un grand jardin; Tobie fit descendre son père.

85 —I' s'ra pas dit que vous allez mourir avant d'avoir marché su' les Plaines d'Abraham[14]: c'est icitte° qu'on a perdu not' pays…

icitte ici (*archaïque*)

Et ce fut l'heure du retour. Dans la voiture, le fils remarqua que le vieil Herménégilde tenait les yeux fermés.

---

[14] endroit où a eu lieu la bataille qui régla le sort de la Nouvelle-France, en 1795. Les Anglais, sous le général Wolfe, vainquirent les Français, sous le général Montcalm.

—Son père, fermez pas les yeux, r'gardez le monde.

90 —J'en ai trop vu, dit le vieil homme, tu m'as montré trop de choses aujourd'hui.

Dès qu'il eut déposé le vieil Herménégilde chez lui, le fils s'empressa de repartir, dans la longue voiture noire, appelé par d'autres voyages dans le vaste monde moderne.

Pendant de longs mois, derrière sa grosse moustache noire et les yeux fermés, le vieil Herménégilde attendit le retour de la longue voiture noire.

Roch Carrier, Il se pourrait bien que les arbres voyagent… , *Les enfants du bonhomme dans la lune* (Québec: Stanké, 1998), pp. 123–127.

Le Château Frontenac

Comprenez-vous?

1. Pourquoi le fils revient-il au village?
2. Que fait le père une fois installé dans la voiture? Pourquoi?
3. Comparez l'attitude du père et celle du fils en ce qui concerne les voyages.
4. Quels sont les arguments de Tobie qui réussissent à changer l'attitude du père?
5. Qu'est-ce que le vieil Herménégilde voit à Québec? Qu'est-ce que son fils lui montre?
6. Pourquoi le père garde-t-il les yeux fermés au retour?
7. D'après la fin, est-ce que le vieil Herménégilde veut voyager à nouveau? Expliquez.

■ Résumez

Racontez les événements de cette histoire d'abord du point de vue de Tobie, et ensuite, du point de vue du vieil Herménégilde. Ajoutez des détails pour montrer le caractère de ces deux personnages.

■ Cherchez la forme

1. Relisez le premier paragraphe de la deuxième partie de la lecture et relevez les verbes au **passé simple.** Indiquez leur équivalent au passé composé.

2. Relisez la phrase qui commence par «—J'sus pas c' qu'on appelle… » (lignes 74–75) et trouvez les deux verbes au **futur antérieur.** Pourquoi Tobie utilise-t-il ce temps-là?

■ Allez plus loin

1. Quelle est la signification du titre de ce conte?

2. Dans le conte, il y a deux proverbes: «L'herbe des voisins paraît toujours plus verte que la nôtre» (Première partie, ligne 42) et «Un homme peut aller aussi loin qu'il veut, mais il reste toujours dans ses bottines» (Deuxième partie, lignes 72–73). Quelles sont les idées exprimées par ces proverbes?

3. Dans ce conte, Roch Carrier reproduit la façon de parler de certains Québécois. Trouvez-en des exemples et réécrivez-les en français standard. Qu'est-ce qui caractérise cette façon de parler?

Activités d'expansion

A **Que représentent les «vacances»?** Regardez le graphique ci-dessous sur ce que les vacances représentent pour les Français. Et pour vous, qu'est-ce que c'est, les vacances?

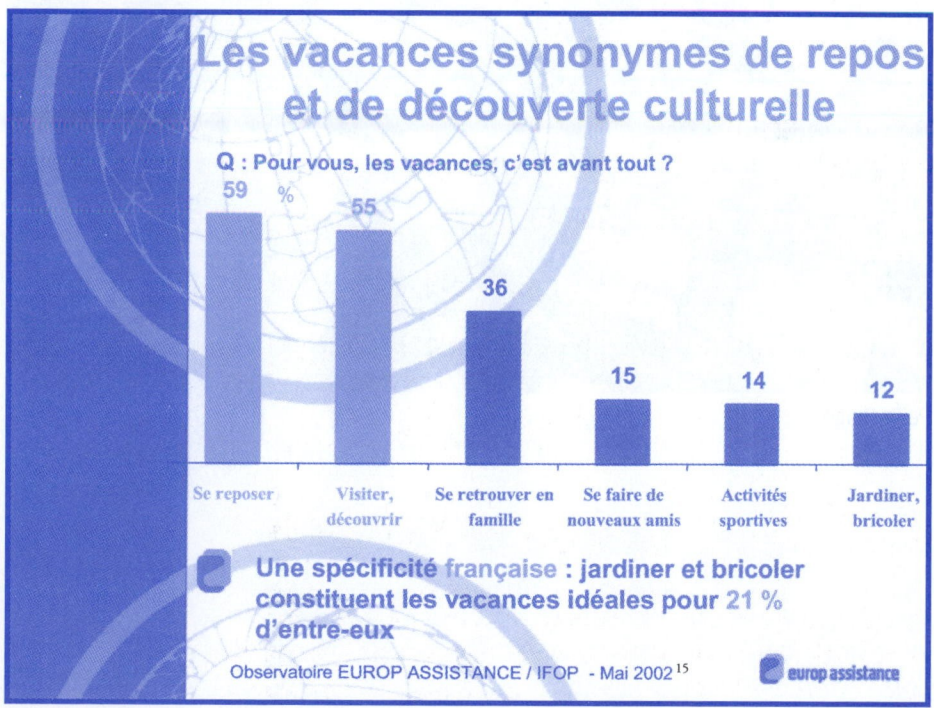

Les vacances synonymes de repos et de découverte culturelle

Q : Pour vous, les vacances, c'est avant tout ?

Se reposer	Visiter, découvrir	Se retrouver en famille	Se faire de nouveaux amis	Activités sportives	Jardiner, bricoler
59 %	55	36	15	14	12

Une spécificité française : jardiner et bricoler constituent les vacances idéales pour 21 % d'entre-eux

Observatoire EUROP ASSISTANCE / IFOP - Mai 2002 [15]

europ assistance

[15] 1999 personnes interrogées en France, en Espagne, en Italie, en Belgique et en Autriche. L'enquête s'est déroulée du 25 mars au 13 avril 2002.

B **En famille.** Il n'est pas toujours facile de se mettre d'accord sur la destination des vacances. La situation se complique s'il y a plusieurs enfants ou même des grands-parents qui partent ensemble. Formez un groupe de quatre ou cinq et jouez la scène où une famille essaie de se mettre d'accord.

1. D'abord, choisissez votre rôle: mère, père, grand-parent ou enfant (de quel âge?).
2. Ensuite, pendant quelques minutes, travaillez seul(e) et pensez à ce que votre personnage voudrait faire en vacances. Où désire-t-il aller? Avec qui?, etc.
3. Enfin, discutez de vos idées en groupe. Il faut trouver une solution qui convienne à tout le monde et que vous expliquerez plus tard à la classe.

Si vous voulez interrompre:

Patiemment	Impatiemment
Une minute…	Attends! / Attendez!
Pardon…	Mais enfin…
Excuse-moi… / Excusez-moi…	Non, mais écoute!…
J'aimerais dire une chose…	Alors là…
	Mais attention…

Paris-Plage

C Débat: L'importance des voyages

1. Les voyages ne nous apprennent plus rien puisqu'Internet rend le monde accessible de chez nous.
2. Voyager tient une place essentielle dans l'éducation de chaque individu.

Un groupe trouve que l'idée exprimée dans la première phrase est vraie. L'autre groupe soutient le sentiment exprimé dans la deuxième phrase. Chaque membre du groupe prépare individuellement des arguments pour justifier son point de vue. Puis on se met ensemble pour choisir les meilleures raisons et pour présenter ses idées à la classe qui donne ses réactions.

Si vous êtes d'accord, vous pouvez dire:

Oui, c'est vrai…
Moi aussi, je pense que…
C'est une bonne idée de…
Tu as raison de dire que…
C'est génial, ce que tu dis, parce que…
Je suis entièrement d'accord avec toi car…

Si vous n'êtes pas d'accord, vous pouvez répondre:

Non, je ne crois pas que…
Je crois que tu te trompes…
Je regrette, mais tu as tort de dire que…
A mon avis…
Moi, je ne suis pas d'accord parce que…
Au contraire, je pense que…
Je ne partage pas ton point de vue à ce sujet car…

Pour conclure, votez pour voir ce que pensent la plupart des étudiants.

Chapitre 6

Ciné et télé

Pour obtenir des exercices et activités supplémentaires
sur le contenu de ce chapitre, rendez-vous sur le site
http://slv.heinle.com.

A Le cinéma

Mots apparentés: le cinéma; la salle de cinéma; le film: musical, comique, d'aventure, de science-fiction, d'horreur, historique, politique, érotique, pornographique; la comédie musicale; le drame (psychologique); le western; le documentaire

le film policier	detective movie
le film d'espionnage	spy movie
le film de guerre	war movie
le film d'épouvante	horror movie
le film fantastique	fantasy movie (science fiction, etc.)
le (grand) classique	classic
le dessin animé	cartoon
la bande annonce	preview, trailer
en couleur	in color
en noir et blanc	in black and white
en version originale (en v.o.)	original version
doublé	dubbed
sous-titré	subtitled
muet	silent
l'écran m.[1]	screen
le réalisateur (la réalisatrice)	director
le (la) scénariste	scriptwriter
l'acteur (l'actrice)	actor (actress)
la vedette, la star	star
le personnage (principal)	(main) character
le (la) cinéphile	movie buff
l'intrigue f.	plot
le dénouement	ending, conclusion
le décor	set
les effets spéciaux m.	special effects
jouer, interpréter un rôle	to play a role
tourner un film	to make a movie

B La télévision

le poste de télévision, le téléviseur	TV set
à la télé	on TV
le téléspectateur (la téléspectatrice)	television viewer
la chaîne	channel
la télévision câblée	cable television
l'antenne satellite f.	satellite dish
le home cinéma	home theater entertainment system
la programmation	programming
l'émission f.	program
les informations f. (les infos), le journal (télévisé)	the news
le feuilleton, le soap (opéra)	soap opera
la série	serial
le téléfilm	TV movie
la publicité, la pub (fam.)	ads, commercials
la télécommande	remote control
zapper le zapping	to channel surf channel surfing
le caméscope (numérique)	(digital) video camera
le magnétoscope	VCR
le lecteur DVD	DVD player
la cassette vidéo, la vidéo	videocassette
enregistrer	to tape, to copy (DVD)
rembobiner	to rewind

[1] The French refer to the movie screen as **le grand écran** and to the TV as **le petit écran.**

Préparation grammaticale

Avant de commencer ce chapitre, révisez la négation, pages 191–194.

Qu'est-ce que vous voyez sur ce dessin humoristique? Qu'est-ce qu'il y a de comique? Trouvez-vous ce dessin réaliste? Pourquoi? A votre avis, la télévision a-t-elle une influence positive ou négative sur les enfants? Et sur les adultes?

Vocabulaire

Ⓐ Les films que je préfère... Parmi les six catégories suivantes, choisissez-en quatre. Pour chacune d'elles, donnez le titre de votre film préféré.

film de science-fiction	film d'épouvante	grand classique
film d'aventure	film français	dessin animé

Ensuite, trouvez une personne dans la classe avec qui vous avez au moins deux titres en commun. Discutez des raisons de vos choix.

Ⓑ Comment dit-on? Trouvez le mot de la liste A du vocabulaire qui correspond à chaque explication suivante.

1. ensemble des événements qui forment le nœud *(crux)* d'un film
2. personne qui dirige toutes les opérations de préparation et de réalisation d'un film
3. artiste dont la profession est de jouer un rôle sur scène ou à l'écran
4. amateur et connaisseur en matière de cinéma
5. personne qui jouit d'une grande renommée dans le monde du spectacle
6. film dont la bande sonore originale a été remplacée par une bande sonore en langue étrangère
7. la conclusion de l'intrigue
8. extrait d'un film qu'on projette avant le début du film principal

Ⓒ Devinettes. Choisissez un mot de la liste B du vocabulaire et expliquez-le en français pour que vos camarades de classe devinent le mot que vous avez choisi.

Modèle: **ce qu'il faut faire après avoir regardé une cassette vidéo**
rembobiner

D **Qu'est-ce qu'on regarde?** Avec trois de vos ami(e)s, vous décidez de regarder la télé ce soir, mais vous n'arrivez pas à vous entendre sur le choix de l'émission: le journal télévisé, un jeu télévisé, un feuilleton ou un téléfilm? Mettez-vous en groupes de quatre. Parmi les quatre émissions proposées, chaque personne choisit «sa préférée». A tour de rôle, chaque personne essaie de convaincre les trois autres que son émission sera la meilleure.

Préparation grammaticale

Avant de continuer, révisez les pronoms relatifs, pages 194–196.

La télévision—un rêve du XIXe siècle

Auteur, dessinateur, graveur, Albert Robida (1848–1926) était un visionnaire du XXe siècle beaucoup moins connu que son contemporain Jules Verne. Dans ses trois romans (*Le Vingtième siècle,* 1883, *La Guerre au vingtième siècle,* 1887 et *La Vie électrique,* 1890) Robida imagine le siècle à venir: le métro, le train à grande vitesse, l'avion à réaction (le jet), les infos à la radio 24/7, les bombardements, les rayons X, mais aussi les technologies de communication et en particulier le téléphonoscope, véritable préfiguration de la télévision.[2] Dans le texte qui suit, vous lirez la description de cette invention qui se trouve dans *Le Vingtième siècle.* Notez que l'histoire se passe au début des années 1950.

---

[2] September 7, 1927 is the date of the first electronic video transmission, by American inventor Philo T. Farnsworth, but it wasn't until the late 1940s that television was marketed to the general public, both in America and in the more developed nations abroad.

Entrons en matière

L'image qui précède est une des illustrations faites par Robida pour la première édition du *Vingtième siècle*. Qu'est-ce que vous y voyez? Comment sont les gens? Que font-ils?

Lecture

Parmi les sublimes inventions dont le XXe siècle s'honore, parmi les mille et une merveilles d'un siècle si fécond en magnifiques découvertes, le téléphonoscope peut compter pour une des plus merveilleuses, pour une de celles qui porteront le plus haut la gloire de nos savants.

5 L'ancien télégraphe électrique[3], cette enfantine application de l'électricité, a été détrôné par le téléphone[4] et ensuite par le téléphonoscope, qui est le perfectionnement suprême du téléphone. L'ancien télégraphe permettait de comprendre à distance un correspondant ou un interlocuteur, le téléphone permettait de l'entendre, le téléphonoscope permet en même temps de le voir. Que désirer de plus? …

10 Les théâtres eurent ainsi, outre° leur nombre ordinaire de spectateurs dans la salle, une certaine quantité de spectateurs à domicile, reliés au théâtre par le fil° du téléphonoscope. Nouvelle et importante source de revenus. Plus de limites maintenant aux bénéfices, plus de maximum de recettes°! Quand une pièce° avait du succès, outre les trois ou quatre mille spectateurs de la salle, cinquante mille abonnés°, parfois, sui-
15 vaient les acteurs à distance; cinquante mille spectateurs non seulement de Paris, mais encore de tous les pays du monde.

Auteurs dramatiques, musiciens des siècles écoulés! ô Molière, ô Corneille, ô Hugo, ô Rossini![5] qu'auriez-vous dit au rêveur qui vous eût annoncé qu'un jour cinquante mille personnes, éparpillées° sur toute la surface du globe, pourraient de Paris, de
20 Pékin ou de Tombouctou, suivre une de vos œuvres jouée sur un théâtre parisien, entendre vos vers, écouter votre musique, palpiter aux péripéties violentes° et voir en même temps vos personnages marcher et agir?

Voilà pourtant la merveille réalisée par l'invention du téléphonoscope. La Compagnie universelle du téléphonoscope théâtral, fondée en 1945, compte main-
25 tenant plus de six cent mille abonnés répartis dans toutes les parties du monde; c'est cette Compagnie qui centralise les fils et paye les subventions° aux directeurs de théâtres.

L'appareil consiste en une simple plaque de cristal, encastrée dans une cloison d'appartement°, ou posée comme une glace au-dessus d'une cheminée quelconque.
30 L'amateur de spectacle, sans se déranger, s'assied devant cette plaque, choisit son théâtre, établit sa communication et tout aussitôt la représentation° commence.

Avec le téléphonoscope, le mot le dit, on voit et l'on entend. Le dialogue et la musique sont transmis comme par le simple téléphone ordinaire; mais en même temps, la scène elle-même avec son éclairage°, ses décors et ses acteurs, apparaît sur la
35 grande plaque de cristal avec la netteté de la vision directe; on assiste donc réellement à la représentation par les yeux et par l'oreille. L'illusion est complète, absolue; il semble que l'on écoute la pièce du fond d'une loge de premier rang°.

Albert Robida, *Le vingtième siècle,* 1883, pp. 53–57.

[3] inventé par Samuel Morse; premier message envoyé en 1844
[4] inventé en 1876 par Graham Bell
[5] Molière (1622–1673), Corneille (1606–1684), Hugo (1802–1885): auteurs dramatiques français;
 Rossini (1792–1868): compositeur italien, notamment d'opéras

---

outre en plus de
fil *wire*

recettes l'argent reçu (pour les billets d'entrée) / **pièce** *play* / **abonnés** ici, ceux qui ont un téléphonoscope chez eux

éparpillées dispersées

palpiter... *tremble through the violent episodes*

subventions *subsidies*

encastrée... *recessed in the wall*
représentation *performance*

éclairage *lighting*

loge... *front row seat*

Comprenez-vous?

1. Pourquoi le téléphonoscope est-il considéré «le perfectionnement suprême du téléphone»?
2. Quelle programmation Robida imagine-t-il pour ses téléspectateurs des années 1950?
3. Qu'est-ce que la Compagnie universelle du téléphonoscope théâtral?
4. En quoi l'installation du téléphonoscope décrite dans ce roman ressemble-t-elle à l'installation sophistiquée du home cinéma d'aujourd'hui?
5. Quels sont les avantages d'avoir un téléphonoscope chez soi selon ce roman?

■ Cherchez la forme

1. Identifiez le temps et l'infinitif de **eurent** (ligne 10) et de **auriez-vous dit** (ligne 18).
2. **Eût annoncé** (ligne 18) est la forme alternative (2e forme) du conditionnel passé. Mettez-la à la forme que vous avez apprise dans le chapitre 5.
3. Plusieurs infinitifs sont liés au verbe **pourraient** (ligne 19). Identifiez le temps et le mode de **pourraient** et énumérez les infinitifs.

■ Allez plus loin

Pourquoi, à votre avis, Robida ne parle-t-il pas d'une programmation plus variée? En plus des pièces de théâtre et des opéras, quelles autres possibilités pouvez-vous imaginer pour les années 1950?

Rappel The *negative construction* in French consists of two parts: **ne** + **pas** (or **jamais**, **personne**, **rien**, etc.). The first part of the negative (**ne**) directly precedes the verb; the second part generally follows the verb, but certain expressions require a different placement within the sentence. For more details, see pp. 191–194.

Applications

A **A la recherche de l'argent.** Vous rêvez de devenir scénariste et vous avez choisi le dessin animé comme point de départ pour cette nouvelle carrière. Imaginez que vous vous trouvez en réunion avec un directeur de productions *(producer)* chez Walt Disney Studios qui vient de rejeter votre premier scénario. Complétez le dialogue en utilisant des expressions négatives variées.

> **Modèle:** VOUS: Mais monsieur, tout le monde aimerait ce dessin animé.
> LE DIRECTEUR: **Non. Personne n'aimerait ce dessin animé.**

1. VOUS: Il y a quelque chose de nouveau dans mon film.
   LE DIRECTEUR:
2. VOUS: L'intrigue est très intéressante.
   LE DIRECTEUR:
3. VOUS: Tous les personnages sont fascinants.
   LE DIRECTEUR:

4. VOUS: Le dénouement est heureux et romantique.
   LE DIRECTEUR:

5. VOUS: Les critiques aiment toujours cette sorte de dénouement.
   LE DIRECTEUR:

6. VOUS: Avez-vous déjà lu tout le manuscrit?
   LE DIRECTEUR:

Continuez ce dialogue avec un(e) partenaire…

B **Vive la télé!** Vous aimez regarder la télévision et vous trouvez qu'elle a une influence très positive sur les adultes aussi bien que sur les enfants. Défendez les avantages de la télévision en mettant toutes les phrases suivantes à l'affirmatif.

1. Aucune émission n'est bonne.
2. La pub n'est jamais intéressante.
3. Personne ne regarde les téléfilms.
4. Le journal télévisé n'est pas encore aussi bon que la presse.
5. Les enfants ne trouvent rien qu'ils aiment à la télé.
6. Ni l'antenne satellite ni la télévision câblée ne valent ce qu'elles coûtent.
7. La télévision n'aide pas du tout les enfants à développer leur imagination.
8. Je ne connais personne qui aime les feuilletons.
9. Rien n'est logique dans la programmation.
10. La plupart des téléspectateurs ne sont jamais contents.

C **Le positif et le négatif.** Pierre et Norbert sont frères, mais ils n'ont pas du tout le même caractère ni les mêmes intérêts. Pierre est toujours positif et Norbert est toujours négatif! Voici une petite histoire au sujet de Pierre. Transformez cette histoire pour qu'elle s'applique à Norbert en mettant les phrases à la forme négative.

1. Pierre était très content d'aller au cinéma.
2. Il a beaucoup aimé le film qu'il a vu.
3. Il avait déjà vu d'autres films du même réalisateur.
4. Tout était intéressant dans l'intrigue.
5. Tous les acteurs étaient très bons.
6. Il a été impressionné par les décors et les effets spéciaux.
7. Il a parlé avec beaucoup de gens qui ont aimé ce film.
8. Il est rentré très satisfait de sa soirée.
9. Ses amis lui ont demandé comment il avait trouvé ce film.
10. Pierre a toujours préféré le grand au petit écran.

 **Rappel** In French, as in English, *relative pronouns* allow you to qualify or expand on something you are saying by attaching a second clause. In this second clause (called relative or subordinate clause) the relative pronoun can function as the subject, the direct object, or the object of a preposition. For more details, see pp. 194–196.

D **Le fabuleux destin d'Amélie Poulain.** Identifiez la fonction de chaque pronom relatif souligné dans les phrases suivantes. Choisissez parmi:

sujet
objet direct
objet de la préposition **de**
objet d'une préposition autre que **de**
équivalent d'une préposition + **lequel** (exprime le temps ou le lieu)

1. *Amélie* est le titre <u>qu'</u>on donne à la version anglaise du film français *Le fabuleux destin d'Amélie Poulain.*
2. Amélie est une fille <u>dont</u> la mère est morte en tombant de la tour de Notre Dame.
3. Elle a un père <u>qui</u> s'intéresse plus à son nain de jardin qu'à elle.
4. Elle quitte la maison de ses parents et s'installe à Paris <u>où</u> elle travaille comme serveuse.
5. Un jour, elle trouve <u>ce qu'</u>elle veut faire dans la vie: améliorer la vie des autres.
6. Elle aide la concierge <u>qui</u> ne s'est jamais remise de la mort de son mari.
7. Elle aide son voisin <u>qu'</u>on appelle «l'homme de verre» parce que ses os se cassent facilement.
8. Elle aide un jeune homme <u>dont</u> le patron se moque de manière assez cruelle.
9. Elle rend visite à son père à <u>qui</u> le nain de jardin disparu envoie des cartes postales de partout dans le monde!
10. Il faut voir le film pour savoir <u>ce qui</u> se passe une fois qu'Amélie a rencontré Nino.

E **Une comédie classique.** Remplissez les blancs dans les phrases suivantes avec les pronoms relatifs qui conviennent.

1. *Le viager* est un film comique français _____ on m'a parlé récemment.
2. Goscinny, _____ on connaît comme scénariste de la bande dessinée *Astérix,* a écrit le scénario de ce film avec Pierre Tchernia.
3. C'est l'histoire d'un célibataire de 59 ans _____ est persuadé par son médecin de mettre en viager° sa propriété à Saint-Tropez.
4. Mais il ne meurt pas, _____ désespère la famille du médecin.
5. En fait, ce vieil homme semble retrouver une seconde jeunesse dans sa propriété sur la Côte d'Azur _____ il fête son centième anniversaire avant le dénouement de l'histoire!

mettre… *to agree to sell in exchange for fixed annual payments and the right to retain property until the seller's death*

F **Donnez un coup de main!** Pour son cours de français, un de vos amis doit écrire un court texte sur son film préféré. Afin de rendre le style plus sophistiqué, le professeur a demandé d'utiliser autant de pronoms relatifs que possible. Aidez votre ami à lier les phrases de son texte avec des pronoms relatifs variés. Vous pouvez aussi changer des noms sujets en pronoms sujets, si nécessaire.

Je vais parler de *Titanic. Titanic* est un de mes films préférés. Les personnages principaux de cette histoire sont une jeune femme et un jeune homme. La jeune femme voyage avec son fiancé riche. Le jeune homme est très pauvre. Le fiancé n'est pas gentil. La jeune femme a un peu peur de lui. Le jeune homme fait un dessin de la jeune femme nue. Le fiancé découvre le dessin. La jeune femme tombe amoureuse du jeune homme. Le fiancé se méfie de *(distrusts)* la jeune femme. Quand le bateau commence à couler *(sink)*, le fiancé monte dans un canot de sauvetage *(lifeboat)*. Cette action réduit le nombre de places disponibles pour les femmes et les enfants. La jeune femme refuse de quitter le bateau sans le jeune homme. Je trouve cela très romantique! Le jeune homme reste trop longtemps dans l'eau. La température de l'eau est très basse. Le jeune homme meurt dans l'eau froide. La jeune femme se rend compte de cela quand elle se réveille. La jeune femme est sauvée par des gens. Ces gens entendent le bruit de son sifflet *(whistle)*. L'acteur Leonardo DiCaprio est devenu le héros de toutes les adolescentes à la sortie du film. Leonardo DiCaprio a interprété le rôle du jeune homme. La chanson thème du film était interprétée par Céline Dion. Beaucoup de gens ont acheté l'enregistrement de cette chanson.

G **Vous et la télé.** Créez des phrases originales en utilisant les éléments donnés.

1. la chaîne câblée / que
2. le journal télévisé / qui
3. un jeu télévisé / dont
4. un feuilleton / dans lequel
5. la pub / où

Le premier homme

Albert Camus (1913–1960) est né en Algérie mais a passé la plupart de sa vie adulte en France. Ses œuvres les plus connues sont les romans *L'étranger* (1942) et *La peste* (1947), les pièces de théâtre *Caligula* (1938) et *Le malentendu* (1945) et les essais philosophiques *Le mythe de Sisyphe* (1942) et *L'homme révolté* (1951). Camus est mort dans un accident de voiture en 1960, trois ans après avoir reçu le Prix Nobel. Au moment de sa mort, il préparait une nouvelle œuvre à laquelle il avait donné le titre provisoire *Le premier homme*. Le texte que vous allez lire est tiré de ce manuscrit inachevé, publié chez Gallimard en 1994.

Entrons en matière

Avez-vous déjà vu un film muet? Si oui, lequel? Quel âge aviez-vous quand vous l'avez vu? Quelle a été votre réaction à cette expérience? Si vous n'avez jamais vu de film muet, expliquez pourquoi. Pensez-vous qu'un spectateur regarde un film muet de la même façon qu'il regarde un film parlant? Quelles pourraient être les différences?

Pour mieux comprendre

Aujourd'hui, avant le début d'un film, on projette souvent des annonces publicitaires ou des bandes annonces. Parcourez les premières lignes du texte de Camus pour découvrir ce qu'on projetait au cinéma décrit par le narrateur.

Lecture

PREMIÈRE PARTIE

Les séances de cinéma réservaient d'autres plaisirs à l'enfant… […] Jacques escortait sa grand-mère qui, pour l'occasion, avait lissé ses cheveux blancs et fermé son éternelle robe noire d'une broche d'argent. […] Le cinéma projetait alors des films muets, des actualités° d'abord, un court film comique, le grand film et pour finir un film à
5   épisodes, à raison d'un bref épisode par semaine. La grand-mère aimait particulièrement ces films en tranches dont chaque épisode se terminait en suspens. Par exemple le héros musclé portant dans ses bras la jeune fille blonde et blessée s'engageait sur un pont de lianes° au-dessus d'un cañon° torrentueux. Et la dernière image de l'épisode hebdomadaire° montrait une main tatouée qui, armée d'un couteau primitif, tranchait
10   les lianes du ponton°. Le héros continuait de cheminer superbement malgré les avertissements vociférés des spectateurs des «bancs»°. La question alors n'était pas de savoir si le couple s'en tirerait°, le doute à cet égard n'étant pas permis, mais seulement de savoir comment il s'en tirerait, ce qui expliquait que tant de spectateurs, arabes et français[6], revinssent° la semaine d'après pour voir les amoureux arrêtés dans leur chute
15   mortelle par un arbre providentiel. Le spectacle était accompagné tout au long au piano par une vieille demoiselle qui opposait aux lazzis° des «bancs» la sérénité immobile d'un maigre dos en bouteille d'eau minérale capsulée d'un col de dentelle°. Jacques considérait alors comme une marque de distinction que l'impressionnante demoiselle gardât des mitaines° par les chaleurs les plus torrides. Son rôle d'ailleurs n'était pas
20   aussi facile qu'on eût pu° le croire. Le commentaire musical des actualités, en particulier, l'obligeait à changer de mélodie selon le caractère de l'événement projeté. Elle passait ainsi sans transition d'un gai quadrille° destiné à accompagner la présentation des modes de printemps à la marche funèbre de Chopin à l'occasion d'une inondation° en Chine ou des funérailles d'un personnage important dans la vie nationale ou interna-
25   tionale. Quel que soit le morceau, en tout cas, l'exécution était imperturbable […] C'était elle en tout cas qui arrêtait d'un coup le vacarme° assourdissant en attaquant à pleines pédales le prélude qui était censé créer l'atmosphère de la matinée. Un énorme vrombissement° annonçait que l'appareil de projection se mettait en marche, le calvaire° de Jacques commençait alors.

[6] Cette histoire se passe en Afrique du Nord.

actualités informations

lianes *vines* / **cañon** *canyon*
hebdomadaire qui passe toutes les semaines / **ponton** *floating bridge* / **bancs** les places bon marché / **s'en…** échapperait à cette situation

revinssent revenir (imparfait du subjonctif)

lazzis *jeers, hooting*

col… *lace collar*

mitaines gants dont les doigts sont coupés / **eût…** pouvoir (passé du conditionnel, deuxième forme)
quadrille air de danse
inondation *flood*

vacarme grand bruit fait par les spectateurs

vrombissement *humming*
calvaire *suffering*

Comprenez-vous?

1. Qu'est-ce qui assurait le retour des spectateurs chaque semaine?
2. Est-ce que la salle était silencieuse pendant la projection du film muet? Expliquez.
3. Que pensait Jacques de la femme qui jouait du piano? Comment est-ce que l'apparence physique de cette femme aide à créer cette impression?
4. Selon Jacques, pourquoi le travail de cette femme n'était-il pas facile?
5. Comment agissaient les autres spectateurs dans la salle?
6. Dites quel temps du verbe prédomine dans cette description. Qu'est-ce que ce temps suggère au sujet de l'importance du cinéma dans la vie de Jacques et de sa grand-mère?

■ Cherchez la forme

Trouvez tous les pronoms relatifs dans ce passage, puis identifiez leur fonction (sujet, objet direct, etc.).

Lecture

DEUXIÈME PARTIE

30 Les films, étant muets, comportaient en effet de nombreuses projections de texte écrit qui visaient° à éclairer l'action. Comme la grand-mère ne savait pas lire, le rôle de Jacques consistait à les lui lire. Malgré son âge, la grand-mère n'était nullement sourde°. Mais il fallait d'abord dominer le bruit du piano et celui de la salle, dont les réactions étaient généreuses. De plus, malgré l'extrême simplicité de ces textes, beau-
35 coup des mots qu'ils comportaient n'étaient pas familiers à la grand-mère et certains même lui étaient étrangers. Jacques, de son côté, désireux d'une part de ne pas gêner les voisins et soucieux surtout de ne pas annoncer à la salle entière que la grand-mère ne savait pas lire (elle-même parfois, prise de pudeur, lui disait à haute voix, au début de la séance: «tu me liras, j'ai oublié mes lunettes»), Jacques donc ne lisait pas les textes
40 aussi fort qu'il eût pu le faire. Le résultat était que la grand-mère ne comprenait qu'à moitié, exigeait qu'il répète le texte et qu'il le répète plus fort. Jacques tentait de parler plus fort, des «chut»° le jetaient alors dans une vilaine honte, il bafouillait°, la grand-mère le grondait° et bientôt le texte suivant arrivait, plus obscur encore pour la pauvre vieille qui n'avait pas compris le précédent. La confusion augmentait alors jusqu'à ce
45 que Jacques retrouve assez de présence d'esprit pour résumer en deux mots un moment crucial du *Signe de Zorro* par exemple, avec Douglas Fairbanks père. «Le vilain veut lui enlever la jeune fille», articulait fermement Jacques en profitant d'une pause du piano ou de la salle.

Tout s'éclairait, le film continuait et l'enfant respirait. En général, les ennuis s'arrê-
50 taient là. Mais certains films du genre *Les deux orphelines* étaient vraiment trop com-pliqués, et, coincé° entre les exigences de la grand-mère et les remontrances de plus en plus irritées de ses voisins, Jacques finissait par rester coi°. Il gardait encore le souvenir d'une de ces séances où la grand-mère, hors d'elle, avait fini par sortir, pendant qu'il la suivait en pleurant, bouleversé à l'idée qu'il avait gâché° l'un des rares plaisirs de la
55 malheureuse et le pauvre argent dont il avait fallu le payer.

Albert Camus, *Le premier homme* (Paris: Editions Gallimard, 1994), pp. 90–93

Margin glosses:

visaient *aimed*

sourde *deaf*

«chut» *"hush"* / **bafouillait** parlait d'une façon incohérente / **grondait** *scolded*

coincé pris
coi silencieux

gâché *spoiled*

Comprenez-vous?

1. Qu'est-ce qu'il y avait dans les films muets qui aidait les spectateurs à comprendre l'action?
2. Qu'est-ce que Jacques et sa grand-mère voulaient cacher aux autres spectateurs?
3. Que faisait Jacques pour aider sa grand-mère à comprendre?
4. Pourquoi est-ce que Jacques ne réussissait pas toujours à aider sa grand-mère?
5. Expliquez le comportement de Jacques à la fin de ce passage.

■ Cherchez la forme

Il y a six pronoms relatifs dans ce passage. Trouvez-en cinq, puis transformez les propositions relatives en phrases complètes logiques.

Notez que le sixième et dernier pronom relatif du texte (**dont,** ligne 55) remplace **de** dans l'expression **payer de,** synonyme de **payer avec:** «... il la suivait en pleurant, bouleversé à l'idée qu'il avait gâché... le pauvre argent dont (avec lequel) il avait fallu payer (l'un des rares plaisirs de la malheureuse)».

■ Allez plus loin

En quoi la situation des spectateurs de films muets décrits par Jacques ressemble-t-elle à celle des spectateurs d'un film sous-titré?

Activités d'expansion

Ⓐ Les films étrangers. Que pensez-vous des films étrangers? Les préférez-vous aux films américains? Préférez-vous les films étrangers sous-titrés ou doublés? Pourquoi? Quel est votre film étranger favori? Quel est le film étranger le plus mauvais que vous ayez jamais vu?

Ⓑ Chez soi? Préférez-vous voir un film au cinéma, à la télévision, en DVD ou en cassette vidéo? Quels sont les avantages et les inconvénients de chaque média?

Ⓒ Débat: La technologie exerce-t-elle une bonne ou une mauvaise influence sur les enfants? La classe est divisée en trois pour débattre de l'influence (1) de la télévision, (2) des jeux vidéo et (3) d'Internet sur les enfants. Les membres de chaque groupe préparent individuellement une liste des raisons pour lesquelles «leur» technologie exerce la meilleure influence sur les enfants. Ensuite, ils comparent leurs listes à celles des autres membres de leur groupe et choisissent les cinq meilleurs arguments. Pour pouvoir bien développer votre argument, référez-vous aux **Expressions utiles** de la page 65. Enfin, les groupes présentent leurs arguments et les débattent.

Interlude 2

Questions: Qu'est-ce que vous voyez sur ces photos? Trouvez-vous ces scènes typiques?

Pour obtenir des exercices et activités supplémentaires sur le contenu de ce chapitre, rendez-vous sur le site http://slv.heinle.com.

«France Télécom»

Voici les paroles d'une chanson du premier album de Tryo, un groupe de «reggae akoustik» né dans la banlieue de Paris vers 1995. Les cinq (pas trois!) membres du groupe sont les trois chanteurs-guitaristes Manu Eveno, Christophe Mali et Cyril Célestin (dit «Guizmo»), l'ingénieur du son Sébastien Pujol (dit «Bibou») et le percussionniste Daniel Bravo. «Mamagubida», le titre de leur premier album, n'est rien d'autre qu'un mot créé à partir des deux premières lettres de chacun de leurs noms: Manu, Mali, Guizmo, Bibou et Daniel! Sorti en 1998, cet album contient 15 chansons, toutes enregistrées en public à des concerts à Fresnes (banlieue de Paris) et en Bretagne.

Entrons en matière

Les trois premiers mots de cette chanson sont «Merci France Télécom». Pour quelle(s) raison(s) remercierait-on France Télécom, l'un des plus grands opérateurs mondiaux de télécommunications? Avez-vous parfois envie d'envoyer des remerciements à AT&T, par exemple? Pourquoi?

Avant d'écouter

Lisez les paroles de cette chanson, puis répondez aux questions qui suivent.

> Merci France Télécom
> D'avoir pu permettre à nos hommes
> D'ajouter aux bruits de la ville et des klaxons°
> La douce sonnerie du téléphone
>
> 5 Combien sont-ils?
> Combien sont-ils nos abonnés°?
> Branchés° du soir au matin
> Les mains accrochées au combiné°
> Allo madame Tryo voudrait bien vous parler
> 10 Ok je prends le bip° et je te rappelle après
> Signal d'appel° ou option conférence
> Facture détaillée° Minitel[1] et interférence
> Entends-tu la cohue des ondes° au beau milieu des airs?
> Ta voix s'accroche° au satellite retombera-t-elle sur la terre?
>
> 15 Merci France Télécom
> D'avoir pu permettre à nos hommes
> D'ajouter aux bruits de la ville et des klaxons
> La douce sonnerie du téléphone

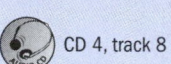 CD 4, track 8

klaxons *horns*

abonnés *telephone customers*
Branchés *Connected*
combiné *receiver (handset)*

bip *son qui indique qu'il y a un message sur le répondeur ou le pager /* **Signal...** *Call waiting /* **Facture...** *Itemized phone bill /* **la...** *crowded airwaves*

s'accroche *clings to*

[1] Le Minitel, développé en France par France Télécom à partir de 1980, est un petit terminal, mis à la disposition des abonnés du téléphone, qui remplace l'annuaire téléphonique papier et donne accès à un nombre de services (réservations de billets, virements bancaires, etc.). L'utilisation du Minitel n'est plus limitée à la France, et permet aujourd'hui à ceux qui en sont équipés, mais qui n'ont pas accès à Internet, d'ouvrir une boîte aux lettres électronique sur Internet afin de communiquer avec d'autres utilisateurs du Minitel.

Selon un sondage IFOP (octobre 2003), les phrases suivantes figuraient parmi les premières dites lors d'une communication par téléphone mobile en France: «T'es où?» (22%), «Je ne te dérange pas?» (18%), «T'inquiète pas, j'arrive.» (12%) et «Tu fais quoi?» (10%).

Source: Sondage IFOP – *Le Parisien* / Orange, le 30 octobre 2003, http://www.ifop.com/europe/sondages/OPINIONF/telportable.asp

Saviez-vous que... ?

dégaine take out of holder (case, holster)

aléas événements imprévisibles

dépasse surpasses

J'ai le Bi-Bop[2] accroché à ma ceinture
20 Je le dégaine° au coin de la rue dans ma voiture
Impossible de fuir plus de prétextes pour échapper
Aux durs aléas° de la vie d'un financier
Etre ici en une seconde être là-bas
Avec le boss le patron et direct avec toi
25 Je t'appellerai CNN en direct des Balkans
Pour commenter la bombe qui descend lentement
Pour s'écraser sur les fils électriques
Plonger des millions de foyers dans le silence électronique
L'économie plonge les finances paniquent
30 Le téléphone est devenu bien plus que pratique

Merci France Télécom
D'avoir pu permettre à nos hommes
D'ajouter aux bruits de la ville et des klaxons
La douce sonnerie du téléphone
35 Car défiant les lois de l'espace et du temps
Branché sur Internet internationalement
Désir d'être partout de contrôler à la fois
Ce qui te dépasse° et ce que tu peux toucher du bout des doigts

Merci France Télécom
40 D'avoir pu permettre à nos hommes
D'ajouter aux bruits de la ville et des klaxons
La douce sonnerie du...

Comprenez-vous?

1. Identifiez le refrain et analysez-le. Diriez-vous que le remerciement de Tryo est sincère? Pourquoi le groupe emploie-t-il l'adjectif «douce» en parlant de la sonnerie du téléphone?
2. Selon Tryo, le téléphone mobile améliore-t-il la vie? Justifiez votre réponse en utilisant des exemples tirés du texte.
3. Pourquoi le groupe Tryo dit-il que «le téléphone est devenu bien plus que pratique»? Etes-vous d'accord? Pourquoi?
4. Qu'est-ce que l'homme veut contrôler qui le «dépasse» (lignes 37–38)? Comment l'homme essaie-t-il d'exercer ce contrôle, selon Tryo?

---

[2] Le Bi-Bop est un téléphone mobile que France Télécom a vendu entre 1993 et 1998. C'était un des premiers téléphones «de poche» à prix modeste en France, mais son usage était limité à quelques grandes villes, et il n'était pas utilisable en voiture.

Ecoutons!

Ecoutez maintenant l'enregistrement de «France Télécom». Puis, mettez-vous en groupes pour comparer vos idées sur cette chanson. Commencez votre discussion en répondant à ces questions: Que pensez-vous de la musique? Est-ce que la musique change vos idées sur le texte ou vous aide à mieux le comprendre? Expliquez. Est-ce qu'il y a d'autres aspects de l'enregistrement qui vous aident à mieux comprendre la chanson?

Le téléphone (insup)portable

Quels sont les avantages et les inconvénients du portable pour celui (celle) qui l'utilise? Et pour le public en général?

Source: PIEM, *Les Accros du portable* (Paris: le cherche midi éditeur, 2000) page 14

Vous êtes-vous jamais fâché(e) contre quelqu'un qui parlait trop fort à un téléphone mobile? Qu'avez-vous fait?

Chapitre 7

Traditions

Pour obtenir des exercices et activités supplémentaires
sur le contenu de ce chapitre, rendez-vous sur le site
http://slv.heinle.com.

A Les personnages

le héros (l'héroïne)	hero (heroine)
le roi (la reine)	king (queen)
le prince (la princesse)	prince (princess)
le chevalier	knight
la dame	lady
la demoiselle	young lady
la fée, la bonne fée	fairy, fairy godmother
la marâtre	wicked stepmother
le diable	devil
le magicien (la magicienne)	magician
le sorcier (la sorcière)	wizard, sorcerer, witch
le spectre, le fantôme, le revenant	ghost
le nain (la naine)	dwarf
le lutin	elf
le géant	giant
l'ogre (l'ogresse)	ogre
le monstre	monster
le loup-garou (les loups-garous)	werewolf (werewolves)
le vampire	vampire
la licorne	unicorn
le dragon	dragon

le bien	good
le mal	evil
le conte à dormir debout	tall tale
imaginer, s'imaginer	to imagine, to imagine oneself (doing or being)
rêver (à, de)	to dream
le rêve	dream
le cauchemar	nightmare
rêvasser, être dans la lune	to daydream
bâtir des châteaux en Espagne	to build castles in the air
enchanter	to enchant
le merveilleux	the supernatural
ensorceler, jeter un sort (à)	to cast a spell (on)
hanter	to haunt
le charme, le sortilège	magic spell
rompre le charme	to break the spell
la magie (noire)	(black) magic
la malédiction	curse
maudire	to curse (someone or something)
craindre	to fear, to be afraid of
faire...	
la cour (à)	to court, to woo
peur (à)	to frighten
semblant (de)	to pretend

B Les contes

Il était une fois...	Once upon a time there was/were . . .
Ils vécurent heureux et eurent beaucoup d'enfants.[1]	They lived happily ever after . . .
raconter	to tell (a story, a tale)
le conte de fées	fairy tale

[1] la fin traditionnelle des contes de fées français

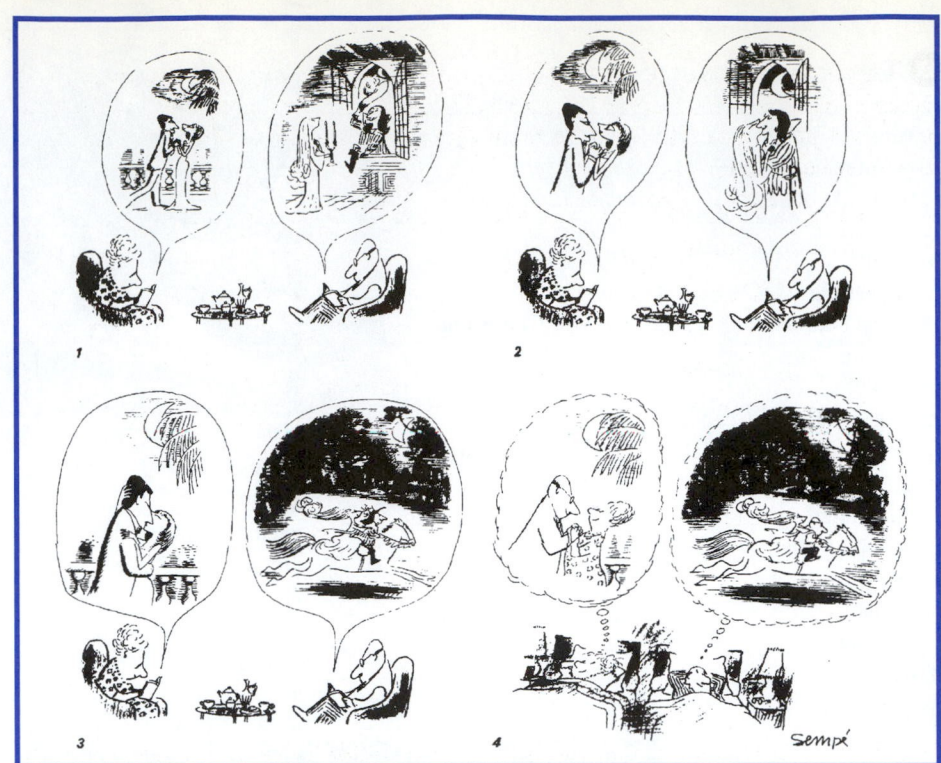

Que fait ce couple? A quoi rêve-t-il? A quoi rêvez-vous?

Sempé, *Tout se complique* (Paris: Denoël, 1962)

Préparation grammaticale

Avant de commencer ce chapitre, révisez la formation du subjonctif, pages 198–201.

Vocabulaire

A Devinettes. Choisissez un mot ou une expression de la liste du vocabulaire. Donnez-en une définition en français pour que vos camarades de classe devinent ce que vous avez choisi.

> **Modèle:** VOUS: **Ce sont de grands bâtiments élégants, souvent avec des tours, où habitent les rois et les reines. On en trouve beaucoup dans la vallée de la Loire en France.**
>
> CAMARADES: **Ce sont des châteaux.**

B Transformations. Si vous pouviez vous transformer en l'un des personnages de la liste A du vocabulaire, lequel choisiriez-vous? Faites votre choix, puis circulez dans la classe pour trouver d'autres étudiants qui ont choisi le même personnage. Ensemble, discutez des raisons de votre choix pour pouvoir les présenter à la classe.

C Associations. Quels mots de la liste B du vocabulaire associez-vous aux personnages de la liste A? Choisissez quatre mots et expliquez vos associations à la classe.

> **Modèle:** le bien: le héros, la princesse, le chevalier, le prince
>
> **Ces personnages sont souvent des héros de contes. Ils représentent le bien.**

D **Vos réactions.** Quand vous étiez petit(e) et qu'on vous lisait ou qu'on vous racontait des contes de fées (ou quand vous regardiez des dessins animés ou des films pour enfants), quelle était votre réaction face aux personnages de la liste suivante? Expliquez vos réactions.

Vocabulaire utile: effrayer, amuser, intéresser, ennuyer, faire peur, faire rire, rendre heureux(-euse) / content(e) / triste, etc.

Modèles: les loups-garous
Ils me faisaient rire parce que je les trouvais ridicules.

le chevalier
Il m'intéressait parce qu'il avait toujours un cheval et j'adorais les chevaux.

1. les vampires
2. la licorne
3. la sorcière
4. la bonne fée
5. le géant

6. la marâtre
7. les nains
8. le dragon
9. les fantômes
10. les monstres

La Cigale et la Fourmi

Entrons en matière

Vous connaissez certainement quelques fables (d'Esope, par exemple). Quelles en sont les caractéristiques? Qui sont les personnages des fables? Quels adjectifs associez-vous avec les différents personnages? A qui s'adressent les fables? Quel est le but *(purpose)* de la fable?

Avant de lire

Une image ou une illustration peut vous donner une idée du sujet, du thème, des personnages et même de l'intrigue d'un texte. Avant de lire la fable, regardez bien l'illustration à la page 104. Qu'est-ce que vous y voyez? Comment sont ces deux insectes? Que font-ils?

Préparation grammaticale

Avant de continuer, révisez l'usage du subjonctif, pages 201–205.

Lecture

➤ Les fables françaises les plus connues sont celles de Jean de La Fontaine (1621–1695). Bien qu'il imite les fables de l'Antiquité (d'Esope, par exemple), il les adapte aussi pour plaire à ses contemporains. Très appréciées de Louis XIV, de l'aristocratie et de la bourgeoisie du XVIIe siècle, ses fables ne s'adressent pas seulement aux enfants, bien que les enfants aiment les lire encore aujourd'hui. On continue à les apprendre par cœur à l'école en France.

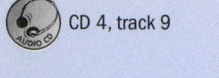 CD 4, track 9

dépourvue *without resources*
bise *vent froid d'hiver*

vermisseau *small worm*

Oût août

aise contente

La Cigale, ayant chanté
Tout l'été,
Se trouva fort dépourvue°
Quand la bise° fut venue:
5 Pas un seul petit morceau
De mouche ou de vermisseau°.
Elle alla crier famine
Chez la Fourmi sa voisine
La priant de lui prêter
10 Quelque grain pour subsister
Jusqu'à la saison nouvelle.
«Je vous paierai, lui dit-elle,
Avant l'Oût°, foi d'animal,
Intérêt et principal.»
15 La Fourmi n'est pas prêteuse:
C'est là son moindre défaut.
Que faisiez-vous au temps chaud?
Dit-elle à cette emprunteuse.
—Nuit et jour à tout venant
20 Je chantais, ne vous déplaise.
—Vous chantiez? j'en suis fort aise°,
Eh bien! dansez maintenant.

Jean de La Fontaine, *Fables*

Comprenez-vous?

1. Comment la Cigale passe-t-elle l'été?
2. Qu'est-ce qui en résulte?
3. Pourquoi va-t-elle chez la Fourmi?
4. Comment la Fourmi passe-t-elle l'été, selon vous?
5. Expliquez la fin de la fable.

■ Cherchez la forme

1. Trouvez les verbes au **passé simple** et au **passé antérieur** dans la fable et donnez leurs infinitifs.
2. Dans les vers 9 et 12, identifiez les pronoms d'objet direct et indirect et dites à quoi ils se réfèrent.

■ Allez plus loin

1. Comment La Fontaine caractérise-t-il les insectes dans cette fable? Quel est le rapport entre la manière dont il les présente et les caractéristiques de ces insectes dans la nature?
2. Trouvez tous les mots qui ont rapport à l'argent dans cette fable. En quoi contribuent-ils à l'intrigue?
3. La Fontaine n'a pas donné de morale explicite dans cette fable. Selon vous, quelle en est la leçon? Y a-t-il plusieurs possibilités?
4. Pour lequel de ces deux insectes La Fontaine montre-t-il de la sympathie? Justifiez votre réponse.

Applications

Rappel The *subjunctive* is a verb form that appears in a subordinate clause when the verb in the main clause expresses *emotion, opinion, desire*, or *will*. The subjunctive suggests *subjectivity* or *possibility* rather than fact. When the subject of both clauses is the same, an infinitive replaces the subjunctive. For more details, see pp. 201–205.

Ⓐ Réactions. Quelles sont les réactions des personnages dans la fable de La Fontaine que vous venez de lire? Complétez les phrases en choisissant entre l'infinitif et le subjonctif.

1. En été, la Cigale est contente de…
2. Mais en automne, elle a peur que…
3. Pour survivre, elle veut que la Fourmi…
4. La Cigale promet de…
5. Selon la Fourmi, il faut…

Et vous, qu'en pensez-vous?
6. Je suis surpris(e) que…
7. Il est triste que…
8. Il vaudrait mieux que…

Ⓑ Les contes de fées et les enfants: un débat. Certaines personnes pensent que les contes de fées sont trop violents pour être lus aux enfants, tandis que d'autres les trouvent importants pour leur éducation. Complétez le dialogue suivant pour exprimer ces points de vue. Attention aux formes des verbes.

CONTRE: Il vaut mieux que…
POUR: Il faut que les parents…
CONTRE: Je doute que…
POUR: Il est essentiel de…

CONTRE: Je regrette que…
POUR: Il est important…
CONTRE: Je préfère…
POUR: Mes enfants veulent…

Mettez en scène votre débat pour la classe. Qui a les meilleurs arguments?

Rappel Verbs or expressions that indicate certainty are followed by the indicative rather than the subjunctive. For more details, see pp. 203–204.

Ⓒ La reine et le marchand de potions magiques. Lisez le texte suivant, puis complétez les phrases selon ce qui est demandé.

Il était une fois une reine veuve, mère de trois enfants, un fils de 17 ans et deux filles de 15 et 20 ans. Elle s'entendait bien avec sa famille, son peuple l'aimait, mais pendant les longues soirées d'hiver, elle s'ennuyait et se sentait seule. Un soir de janvier, pendant une tempête de neige, quelqu'un a frappé à la porte de son palais. Puisque ses demoiselles d'honneur *(ladies in waiting)* s'étaient déjà couchées, elle a ouvert la porte elle-même. Devant elle se trouvait un jeune homme d'une vingtaine d'années qui voulait lui vendre des potions magiques. Elle l'a prié d'entrer, ils se sont parlé toute la nuit, et le lendemain matin, la reine s'est dit «Je suis amoureuse de lui et je vais l'épouser».

Comment vont réagir ses demoiselles d'honneur et ses enfants? Imaginez leurs réactions lorsque la reine leur fait part de sa décision.

Saviez-vous que…?

Voici comment le psychanalyste Bruno Bettelheim explique le message que livrent les contes de fées aux enfants: La lutte contre les graves difficultés de la vie est inévitable et fait partie intrinsèque de l'existence humaine, mais si, au lieu de se dérober *(to run away from)*, on affronte fermement les épreuves *(tests, trials)* inattendues et souvent injustes, on vient à bout de tous les obstacles et on finit par remporter la victoire.

Source: adapté de Bruno Bettelheim, *Psychanalyse des contes de fées*

Modèle : LA REINE : Je peux me marier avec lui.

LES DEMOISELLES : **Il n'est pas évident que vous puissiez vous marier avec lui.**

LA REINE :	C'est le plus bel homme du monde.
LES DEMOISELLES :	Nous doutons que…
LA REINE :	Il m'aime à la folie.
LES DEMOISELLES :	Il est possible que…
LA REINE :	Nous voulons nous marier immédiatement.
LES DEMOISELLES :	Il est ridicule de…
LA REINE :	Il ne connaît pas mes enfants.
LES DEMOISELLES :	Mais il faut que…
LA REINE :	Nous leur en parlerons demain.
LES DEMOISELLES :	Nous espérons que…

L'histoire continue. Le couple se retrouve avec les enfants de la reine. Comment réagissent les enfants ? Complétez leurs phrases.

LA FILLE DE 15 ANS :	Je veux…
LE FILS :	J'insiste pour que…
LA FILLE DE 20 ANS :	Il est probable…
TOUS LES ENFANTS :	Il est évident…

Maintenant, travaillez à trois pour trouver une fin à cette histoire. Quel groupe a la fin la plus amusante, réaliste, romantique ou tragique ?

D **Une question de points de vue.** Vous connaissez certainement le conte du *Petit Chaperon rouge* qui apporte un gâteau à sa grand-mère et se fait manger par le loup. Dans la version des frères Grimm—celle connue par les anglophones—il y a un bûcheron *(woodcutter)* qui sauve le Petit Chaperon rouge à la fin. Dans la version française, la petite fille meurt. Mettez-vous à la place des personnages (colonne A) et donnez votre réaction (colonne B) face aux événements (colonne C). Faites les changements nécessaires selon le personnage qui parle. N'hésitez pas à ajouter des expressions.

Modèle : LE PETIT CHAPERON ROUGE : **Je regrette que ma grand-mère soit malade.**

LE LOUP : **Je suis content qu'elle soit malade.**

A. Personnages	B. Réactions	C. Evénements
LA MÈRE	être content	La grand-mère est malade.
LE PETIT CHAPERON ROUGE	avoir peur	La mère envoie sa fille chez elle.
LA GRAND-MÈRE	regretter	Le Petit Chaperon rouge rend visite à sa grand-mère.
LE LOUP	vouloir	Le loup a faim.
LE BÛCHERON	être vrai	Il va vite chez la grand-mère.
	être dommage	Il la dévore.
	croire	Il met ses vêtements.
	Il faut	Le Petit Chaperon rouge ne comprend pas.
	? ?	Elle s'approche du lit.
		Le bûcheron peut la sauver.

E **Que de complications!** Voici des extraits de l'histoire d'une belle princesse et d'un beau chevalier qui s'aiment. Lisez-les, puis, avec un(e) partenaire, finissez les phrases pour créer un conte amusant, tragique ou heureux, au choix!

1. Une jeune et jolie princesse aime un beau chevalier quoique…
2. Son père, le roi, leur permet de se marier à condition que…
3. Le triste chevalier part pour…
4. Il voyage pendant un an avant de…
5. Il demande à un nain de l'aider afin de…
6. Mais le nain refuse, jusqu'à ce que…
7. Heureusement, le chevalier réussit, sans…
8. *(Inventez la fin vous-même.)*

F **Réactions et expériences personnelles.** Travaillez en groupes de trois et à tour de rôle, posez-vous les questions suivantes sur les contes de fées, le merveilleux, les films d'épouvante, etc.

1. Quel est le pire cauchemar que vous puissiez imaginer?
2. Quel est le plus beau rêve que vous puissiez faire?
3. Croyez-vous au merveilleux? Expliquez votre opinion.
4. Croyez-vous à la magie noire? Dans quel(s) pays est-ce qu'on y croit?
5. Quel est votre conte de fées favori? Pourquoi?
6. Connaissez-vous des contes à dormir debout? Lesquels?
7. Aimez-vous les films d'épouvante? Pourquoi ou pourquoi pas?

La fleur, le miroir et le cheval

Entrons en matière

Quelles qualités doit posséder la personne avec qui vous aimeriez passer le reste de votre vie?

Pour mieux comprendre

Vous allez lire un conte. Qu'attendez-vous de ce genre littéraire? Quelles en sont les caractéristiques? Après avoir lu le conte qui suit, comparez ses caractéristiques avec celles que vous aviez indiquées avant de l'avoir lu.

Lecture

➤ L'histoire que vous allez lire a ses origines en Corse, une île située à moins de 200 km au sud-est de Nice, dans la Méditerranée. Cette «île de beauté», où est né Napoléon, est française depuis 1768 mais ses habitants se sont toujours sentis différents du reste des Français. La moitié d'entre eux continuent à parler corse (parallèlement au français), une langue qui ressemble beaucoup à l'italien. C'est pourtant en français qu'un vieux berger° de quatre-vingt-dix ans raconte cette histoire qu'il a entendue au cours d'une veillée° quand il avait vingt ans.

berger *shepherd*
veillée réunion le soir

PREMIÈRE PARTIE

fréquentaient voyaient souvent

Una volta era[2]… une fois il y avait trois jeunes gens. Ils fréquentaient° tous les trois la même jeune fille dans l'espoir de l'avoir en mariage. Depuis longtemps ils lui faisaient la cour de la sorte; alors, le plus jeune des trois garçons a dit:

—Mes camarades, il faut le dire! Nous ne pouvons pas continuer cette vie. Il faut 5 qu'elle nous dise celui qu'elle veut, de nous trois.

Alors, les voilà qui vont trouver la jeune fille, et lui demandent lequel d'entre eux elle souhaiterait avoir pour mari.

Elle a répondu:

—Partez tous les trois pendant un an; au bout de l'an, vous reviendrez me voir: 10 celui qui m'apportera le plus joli cadeau sera mon mari.

Un beau matin, ils sont donc partis tous les trois. Le soir, ils arrivent devant une maison, où ils restent pour coucher, la nuit. Le lendemain, de bonne heure, ils se sont quittés, après s'être dit:

—Au bout de l'an, nous nous retrouverons ici. Le premier arrivé attendra les autres.
15 Et puis, là-dessus, ils sont partis, chacun suivant son chemin.

Le premier est arrivé dans un endroit où on ne voyait que des fleurs. Il voit une

proposait offrait

femme qui proposait° une boîte bien fermée, à vendre. C'était une boîte contenant des fleurs. Il lui demande:

—Madame, combien cette boîte?
20 —Mille francs.

Alors le jeune homme lui dit:

—Mais pourquoi est-ce si cher?

Elle lui répond:

—Vous ouvrirez la boîte. Il y a dedans une fleur: si vous vous trouvez en face d'un

en… *by rubbing*

25 mort, en lui frottant° la fleur sur le visage, vous verrez qu'il vivra, et il ne mourra plus.

Le jeune homme a donné mille francs à la femme, et il a emporté la boîte avec lui. Puis il a repris le chemin de la maison où ils devaient se retrouver tous les trois.

[2] *Una volta era…* Une fois il y avait (corse): Il était une fois…

Quant au° second des jeunes gens, il est arrivé dans un pays où il voit un homme tenant par la bride° un beau cheval. Tout de suite, il lui demande:

30 —Combien en voulez-vous?

—Trois mille francs.

—C'est cher!

—Mais c'est un cheval qui fait en une heure le chemin qu'on fait en un an!

Alors, le jeune homme lui achète le cheval, et l'emmène avec lui jusqu'au lieu fixé
35 pour le rendez-vous.

Le troisième, lui, arrive dans un endroit où il y avait des miroirs à vendre. Il demande à un monsieur, qui en avait un dans une boîte:

—Bonjour, Monsieur! Vous vendez des miroirs?

—Oui.

40 —Combien celui-là?

—Quatre mille francs!

—C'était joliment cher! Pourquoi le faites-vous ce prix-là?

—Parce que, dans ce miroir, vous voyez la personne que vous demandez à voir, au moment où vous le désirez.

45 Le jeune homme achète le miroir, et s'en retourne à la maison, où il devait retrouver les deux autres. Et là, dans la maison où ils s'étaient quittés tous les trois, ils se retrouvent tous les trois, avec chacun un cadeau pour la jeune fille qu'ils aimaient.

Mais ils n'étaient pas encore arrivés au village de leur fiancée! Ah, il leur faudrait bien un an pour y aller![3]

> **Quant...** En ce qui concerne le
> **bride** *bridle*

[3] Le temps écoulé dans cette première partie est un peu ambigu. Il faut un jour aux jeunes gens pour aller de chez eux à la maison d'où ils partent. La durée de leurs voyages pour chercher des cadeaux n'est pas précisée. A la fin, on dit qu'il leur faudra un an pour retourner chez leur fiancée.

Comprenez-vous?

1. Pourquoi les trois jeunes gens ne sont-ils pas contents?
2. Comment la jeune fille va-t-elle décider qui épouser?
3. Qu'est-ce que les trois jeunes hommes achètent?
4. Pourquoi les objets achetés sont-ils si chers?
5. Quand les trois hommes se retrouvent, sont-ils près ou loin de leur bien-aimée? Comment le savez-vous?

■ A discuter

Avec un(e) ou deux camarade(s) de classe, imaginez maintenant avec quel jeune homme la jeune fille se mariera. Justifiez votre choix.

Lecture

DEUXIÈME PARTIE

50 Enfin, ils font de nouveau° route ensemble. Le troisième, qui avait le miroir, le regardait sans cesse, pour y voir les traits de la jeune fille. Un beau jour, en le regardant, il se met à pleurer. Les deux autres lui demandent ce qu'il a, mais il ne voulait pas le dire.

—Mais pourquoi pleures-tu?

—Notre fiancée est morte! dit-il.

> **de...** *encore*

55 Alors, le premier, qui avait la boîte avec la fleur, dit aux autres:

—Si seulement nous pouvions y arriver avant son enterrement!

Son camarade voyait la jeune fille dans son miroir, mais lui pouvait la faire revivre avec sa fleur.

—Oh! dit celui qui avait le miroir, comment ferions-nous? Il y a un an à marcher
60 avant d'arriver chez elle!

—On peut y arriver quand même, dit le second, qui avait le cheval.

—Comment? dirent les autres.

Lui, il avait un cheval qui faisait en une heure le chemin qu'on fait en un an!

Alors, comme le cheval était prêt à partir, tous les trois montent dessus, et les voilà
65 en route. Il y avait un an à marcher, mais au bout d'une heure les voilà arrivés!

Tous les trois, ils montent dans la maison de leur fiancée. Les parents et toute la famille de la jeune fille étaient réunis là, en train de pleurer.

Alors, le premier, qui avait la fleur, leur a dit:

—Retirez-vous tous, et laissez-moi seul avec la jeune fille.
70 Tous se retirent de la chambre où elle reposait.

Lui prend la fleur, dans sa boîte, et la passe sur la figure de sa fiancée. Et voilà qu'elle vit!

Alors, les gens rentrent dans la chambre, et la voient debout!

Maintenant, quant à savoir lequel des trois jeunes gens sera son mari, cherchez
75 donc! L'un avait la fleur, qui l'a fait vivre, mais l'autre avait le cheval, qui les a fait arriver auprès° d'elle, et le troisième, le miroir, où il l'avait vue!

auprès près

Geneviève Massignon, ed., *Contes corses* (Gap: Edition Ophrys, 1963), pp. 139–140.

Comprenez-vous?

1. Pourquoi le jeune homme au miroir se met-il à pleurer?
2. Qu'est-ce qu'ils font pour arriver vite chez «leur fiancée»?
3. Combien de temps dure leur voyage?
4. Que fait le jeune homme avec la fleur?
5. Quel est le résultat de cette action?
6. Quel est le dilemme à la fin du conte? Comparez-le à la situation du début.

▪ A discuter

Avec qui la jeune fille doit-elle se marier à la fin? Donnez votre opinion et justifiez-la en trois ou quatre phrases.

▪ Cherchez la forme

Que de pronoms! Relisez les paragraphes qui commencent par «Alors, les voilà…» (ligne 6) et «Enfin, ils font de nouveau…» (ligne 50). Faites une liste de tous les pronoms qui s'y trouvent (pronoms personnels, pronoms relatifs), donnez leur fonction et trouvez leur antécédent.

■ Questions de style

1. **La répétition.** Cette histoire, racontée par un vieux berger, fait partie de la tradition orale. La répétition est une caractéristique typique de la littérature orale. Soulignez les répétitions que vous avez remarquées en lisant. Selon vous, pourquoi y a-t-il des répétitions dans un texte oral?

2. **Le merveilleux.** Vous avez certainement remarqué que ce qui se passe dans ce conte ne correspond pas à la réalité. Soulignez les éléments du merveilleux que vous avez remarqués. Pourquoi veut-on s'échapper de la réalité?

Activités d'expansion

A **Les conseils de la famille.** Mettez-vous par cinq et jouez le rôle de la jeune fille et de sa famille à la fin du conte: la mère, le père, le frère, la sœur, la grand-mère. Ils lui expliquent ce qu'elle doit faire maintenant; la jeune fille répond aux conseils. Attention à l'usage de l'infinitif, du subjonctif et de l'indicatif.

Pour exprimer votre opinion:

Je crois…	Je ne crois pas…	Je souhaite…
Il faut…	Il est nécessaire…	Je veux…
Il vaut mieux…	Il est préférable…	Je refuse…

B **Le courrier du cœur.** Mettez-vous à la place d'un des trois jeunes hommes. D'abord, écrivez une lettre au courrier du cœur (**Chère Françoise**) dans laquelle vous expliquez votre dilemme: ce que vous avez fait et ce qui est arrivé. Demandez des conseils. Ensuite, mettez-vous à la place de Françoise et répondez à la lettre.

C **Mon conte favori.** Voici les noms français de quelques contes célèbres: *Blanche-Neige, Cendrillon, Le Petit Chaperon rouge, La Belle au bois dormant, Barbe-Bleue, Le Chat botté, La Belle et la Bête.* Les connaissez-vous? Résumez brièvement un de ces contes (ou un autre conte très connu de votre choix) à deux camarades qui vont deviner celui auquel vous faites allusion. Puis celui qui a deviné résume un autre conte, et ainsi de suite.

D **Libérons la cigale.** La cigale est un symbole de la Provence, où on en entend souvent chanter l'été. Le Comité départemental de Tourisme des Bouches-du-Rhône (en Provence) a créé toute une campagne publicitaire autour d'un «Mouvement de libération de la cigale». Selon vous, que veut dire le slogan: «Libérez la cigale qui est en vous»? Quelle sorte de personne aurait besoin de «libérer» la cigale qui est en elle? Quels conseils donnerait-on à une personne qui voudrait «libérer la cigale» en elle?

Chapitre 8

En famille

Ⓐ La famille moderne

les parents *m.*	*parents, relatives*
le beau-père	*father-in-law, step-father*
la belle-mère	*mother-in-law, step-mother*
le père (la mère) célibataire	*unwed father (mother)*
le demi-frère	*step-brother, half-brother*
la demi-sœur	*step-sister, half-sister*
aîné(e) *adj./n.*	*older, oldest (brother/sister/ child)*
cadet(-te) *adj./n.*	*younger, youngest (brother/ sister/child)*
l'enfant adopté(e) *m./f.*	*adopted child*
le fils adoptif	*adopted son*
la fille adoptive	*adopted daughter*
l'enfant unique *m./f.*	*only child*
le fils unique	*only son*
la fille unique	*only daughter*
la famille...	
éclatée	*broken family*
monoparentale	*single-parent family*
nombreuse[1]	*family with many children*
recomposée	*blended family*
la femme au foyer	*housewife, woman who does not work outside the home*
le foyer, le ménage	*household*
l'union libre *f.*	*living together without being married*
vivre ensemble	*to live together*

 Pour obtenir des exercices et activités supplémentaires sur le contenu de ce chapitre, rendez-vous sur le site http://slv.heinle.com.

B Les amis

le copain (la copine)	*friend, buddy, chum*
mon copain, ma copine	*my boyfriend, my girlfriend*
le petit ami, la petite amie[2]	*boyfriend, girlfriend*

C Les rapports

s'entendre (bien / mal)	*to get along (well/badly)*
se comprendre	*to understand each other*
crier	*to yell, to shout*
se disputer (avec)	*to argue, to disagree, to fight (with)*
se fâcher (contre)	*to get angry (with)*
vexer	*to hurt, to upset, to offend*
en vouloir à	*to be mad at*
Ma sœur m'en veut.	*My sister is mad at me.*
gronder	*to scold (parent/child)*
(s')engueuler (*fam.*)	*to yell (at each other)*
s'inquiéter (de), se faire du souci (pour quelqu'un)	*to worry (about)*
se calmer	*to calm down*
(s')embrasser	*to kiss (each other)*
faire confiance à	*to trust (someone)*
s'habituer à	*to get used to*
se marier (avec)	*to get married (to)*
divorcer	*to get divorced*
verser une pension alimentaire	*to pay alimony*
se sentir à l'aise/mal à l'aise	*to feel (be) comfortable/ uncomfortable*
soutenir	*to support, to stand by*
Mes parents me soutiennent (moralement/ financièrement).	*My parents support me (emotionally/financially).*
supporter	*to put up with, to stand*
Je ne le supporte pas.	*I can't stand him (it).*

D Des traits de caractère

autoritaire	*authoritarian*
juste	*fair*
impartial(e)	*impartial, unbiased*
être de bonne/mauvaise humeur	*to be in a good/bad mood*
être facile/difficile à vivre	*to be easy/hard to get along with*
super	*neat, great, terrific*
génial(e)	*fantastic, great*
sympathique (sympa)	*nice*

D Au foyer

l'intimité *f.*	*privacy*
le (la) colocataire coloc (*fam.*)	*person with whom an apartment or house is shared, housemate*
déménager	*to move (out)*
emménager	*to move in*
s'installer	*to set up*
louer	*to rent*
le loyer	*the rent*
la location	*rental*
les charges *f.*	*utilities, maintenance or service costs*
la facture	*bill (phone, electric, etc.)*
les frais *m.*	*expenses*
s'occuper de	*to take care of*
faire...	
les tâches ménagères	*to do house chores*
les courses	*to go grocery shopping, to run errands*
la cuisine	*to cook*
la lessive	*to do (the) laundry*
le ménage	*to do (the) housework, to clean*
la vaisselle	*to do (the) dishes*
passer l'aspirateur	*to vacuum*
ranger	*to pick up, to straighten up (house, room)*
repasser	*to iron*
sortir la poubelle	*to take out the trash*
tondre le gazon/la pelouse	*to mow the lawn*

[1] En France, une famille d'au moins trois enfants est officiellement une famille nombreuse. En 2004, toutes les familles de deux enfants de moins de 20 ans ont droit à des allocations familiales: 112,59 euros par mois pour deux enfants, 256,83 euros par mois pour trois enfants, etc. En plus, les familles nombreuses qui ont des revenus modestes reçoivent des allocations de rentrée scolaire (254,57 euros par enfant), une réduction d'impôts, des tarifs réduits pour les transports, etc.

[2] On peut dire les deux, mais les jeunes préfèrent parler de leur «copain» ou «copine».

Préparation grammaticale

Avant de commencer ce chapitre, révisez la formation et l'usage des adverbes, pages 207–209.

Vocabulaire

Ⓐ Devinettes. Choisissez un des mots de la liste de vocabulaire. Donnez-en une définition ou une description pour que vos camarades de classe puissent deviner quel mot vous avez choisi.

> **Modèle:** VOUS: **C'est une famille où les parents ne vivent plus ensemble et ils ne se parlent plus.**
> CAMARADE: **C'est une famille éclatée.**

Saviez-vous que… ?

Depuis 2001, les Françaises ne sont plus obligées de prendre le nom de famille du mari au moment du mariage. Une forte proportion de la population (78%) voit dans ce libre choix une mesure conforme à la mutation de la famille française et admet que c'est un bon moyen de respecter l'égalité au sein d'un couple.

Source: http://www.ifop.com

Ⓑ C'est tout le contraire. Une copine idéaliste voit la vie familiale en rose, mais vous, vous croyez qu'elle rêve. Répondez à ce qu'elle vous dit en la contredisant.

> **Modèle:** ELLE: Dans ma famille, tout le monde s'entend toujours bien.
> VOUS: Tu exagères! **Tout le monde se dispute de temps en temps.**

1. ELLE: Je me marierai pour la vie.
   VOUS: Tu rêves!…
2. ELLE: Les femmes au foyer sont toujours de bonne humeur.
   VOUS: Tu plaisantes!…
3. ELLE: Un père doit être un peu autoritaire pour que ses enfants lui obéissent.
   VOUS: Quelle horreur!…
4. ELLE: Une famille nombreuse, c'est l'idéal.
   VOUS: Mais non!…
5. ELLE: Les grands-parents ne grondent jamais leurs petits-enfants.
   VOUS: Ce n'est pas réaliste!…

Ⓒ Positive ou négative? Il y a des personnes pour qui le mot «famille» évoque le bonheur, certains y sont indifférents et pour d'autres, c'est l'horreur. Mettez-vous en groupes de trois ou quatre. Chaque personne fait deux listes d'au moins cinq mots tirés du vocabulaire du chapitre: (1) des mots ou expressions à connotation positive et (2) des mots ou expressions à connotation négative. Comparez vos listes à celles des membres de votre groupe. Si vous n'avez pas les mêmes mots, échangez vos points de vue.

Ⓓ Des portraits. A trois ou à quatre, faites un portrait détaillé (positif ou négatif) d'un des foyers de la liste suivante. N'hésitez pas à exagérer. Inventez les membres de chaque famille (âge, sexe, profession, etc.). Que fait chaque personne? Comment sont leurs rapports?

1. une famille monoparentale
2. une famille nombreuse
3. deux jeunes gens vivant ensemble
4. une famille recomposée
5. une famille éclatée

Ⓔ Avec mon (ma) coloc. Beaucoup de jeunes vivent avec des colocataires. Quels sont les avantages et les inconvénients de la colocation? Comment est le (la) colocataire idéal(e)? Comparez vos idées à ce sujet à celles de deux autres camarades de classe. Est-ce que la colocation marcherait bien pour vous trois?

Les 10 commandements pour une bonne entente

Préparation grammaticale

Avant de continuer, révisez la comparaison des adverbes et des noms, pages 209-210.

Le mode de la colocation, qui a pris le pas sur tous les autres systèmes de logement pour jeunes en Angleterre et aux Etats-Unis, se répand actuellement en France. Dans un article intitulé «Viens chez moi, j'habite chez mon coloc'», le magazine *Phosphore* offre des conseils pour bien s'entendre en colocation.

Entrons en matière

Selon vous, sur quoi devrait-on se mettre d'accord préalablement *(beforehand)* pour entretenir des relations amicales entre colocataires?

Lecture

1. «REE», le code d'or pour Répartition Equitable de l'Espace: une chambre par personne, une pièce commune minimum. Si les chambres sont de taille inégale, faites un roulement° selon les saisons.

   roulement rotation

2. Ceci est mon espace, ceci est ton espace. On partage le loyer, pas les chaussettes sales.

3. Cendriers° qui débordent, mégots° dans les assiettes et cendres dans des pots de fleurs, pas de quartier°! Pas de loi Evin[3] dans un lieu privé, d'accord, mais un peu de savoir-vivre quand même.

   Cendriers *Ashtrays* / **mégots** bouts de cigarette / **pas...** pas de pitié!

4. Un appart' propre, parce que vos colocs le valent bien! Et quand les moutons° apparaissent, c'est l'heure du grand ménage.

   moutons *dust bunnies*

5. Non au monopole téléphonique! Avis aux grands bavards, équipez-vous d'un portable.

6. Squatters° s'abstenir… Séjours à durée indéterminée[4] des petit(e)s ami(e)s compris.

   Squatters Personnes qui occupent illégalement une habitation

7. Respect de l'intimité. Frappez toujours avant d'entrer dans la chambre de votre coloc'… et pas de perquisition° en son absence.

   perquisition *search*

8. Les bons comptes font les bons amis.[5] Prévoyez° un pot commun ou un cahier des charges pour tous les produits de base.

   Prévoyez Organisez d'avance

9. Sois coloc' et tais-toi. Evitez le tapage° nocturne la veille d'un examen ou bien lorsque la maisonnée s'est assoupie°.

   tapage bruit
   la... tout le monde dort

10. La colocation, c'est aussi une école d'écoute et de diplomatie. Apprenez donc à arrondir les angles°, sinon les autres, c'est l'enfer.

    arrondir... *smooth things over*

Marjolaine Moreau et Lucie Tourette, «Viens chez moi, j'habite chez mon coloc'», *Phosphore,* octobre 2002, p. 62

[3] La loi du 10 janvier 1991, qui lutte contre le tabagisme et l'alcoolisme, assure le respect des droits des non-fumeurs dans les lieux publics (création de zones non-fumeurs). Cette loi protège les non-fumeurs mais elle contribue aussi à l'amélioration des relations entre fumeurs et non-fumeurs par la définition de règles de vie précises.

[4] jeu de mots sur CDI: contrat à durée indéterminée, ou poste permanent

[5] proverbe français qui dit qu'on s'entend mieux si les rapports financiers sont clairs et équitables

Comprenez-vous?

Globalement

1. Quelles sont les sources de désaccord ou de mésentente quand on vit en colocation? Trouvez les catégories suggérées par les «commandements».
2. Quel «commandement» est le plus important de tous? Expliquez.

Des détails

Dites si les phrases suivantes sont vraies ou fausses. Si la phrase est vraie, donnez des exemples du texte pour justifier votre réponse; si elle est fausse, corrigez-la.

1. Une fois choisie, on ne change pas de chambre.
2. On ne laisse pas traîner *(lie around)* ses vêtements dans la cuisine.
3. Les fumeurs doivent respecter les non-fumeurs.
4. Celui que la saleté gêne fait le ménage.
5. Avoir un portable contribue à l'entente.
6. Les copains ne peuvent jamais passer la nuit à l'appartement.
7. On n'entre pas dans la chambre des colocs sans permission.
8. Un(e) seul(e) coloc s'occupe des finances.
9. Dans sa chambre, on peut faire autant de bruit qu'on veut.
10. Les bons colocs sont de bons diplomates.

▪ Cherchez la forme

1. Dans ces «commandements», quelle forme verbale prédomine? Trouvez-en cinq exemples.
2. Expliquez l'usage de l'infinitif dans le sixième «commandement».

▪ A discuter

Quelles sont les similarités de la vie en colocation et de la vie de famille? En quoi ces deux modes de vie sont-ils différents?

▪ Allez plus loin

Inventez d'autres «commandements» pour bien s'entendre avec ses colocs.

Applications

Rappel Many adverbs are made by adding **-ment** to a form of the adjective (usually feminine). Most adverbs *immediately follow the verb* they modify. Certain adverbs (for instance, adverbs of time and place) can take other positions in the sentence. For more details, see pp. 207–209.

A **Les tâches ménagères.** En utilisant des adverbes variés, créez des phrases qui expliquent comment ou quand les personnes indiquées font les activités suivantes.

Modèle: (repasser) votre mère / votre frère / vous
Ma mère repasse constamment.
Mon frère repasse mal.
Moi, je repasse rarement.

1. (tondre le gazon) vous / votre mère / votre grand-père
2. (passer l'aspirateur) vos colocataires / votre petit(e) frère (sœur) / vous
3. (faire la lessive) votre professeur / un étudiant de première année à la fac / vous
4. (sortir la poubelle) vous / votre père / vos colocataires
5. (faire la vaisselle) vos parents / le président des Etats-Unis / vous

B **Les rapports.** Trouvez trois adverbes pour modifier chacun des verbes suivants. Puis faites trois phrases—la première au présent, la deuxième au passé et la troisième au futur—en utilisant le verbe donné et vos adverbes. Variez les sujets et ajoutez des détails pour rendre les phrases plus intéressantes.

Modèle: (crier) fort, tout le temps, jamais
Mon petit frère crie très fort quand on lui refuse quelque chose.
Quand j'étais petit(e), je criais tout le temps quand je me mettais en colère. Nous ne crierons jamais quand nous aurons des enfants.

1. se fâcher contre quelqu'un
2. soutenir
3. être de bonne humeur
4. faire confiance (à)
5. s'habituer (à)
6. s'embrasser
7. divorcer
8. s'inquiéter

Rappel To compare how something is done, one uses **plus / aussi / moins** + *adverb* + **que**. To make a superlative statement, one uses **le plus / le moins** + *adverb*. For more details, see p. 209.

 **Qui le fait le mieux?** Présentez votre famille (parents, frères, sœurs, oncles, tantes, cousins, grands-parents, etc.) en les comparant. Suivez les indications données. Exagérez, si vous voulez. Si personne de votre famille ne fait l'activité mentionnée, remplacez-la par une autre activité qui vous semble plus appropriée. Variez les adverbes!

> **Modèle:** chanter
>
> > **Dans ma famille, mon père chante mieux que ma mère, mais c'est ma cousine qui chante le mieux.**

1. faire du vélo
2. regarder la télé
3. jouer de la guitare
4. parler français
5. faire du ski
6. travailler
7. dormir
8. au choix

Rappel To compare nouns, one uses **plus de** / **autant de** / **moins de** + *noun* + **que.** To make a superlative statement, one uses **le plus de** / **le moins de** + *noun* + **de.** For more details, see p. 210.

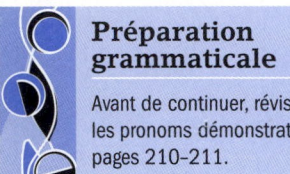

Préparation grammaticale

Avant de continuer, révisez les pronoms démonstratifs, pages 210–211.

 **Ce n'est pas pareil.** En utilisant les éléments donnés, comparez la vie d'une jeune personne qui habite chez ses parents à celle d'une personne qui vit seule dans son propre appartement. Utilisez le verbe indiqué.

> **Modèle:** le loyer
>
> > **On paie moins de loyer quand on vit chez ses parents que lorsqu'on vit seul.**

1. les tâches ménagères (faire)
2. les factures (payer)
3. la liberté (avoir)
4. les fêtes (organiser)
5. l'argent (dépenser)
6. le temps libre (avoir)
7. les repas (préparer)
8. les courses (faire)

Rappel One way to avoid repetition in French is to use *demonstrative pronouns* (**celui, ceux, celle, celles**). These are often combined with relative pronouns (**qui, que, dont**) to define or explain, or followed by **de** + *noun phrase*. See pp. 210–211 for more details.

Qui est-ce? Voici deux listes: une liste de personnes et une liste de définitions ou d'explications. Créez des phrases logiques en associant chaque personne avec la définition ou l'explication qui convient. Employez un pronom démonstratif et le pronom relatif qui convient pour relier les deux parties.

> **Modèle:** le fils aîné / se quereller parfois avec ses sœurs
>
> > **Dans une famille, le fils aîné est celui qui se querelle parfois avec ses sœurs.**

Commencez chaque phrase par: **Dans une famille…**

Personnes	**Définitions ou explications**
une belle-mère	savoir s'amuser seul
un père célibataire	les enfants ont peur (de)
de bons parents	être décrit(e) de manière stéréotypée
une mère compréhensive	soutenir leurs enfants
un enfant unique	écouter ses enfants
un grand-père rouspéteur	élever son enfant seul

F **Leurs rôles.** Trouvez deux comparaisons pour le rôle ou les activités des membres de chaque type de famille, en utilisant des adverbes et des pronoms démonstratifs.

> **Modèle:** (la mère) une famille nombreuse / une famille avec un seul enfant
> **La mère d'une famille nombreuse dort moins que celle d'une famille avec un seul enfant.**
> **La mère d'une famille nombreuse s'énerve plus souvent que celle d'une famille avec un seul enfant.**

1. (le père) une famille traditionnelle / une famille égalitaire
2. (les demi-frères et les demi-sœurs) une famille recomposée / une famille nombreuse
3. (la grand-mère) une famille monoparentale / une famille traditionnelle
4. (l'homme) une union libre / une famille monoparentale
5. (l'enfant unique) une famille monoparentale / une famille traditionnelle
6. (les filles) une famille traditionnelle / une famille égalitaire

G **Parlons de nos familles et de nos amis.** Avec un(e) camarade de classe, posez-vous des questions sur vos rapports avec vos amis et votre famille.

1. Est-ce que tu t'entends bien avec tous les membres de ta famille? Est-ce qu'il y a quelqu'un avec qui tu te disputes de temps en temps? Explique.
2. Qu'est-ce qui provoque des disputes chez toi? C'est la même chose avec tes amis?
3. De quoi est-ce que tu parles avec tes parents? De quoi est-ce que tu ne leur parles pas?
4. Est-ce que tu demandes des conseils à tes parents? Si oui, à propos de quoi? C'est la même chose avec tes amis? Est-ce que tu suis leurs conseils?
5. Est-ce que tes parents connaissent tes amis? Comment les trouvent-ils? Et que pensent tes amis de tes parents?

Saviez-vous que... ?

Interrogés sur les choses qui comptent le plus pour eux dans la vie aujourd'hui, les 15-24 ans répondent dans l'ordre suivant: la famille (52%), trouver un métier intéressant (38%) et les amis (37%), se développer intellectuellement (18%), la liberté (10%) ou le fait d'avoir des responsabilités (10%). Ces priorités varient peu en fonction de l'âge, mais diffèrent sensiblement en fonction que l'on soit fille ou garçon. 59% des filles citent comme priorité la famille, contre 44% chez les garçons.

Source: http://www.tns-sofres.com (2003)

Mémoires d'une jeune fille rangée°

rangée sérieuse, sage

Les passages suivants sont extraits d'une œuvre autobiographique de Simone de Beauvoir (1908–1986). Romancière et philosophe, ses œuvres les plus connues sont *Le deuxième sexe* (1949), devenu l'ouvrage de référence du mouvement féministe, son roman *Les mandarins* (1954), qui a gagné le Prix Goncourt, et sa série autobiographique *Mémoires d'une jeune fille rangée*, *La force de l'âge* et *La force des choses*. Elle rencontre Jean-Paul Sartre (1905–1980) à la Sorbonne en 1929 et lui reste unie jusqu'à sa mort. La première partie de la lecture vous présente le début de ses mémoires. Dans la deuxième partie, elle parle de son adolescence.

Entrons en matière

Qu'est-ce que vous voyez sur cette photo? Décrivez les personnes et imaginez leurs rapports. Selon vous, de quand date cette photo?

Pour mieux comprendre

Faites des prédictions avant de lire les passages qui suivent. Vous savez que vous allez lire le début des mémoires de Simone de Beauvoir. D'habitude, par quoi commence-t-on une autobiographie? A quel moment de sa vie commence-t-on? De qui parle-t-on? Maintenant, lisez les premières phrases de chaque paragraphe. Vos prédictions sont-elles correctes?

Lecture

PREMIÈRE PARTIE

Je suis née à quatre heures du matin, le 9 janvier 1908, dans une chambre aux meubles laqués° de blanc qui donnait sur le boulevard Raspail[6]. Sur les photos de famille prises l'été suivant, on voit de jeunes dames en robes longues, aux chapeaux empanachés de
5 plumes d'autruche°, des messieurs coiffés de canotiers° et de panamas qui sourient à un bébé: ce sont mes parents, mon grand-père, des oncles, des tantes, et c'est moi. Mon père avait trente ans, ma mère vingt-et-un, et j'étais leur premier enfant. Je tourne une page de l'album; maman tient dans ses bras un bébé qui n'est pas moi; je porte une jupe plissée°, un béret, j'ai deux ans et demi, et ma sœur vient de naître. Je
10 fus, paraît-il, jalouse, mais pendant peu de temps. Aussi loin que je me souvienne, j'étais fière d'être l'aînée: la première. Déguisée en chaperon rouge, portant dans mon panier galette et pot de beurre, je me sentais plus intéressante qu'un nourrisson° cloué dans son berceau°. J'avais une petite sœur: ce poupon° ne m'avait pas…

Ma mère m'inspirait des sentiments amoureux; je m'installais sur ses genoux, dans
15 la douceur parfumée de ses bras, je couvrais de baisers sa peau de jeune femme; elle apparaissait parfois la nuit, près de mon lit, belle comme une image, dans sa robe de verdure mousseuse° ornée° d'une fleur mauve, dans sa scintillante robe de jais° noir. Quand elle était fâchée, elle me «faisait les gros yeux»; je redoutais° cet éclair orageux° qui enlaidissait son visage; j'avais besoin de son sourire.

20 Quant à mon père, je le voyais peu. Il partait chaque matin pour «le Palais»[7] portant sous son bras une serviette° pleine de choses intouchables qu'on appelait des dossiers°. Il n'avait ni barbe ni moustache, ses yeux étaient bleus et gais. Quand il rentrait le soir, il apportait à maman des violettes de Parme. Papa riait aussi avec moi; il me faisait chanter; il m'ébahissait° en cueillant au bout de mon nez des pièces de cent sous[8]. Il
25 m'amusait et j'étais contente quand il s'occupait de moi, mais il n'avait pas dans ma vie de rôle bien défini.

[6] nom d'une rue à Paris
[7] Palais de Justice
[8] *magic trick, when coins, here franc pieces, appear at the tip of the nose*

laqués *laquered*

plumes… *ostrich feathers /* **canotiers** *boaters (hats)*

plissée *pleated*

nourrisson tout petit bébé
cloué… *stuck in her crib /* **poupon** petit bébé

mousseuse *soft /* **ornée** décorée / **jais** *jet-black /* **redoutais** craignais / **éclair…** *stormy flash*

serviette *briefcase /* **dossiers** *files*

m'ébahissait *amazed me*

Comprenez-vous?

1. Que voit l'auteur sur la première photo? Qu'est-ce qui a changé sur la deuxième photo?
2. Quelle a été la réaction de Simone à la naissance de sa petite sœur? Pourquoi ce sentiment n'a-t-il pas duré longtemps?
3. Décrivez ses rapports avec sa mère et comparez-les à ceux qu'elle avait avec son père.

▪ Allez plus loin

D'après les trois paragraphes de la première partie de la lecture, avez-vous l'impression que Simone de Beauvoir a eu une enfance heureuse? Justifiez votre réponse avec des exemples tirés du texte.

▪ Pour mieux comprendre

Comment l'attitude d'un enfant envers ses parents change-t-elle à l'adolescence? Pourquoi y a-t-il un tel changement?

➤ Dans l'extrait qui suit, Simone de Beauvoir décrit ses rapports avec ses parents, surtout avec sa mère, à l'âge de 13 ans.

Simone de Beauvoir en 1947

Lecture

DEUXIÈME PARTIE

J'avais perdu la sécurité de l'enfance; en échange je n'avais rien gagné. L'autorité de mes parents n'avait pas fléchi° et comme mon esprit critique s'éveillait°, je la supportais de plus en plus impatiemment. Visites, déjeuners de famille, toutes ces corvées° que mes
30 parents tenaient pour obligatoires, je n'en voyais pas l'utilité. Les réponses: «Ça se doit. Ça ne se fait pas» ne me satisfaisaient plus du tout. La sollicitude de ma mère me pesait°. Elle avait «ses idées» qu'elle ne se souciait pas de justifier, aussi ses décisions me paraissaient-elles souvent arbitraires. Nous nous disputâmes violemment à propos d'un missel° que j'offris à ma sœur pour sa communion solennelle: je le voulais relié de cuir
35 fauve° comme celui que possédait la plupart de mes camarades; maman estimait qu'une couverture de toile° bleue serait bien assez belle; je protestai que l'argent de ma tire-lire° m'appartenait; elle répondit qu'on ne doit pas dépenser vingt francs pour un objet qui peut n'en coûter que quatorze. Pendant que nous achetions du pain chez le boulanger, tout au long de l'escalier et de retour à la maison, je lui tins tête°. Je dus céder°, la rage
40 au cœur, me promettant de ne jamais lui pardonner ce que je considérais comme un abus de pouvoir. Si elle m'avait souvent contrariée, je crois qu'elle m'eût précipitée dans la révolte°. Mais dans les choses importantes—mes études, le choix de mes amies—elle intervenait peu; elle respectait mon travail et même mes loisirs, ne me demandant que de menus° services: moudre° le café, descendre la caisse à ordures°. J'avais l'habitude de
45 la docilité, et je croyais que, en gros, Dieu l'exigeait de moi; le conflit qui m'opposait à ma mère n'éclata pas; mais j'en avais sûrement conscience. Son éducation, son milieu l'avaient convaincue que pour une femme la maternité est le plus beau des rôles: elle ne pouvait le jouer que si je tenais le mien°, mais je refusais... d'entrer dans la comédie des adultes. [...] Ma mère devinait en moi des réticences qui lui donnaient de l'humeur°,
50 et elle me grondait souvent. Je lui en voulais de me maintenir dans la dépendance et d'affirmer sur moi des droits. En outre, j'étais jalouse de la place qu'elle occupait dans le cœur de mon père car ma passion pour lui n'avait fait que grandir.

fléchi weakened / *s'éveillait* *was awakening* / **corvées** tâches pénibles

pesait *weighed me down*

missel livre de prières de la messe / **cuir...** *fawn-colored leather* / **toile** *canvas* / **tire-lire** *piggy bank*

je... *I stood up to her* / **céder** *to give in*

qu'elle... *she would have made me rebel*

menus petits / **moudre** *grind* / **caisse...** poubelle

si... *if I played my role*
lui... *put her in a bad mood*

Simone de Beauvoir, *Mémoires d'une jeune fille rangée*, Paris: Gallimard, 1958

Comprenez-vous?

1. Qu'est-ce que l'auteur a du mal à accepter quand elle arrive à l'adolescence?
2. Que pense-t-elle maintenant des «obligations» de famille?
3. Pourquoi se dispute-t-elle avec sa mère à propos d'un cadeau pour sa sœur?
4. Diriez-vous que Simone de Beauvoir était têtue *(stubborn)*? Pourquoi?
5. Quelles tâches ménagères devait-elle faire à l'époque?
6. Pourquoi ne se révolte-t-elle pas ouvertement contre sa mère?
7. Quel est le rôle le plus important pour une femme, selon la mère? Qu'en pense la fille?
8. Qu'est-ce qui suggère que la mère se rend compte des opinions de sa fille?

■ Cherchez la forme

1. **Le passé.** Relisez le deuxième et le troisième paragraphe (de la première partie). Identifiez et justifiez le temps de tous les verbes. Pourquoi est-ce que l'auteur utilise ce temps?
2. **Des adverbes**. Dans la deuxième partie, on trouve trois adverbes formés à partir d'adjectifs: **impatiemment** (ligne 29), **violemment** (ligne 33) et **sûrement** (ligne 46). Quel est l'adjectif qui correspond à chaque adverbe et quel verbe ou quelle expression verbale cet adverbe modifie-t-il?

■ Allez plus loin

Qu'est-ce que nous apprenons dans la dernière phrase de cet extrait (lignes 51–52)? Est-ce une réaction assez typique pour une jeune fille de cet âge? Expliquez votre réponse.

Activités d'expansion

Ⓐ En 1999, on a effectué un sondage sur la famille en France. Voici ce que les personnes interrogées ont répondu aux deux questions posées.

Quelles sont toutes les choses qui vous plaisent quand vous pensez à la famille?	Ensemble (%)
les fêtes, la convivialité, les réunions de famille	51
les sources de satisfaction liées aux enfants	24
le partage de moments, d'activités tous ensemble	17
la joie d'être en famille	17
la solidarité, le soutien	17
le dialogue, l'écoute	14
l'appartenance à un groupe	11
la bonne entente, la simplicité des relations	9
les sources de satisfaction personnelle	8
l'affection des siens	8
les événements heureux	6
la tradition, la transmission des valeurs	1
autres	3
rien	1
ne se prononcent pas	5

Quelles sont toutes les choses qui vous déplaisent quand vous pensez à la famille?	Ensemble (%)
les disputes	21
les histoires de famille	19
les contraintes, les obligations familiales	11
les événements tristes	11
les craintes pour les enfants	7
l'immixtion° dans la vie privée	7
les différends financiers	6
l'éloignement trop important	5
les divorces, les séparations	5
l'hypocrisie	5
les réunions familiales, les repas de famille	4
autres	2
rien	24
ne se prononcent pas	8

immixtion *interference*

L'Express, mai 1999

Et vous, qu'est-ce qui vous plaît et vous déplaît quand vous pensez à la famille?

B **L'indépendance.** En France, pour les jeunes adultes entre 20 et 24 ans, 60% des hommes et 49% des femmes vivent encore chez leurs parents. A votre avis, que se passe-t-il quand l'enfant annonce son départ à ses parents ou bien son retour au foyer? Mettez-vous en groupe de trois (le père, la mère et le jeune) et jouez les scènes suivantes.

1. Une jeune personne de dix-huit ans veut quitter le foyer familial. Ses parents ne sont pas d'accord, alors leur enfant essaie de les convaincre. Quels sont les arguments des parents et ceux de l'adolescent(e)?
2. La situation a maintenant changé. Après avoir fini ses études, l'enfant décide de revenir habiter chez ses parents. Mais cette fois-ci, les parents préfèrent qu'il/elle cherche son propre appartement. Expliquez les besoins de chacun.

C **On cherche un(e) coloc.** Toute la classe participe au jeu de rôle suivant. On désigne trois ou quatre étudiants qui cherchent un appartement. Ceux-ci doivent faire une liste de questions à poser aux groupes de colocataires éventuels. Les autres membres de la classe se mettent en groupes de deux ou trois: ils vivent déjà ensemble en colocation. Pour choisir un nouveau (une nouvelle) coloc, ils discutent d'abord des qualités «essentielles» recherchées, puis ils font une liste de questions à poser aux «candidats». Soyez créatifs! Il se peut que les «candidats» doivent passer plusieurs entretiens avant de trouver un appart.

Pour obtenir des exercices et activités supplémentaires
sur le contenu de ce chapitre, rendez-vous sur le site
http://slv.heinle.com.

Un membre des forces de maintien de la paix de l'Organisation des Nations Unies

Ⓐ Les relations internationales

Mots apparentés: la nation, le nationalisme, la diplomatie, le (la) diplomate, négocier, la négociation, le gouvernement, neutre, l'économie *f.*, la politique, le parti politique, le consulat, l'ambassade *f.*, le passeport, le visa, le (la) réfugié(e), le pacifisme, le (la) pacifiste

le but	*aim, goal, objective*
atteindre (un but)	*to reach (a goal)*
la frontière	*border*
la patrie	*native country*
le (la) citoyen(-ne)	*citizen*
l'homme (la femme) politique	*politician*
les affaires étrangères *f.*	*foreign affairs*
l'UE (l'Union européenne) *f.*	*E.U. (European Union)*
l'ONU (l'Organisation des Nations Unies) *f.*	*U.N. (United Nations)*
l'OTAN (l'Organisation du Traité de l'Atlantique Nord) *f.*	*NATO (North Atlantic Treaty Organization)*
l'asile politique *m.*	*political asylum*
l'aide humanitaire *f.*	*humanitarian aid*
l'ONG (l'organisation non gouvernementale) *f.*	*NGO (non-governmental organization)*
le (la) bénévole	*volunteer*
le tiers-monde	*Third World*
le pays en voie de développement	*developing country*

Ⓑ La guerre (civile, mondiale) — *war (civil, world)*

Mots apparentés: l'officier *m.*, l'armée *f.*, la bombe (atomique), le combat, le terrorisme, le (la) terroriste

le civil	*civilian*
l'allié(e)	*ally*
le soldat	*soldier*
l'arme *f.*	*weapon*
nucléaire	*nuclear*
chimique	*chemical*
biologique	*biological*
le conflit	*conflict*
l'attentat suicide *m.*	*suicide bombing*
l'ennemi(e)	*enemy*
se battre	*to fight*
vaincre	*to defeat*
la défaite	*defeat*
gagner	*to win*
la victoire	*victory*

Ⓒ La paix — *Peace*

en paix	*at peace, peaceful*
le traité	*treaty*
l'accord *m.*	*agreement*
se mettre d'accord	*to agree*
signer	*to sign*
un accord	*an agreement*
un traité	*a treaty*
les forces de maintien de la paix *f.*	*peace-keeping forces*
convaincre	*to convince*

Le drapeau de l'Union européenne

Vocabulaire

Saviez-vous que… ?

Le drapeau européen est le symbole non seulement de l'Union européenne, mais aussi de l'unité et de l'identité de l'Europe dans un sens plus large. Le cercle d'étoiles dorées représente la solidarité et l'harmonie entre les peuples d'Europe. Les douze étoiles ne sont pas liées au nombre d'Etats membres: ce chiffre est traditionnellement un symbole de perfection, de plénitude et d'unité. Ainsi, le drapeau restera le même, indépendamment des futurs élargissements de l'Union européenne.

Source: http://www.europa.eu

Nommez trois des six pays fondateurs de l'Union européenne. Nommez trois des pays qui sont devenus membres en 2004. Quels pays européens ne sont pas membres de l'UE? Quel(s) pays cherche(nt) à devenir membre(s) de l'UE?

A **Les antonymes.** Quel mot du vocabulaire est le contraire de chaque mot de la liste?

1. l'allié
2. la défaite
3. la paix
4. le civil
5. le sans-papier
6. le désaccord
7. un pays industrialisé
8. la politique intérieure

B **Qu'est-ce qu'on fait?** Avec un(e) partenaire, finissez les phrases suivantes de façon logique pour expliquer les actions qui suivent. Faites autant de phrases que possible en utilisant le vocabulaire du chapitre ou votre propre vocabulaire. Comparez vos phrases à celles d'autres groupes.

Modèle: Quelqu'un qui est persécuté pour ses opinions politiques…
peut demander l'asile politique dans un autre pays.

1. A la fin d'une guerre, les pays combattants…
2. Si un citoyen perd son passeport dans un pays étranger, il…
3. Un diplomate qui veut résoudre un conflit…
4. Un pays neutre qui veut aider des non-combattants…
5. Quand l'ONU doit intervenir dans une guerre civile, elle…
6. Une femme politique qui veut être élue…
7. Les soldats qui se trouvent en zone de combat…
8. Un bénévole qui veut changer le monde mais n'aime pas la politique…

C Des familles de mots. Voici quelques mots qui appartiennent au vocabulaire des relations internationales. Trouvez le mot apparenté (ou un mot de la même famille) dans le vocabulaire. Ensuite, essayez de deviner le sens des mots suivants.

1. le vainqueur
2. diplomatique
3. expatrier
4. le politicien
5. la bataille
6. s'accorder
7. s'armer
8. la neutralité
9. victorieux
10. frontalier
11. le guerrier

D Que font-ils? Expliquez brièvement les tâches des personnes et les buts des organismes de la liste suivante.

1. un homme politique
2. un diplomate
3. l'ONU
4. une ambassade
5. une armée
6. l'Union européenne
7. une ONG

E Trouvez le mot. Voici dix définitions qui correspondent à dix mots tirés des listes de vocabulaire. Quel est le mot défini?

1. conflit armé entre groupes sociaux ou entre états
2. ce que cherche une personne en danger pour des raisons politiques
3. pays auquel on appartient
4. attachement passionné à la nation à laquelle on appartient
5. personne qui n'est pas dans l'armée
6. réussir à battre un ennemi
7. absence de trouble, de violence
8. état d'une nation qui ne participe pas à une guerre
9. établir la discussion entre deux groupes
10. persuader

Rappel Interrogative forms allow you to *request information*. To review question formation, see *Structures*, Chapter 2, pp. 157–159.

F A Strasbourg. Vous avez l'occasion d'interviewer un représentant belge du Parlement européen. Avec un(e) ou deux camarade(s) de classe, préparez des questions à lui poser sur l'Union européenne ou sur l'euro. Commencez par l'expression interrogative donnée et utilisez le pronom **vous.**

1. combien
2. depuis quand
3. que
4. avec qui
5. pourquoi
6. de quoi
7. qui
8. quel(le)(s)
9. où

G **Une ronde d'experts.** Avec un(e) partenaire, préparez cinq questions que vous pourriez poser à la personne indiquée sur un des sujets suivants.

1. un historien: la Deuxième Guerre mondiale (au passé)
2. un soldat américain: la guerre en Irak (temps au choix)
3. un diplomate retraité: la Guerre froide (au passé)
4. un employé de la Banque de France: l'euro (au futur)
5. un ancien volontaire du *Peace Corps:* le travail des associations humanitaires

Les Etats-Unis d'Europe

Victor Hugo (1802–1885) est un des écrivains français les plus connus du monde. Poète, dramaturge et romancier (*Notre Dame de Paris* et *Les misérables* ne sont que deux de ses romans parmi tant d'autres), il s'est aussi engagé dans la politique. La Révolution de 1848 (il était député à l'Assemblée législative à l'époque) réveille sa conscience politique. Il se fait le champion de la «Révolution des peuples». Le 21 août 1849, devant un Congrès de la Paix, ce poète visionnaire appelle à la création des Etats-Unis d'Europe dans un discours dont vous allez lire un extrait.

Avant de lire

Dans ce texte, Hugo prédit la création des Etats-Unis d'Europe, ce qui s'est réalisé avec la formation de l'Union européenne. Quels sont les avantages d'une telle union entre des pays? Qu'est-ce qu'on voudrait ne pas perdre dans une telle union?

Pour mieux comprendre

Parcourez le passage suivant. Quelle phrase (ou début de phrase) se répète? Pourquoi, selon vous, Hugo répète-t-il si souvent ces mots? Entre parenthèses, en italique, on trouve les réactions du public aux idées d'Hugo. Les idées d'Hugo plaisent-elles au public? Justifiez votre réponse.

Lecture

Victor Hugo

Un jour viendra où les armes vous tomberont des mains, à vous aussi! Un jour viendra où la guerre paraîtra aussi absurde et sera aussi impossible entre Paris et Londres, entre Pétersbourg et Berlin, entre Vienne et Turin,
5 qu'elle serait impossible et qu'elle paraîtrait absurde aujourd'hui entre Rouen et Amiens, entre Boston et Philadelphie. Un jour viendra où vous France, vous Russie, vous Italie, vous Angleterre, vous Allemagne, vous toutes, nations du continent, sans perdre vos quali-
10 tés distinctes et votre glorieuse individualité, vous vous fondrez étroitement dans une unité supérieure, et vous constituerez la fraternité européenne, absolument comme la Normandie, la Bretagne, la Bourgogne, la Lorraine, l'Alsace, toutes nos provinces, se sont fondues dans la France. Un jour vien-dra où il n'y aura plus d'autres champs de bataille que les marchés s'ouvrant au com-
15 merce et les esprits s'ouvrant aux idées. Un jour viendra où les boulets° et les bombes seront remplacés par les votes, par le suffrage universel des peuples, par le vénérable arbitrage d'un grand sénat souverain qui sera à l'Europe ce que le parlement est à l'Angleterre, ce que la diète° est à l'Allemagne, ce que l'Assemblée législative est à la France! *(Applaudissements.)* Un jour viendra où l'on montrera un canon dans les
20 musées comme on y montre aujourd'hui un instrument de torture, en s'étonnant que cela ait pu être! *(Rires et bravos.)* Un jour viendra où l'on verra ces deux groupes immenses, les Etats-Unis d'Amérique, les Etats-Unis d'Europe *(Applaudissements)*, placés en face l'un de l'autre, se tendant la main par-dessus les mers, échangeant leurs produits, leur commerce, leur industrie, leurs arts, leurs génies, défrichant° le globe,
25 colonisant les déserts, améliorant la création sous le regard du Créateur, et combinant ensemble, pour en tirer le bien-être de tous, ces deux formes infinies, la fraternité des hommes et la puissance de Dieu! *(Longs applaudissements.)*

boulets *cannon balls*

diète forme de parlement

défrichant préparant (la terre) à la culture

Comprenez-vous?

1. Faites une liste de tout ce qui changera dans la nouvelle Europe qu'Hugo envi-sage. Qu'est-ce qui n'existera plus? Qu'est-ce qu'il y aura de nouveau?
2. A quoi Hugo compare-t-il la «fraternité européenne»?
3. A quels organismes nationaux Hugo compare-t-il le «grand sénat souverain» qu'il prédit?
4. Pourquoi trouvera-t-on des canons dans les musées?
5. Comment seront les rapports avec les Etats-Unis d'Amérique?

▪ A discuter

En vous basant sur ce que vous savez sur l'Union européenne, lesquelles des prédic-tions d'Hugo se sont réalisées? Comment sont les rapports entre l'Europe et les Etats-Unis à l'heure actuelle?

 ## Cherchez la forme

Quels temps prédominent dans le texte de Victor Hugo à la page 129? Pourquoi?

> **Rappel** To make *hypotheses,* that is, to suggest what might happen or how things would be or how they could have been, use the *conditional* mood in French. See *Structures*, Chapter 5, pp. 181–185.

Combien de langues pouvez-vous identifier?

Page d'un passeport français délivré en 2004

Applications

A La Journée de l'Europe. Le 9 mai est en France l'occasion de très nombreuses manifestations. Imaginez que deux camarades de classe et vous travaillez pour l'Union européenne. On veut vous envoyer à Montpellier, ville de 350 000 habitants près de la Méditerranée, pour organiser des activités pour fêter la Journée de l'Europe. Qu'est-ce que vous proposeriez? Utilisez le conditionnel et développez des idées pour les catégories indiquées. Comparez votre projet à celui de vos camarades de classe.

Modèle: les participants

> **Nous demanderions de l'aide à la mairie de Montpellier. Les élèves pourraient préparer des spectacles et ils décoreraient leurs écoles. Les associations nous aideraient à loger les visiteurs étrangers. Les musiciens donneraient des concerts gratuits.**

1. les invités
2. les activités pendant la journée pour les adultes et les enfants
3. les activités le soir pour les adultes et les enfants
4. les repas
5. le financement

B Un tout autre monde. Décrivez les résultats probables ou possibles dans chaque cas suggéré. Comparez vos idées à celles de vos camarades de classe.

1. S'il n'y avait plus d'armées dans le monde…
2. Si le mur de Berlin n'était pas tombé en 1989…
3. Si l'UE n'existait pas…
4. Si le Royaume-Uni adoptait l'euro…
5. Si on n'avait pas construit un tunnel sous la Manche…
6. S'il n'y avait pas eu de guerre en Irak…
7. Si la frontière entre le Mexique et les Etats-Unis n'existait plus…
8. Si les Etats-Unis n'avaient pas déclaré la guerre au Japon en 1941…
9. Si les Etats-Unis envahissaient le Canada…
10. Si une femme était élue présidente des Etats-Unis…

Rappel To *describe* people, places, events, review *adjectives* and *comparisons* (*Structures*, Chapter 2, pp. 151–156), *adverbs* (*Structures*, Chapter 8, pp. 207–209), and *relative pronouns* (*Structures,* Chapter 6, pp. 194–196).

C Optimiste ou pessimiste? Décrivez, au futur, comment vous imaginez l'avenir. Utilisez les thèmes indiqués ou d'autres de votre choix. Echangez vos idées.

Modèle: la guerre

> PESSIMISTE: **La guerre sera encore plus atroce parce qu'on utilisera des armes biologiques qui tueront encore plus de personnes et qui détruiront l'environnement pour ceux qui survivront. Les hommes seront encore plus méchants.**
>
> OPTIMISTE: **Il n'y aura plus de guerre parce que nous nous comprendrons mieux. Les hommes seront plus pacifistes et ils ne voudront plus se battre. Il y aura un seul gouvernement mondial, et on sera tous des citoyens du monde.**

1. les affaires étrangères
2. le statut de la femme
3. le statut des groupes minoritaires
4. la technologie
5. l'économie
6. les médias
7. les armées

D La France et votre pays. Décrivez et comparez les deux pays et leurs habitants en utilisant les catégories indiquées.

Modèle: l'immigration

L'immigration est un aussi gros problème en France qu'aux Etats-Unis. En Amérique, les immigrés trouvent assez facilement du travail mais en France, où le taux de chômage est assez élevé, c'est plus difficile. En France, la plupart des immigrés qui sont francophones viennent d'Afrique. Aux Etats-Unis, ceux qui parlent espagnol viennent d'Amérique latine et ceux qui travaillent dans l'informatique viennent souvent d'Inde. Dans les deux pays, on n'accepte pas toujours très bien les immigrés, surtout ceux qui ne parlent pas la langue, et ils ont parfois du mal à s'intégrer.

1. les langues étrangères
2. les écoles et les universités
3. les jeunes
4. les voitures
5. les vacances
6. le cinéma et la télévision
7. la famille

Rappel To express *opinions*, certain verbs or expressions followed by the *subjunctive, indicative,* or *infinitive* can be used (review *Structures,* Chapter 7, pp. 198–205), as well as *negative constructions* when you disagree (review *Structures,* Chapter 6, pp. 191–194).

E C'est vrai? Votre sœur, qui a 12 ans, pose trop de questions sur la situation dans le monde. Utilisez les expressions données pour lui répondre et des pronoms pour éviter la répétition.

1. VOTRE SŒUR: Est-ce que la France et l'Allemagne sont encore ennemies?
   VOUS: Ce n'est pas vrai que...
2. VOTRE SŒUR: Si on est citoyen français, faut-il avoir un passeport pour aller en Italie?
   VOUS: Si on est français, ce n'est pas nécessaire de...
3. VOTRE SŒUR: Est-ce que les Européens veulent tous parler anglais?
   VOUS: Je doute que...
4. VOTRE SŒUR: Les Européens savent beaucoup de choses sur l'Amérique?
   VOUS: C'est possible que...
5. VOTRE SŒUR: Et nous, est-ce que nous nous intéressons à l'Europe?
   VOUS: Pas beaucoup. C'est dommage que...
6. VOTRE SŒUR: Les Russes ont-ils accepté le capitalisme?
   VOUS: Je ne crois pas que...
7. VOTRE SŒUR: Est-ce que la prospérité s'établit rapidement en Russie?
   VOUS: C'est peu probable que...
8. VOTRE SŒUR: Avons-nous encore besoin d'armées?
   VOUS: Oui, je crois que...
9. VOTRE SŒUR: Nous les Américains, nous parlons beaucoup de langues, n'est-ce pas?
   VOUS: Je ne pense pas que...
10. VOTRE SŒUR: Et moi, je dois apprendre à parler plusieurs langues?
    VOUS: Oui, il faut que...
11. VOTRE SŒUR: Tu aimes répondre à mes questions?
    VOUS: Bien sûr, je suis content(e) de...

F **Des images stéréotypées?** Préparez une description détaillée, du point de vue indiqué, des personnes ou groupes de la liste. Votre partenaire croit que vous exagérez et vous contredit en faisant le portrait opposé.

Modèle: les hommes politiques (portrait négatif)

VOUS: **Moi, je crois que tous les hommes politiques sont corrompus. Ils veulent tous avoir du pouvoir et de l'argent. Ils mentent pour être élus et ne pensent jamais au bien-être des citoyens.**

VOTRE PARTENAIRE: **Je ne suis pas d'accord. Il est vrai que certains hommes politiques sont corrompus mais je ne crois pas qu'ils soient tous corrompus. Ils ne cherchent qu'à aider les citoyens, ce qui n'est pas toujours facile.**

1. les réfugiés politiques (portrait positif)
2. les forces de maintien de la paix (portrait négatif)
3. les partis politiques (portrait positif)
4. l'Union européenne (portrait négatif)
5. l'aide humanitaire (portrait positif)

Rappel To *narrate in the past*, review the uses of the *imperfect*, **passé composé**, and *pluperfect* (*Structures,* Chapter 3, p. 161–167).

G **Tout le monde exagère!** Avec un(e) partenaire, imaginez que vous vous êtes trouvé(e) dans une des situations de la liste suivante. Racontez en trois ou quatre phrases ce qui s'est passé en exagérant beaucoup. Comparez votre récit à ceux de vos camarades de classe.

1. A Paris: Vous avez dîné au Palais de l'Elysée avec le président de la République française.
2. A Moscou: Vous avez servi d'interprète au président des Etats-Unis.
3. En Turquie: Vous visitiez le pays quand il y a eu un tremblement de terre.
4. Au Rwanda: Vous avez travaillé dans un camp de réfugiés.
5. A Washington: Le vice-président des Etats-Unis vous a invité(e) à visiter la ville.
6. A Londres: Vous êtes allé(e) au théâtre et un des membres de la famille royale était assis à côté de vous.
7. En France: Vous avez participé au Tour de France.
8. En Chine: Vous avez participé à une manifestation et on n'a pas voulu vous laisser quitter le pays.

H **Leurs rêves de jeunesse.** Imaginez les rêves et les activités des personnes de la liste quand elles avaient l'âge indiqué.

Modèle: Napoléon, à 7 ans

Il voulait être officier et commander beaucoup d'hommes. Il n'obéissait plus à ses parents mais il voulait que ses amis le suivent. Il montait souvent à cheval et jouait avec des petits soldats de plomb.

1. Nelson Mandela, à 14 ans
2. Einstein, à 12 ans
3. le Pape, à 15 ans
4. Jeanne d'Arc, à 10 ans
5. Gustave Eiffel[1], à 7 ans
6. Martin Luther King Jr., à 9 ans
7. Fidel Castro, à 10 ans
8. vous, à 13 ans
9. votre professeur de français, à 15 ans

[1] l'ingénieur qui a construit la tour Eiffel en 1889

Médecins sans frontières

Le prix Nobel de la paix de 1999 a été remis à l'organisation non gouvernementale française Médecins sans frontières (MSF), pour avoir mis, depuis 28 ans, la «planète dans sa salle d'attente°». L'organisation, fondée à Paris en décembre 1971 par une poignée° de médecins, apporte son aide à des populations en danger et offre des soins médicaux sans discrimination et en toute indépendance. Elle a été distinguée par le comité Nobel norvégien pour son «aide humanitaire sur plusieurs continents».

Entrons en matière

Quels sont les buts d'une organisation non gouvernementale telle que Médecins sans frontières? Que fait-on pour atteindre ces buts?

Pour mieux comprendre

Qu'est-ce que la logistique? (C'est le même mot en anglais). Que fait quelqu'un qui s'occupe de logistique? Quelles qualités un(e) logisticien(-ne) devrait-il/elle avoir?

Profil d'expatrié

PREMIÈRE PARTIE

Alexis Moens, coordinateur logistique°, République démocratique du Congo (RDC)

logistique qui s'occupe du logement, des transports, de l'alimentation, etc.

Age: 35 ans

Fonction: coordinateur logistique mobile, basé en RDC

tailleur celui qui coupe   5

Formation: géologue / tailleur° de diamant

Projets: Angola (1996), Tibet (1996–97), Mozambique (1997), Sud-Soudan (1998–99), RDC–Katanga (1999–2000), Indonésie (2000–2001), Guinée (2001); missions pour le *pool d'urgence*°: Tchad (2001), Afghanistan (2001–2002), RDC–

pool... groupe de personnes prêtes à partir immédiatement   10

Kisangani (2002), Angola (2002), RDC (2002-à ce jour)

Ce qui ne me quitte jamais: ma musique, surtout les opéras classiques

Ce qui me manque le plus: ma famille

Ce que je préfère dans ce pays: la gentillesse de la population, qui ne connaît pas la rancune°

rancune ressentiment, rancœur   15

Mon plat préféré dans ce pays: l'antilope grillée, servie avec des champignons géants. Délicieux!

Mon dernier livre: *American Gods* de Neil Gaiman

qu'en... comme

Pourquoi as-tu décidé de travailler pour MSF? La conviction qu'en tant qu'°individu, on peut changer les choses, combinée à ma curiosité de rencontrer d'autres cul-   20 tures. Il y a 8 ou 9 ans, j'étais en Inde. Ma copine de l'époque, restée en Belgique, avait fait la connaissance d'un logisticien MSF. «Tout ce qu'il fait, tu peux le faire aussi», me disait-elle. Alors, j'ai décidé d'écourter° mon séjour en Inde. De retour en Belgique, j'ai rencontré un responsable au département des ressources humaines chez MSF. C'est comme ça que cela a commencé.

écourter rendre plus court

Comprenez-vous?

1. Décrivez Alexis. Quel métier a-t-il appris?
2. Dans quelles régions du monde a-t-il travaillé?
3. Qu'est-ce qui lui plaît en RDC?
4. Quelles sont les raisons principales pour lesquelles il a choisi de travailler pour MSF?

DEUXIÈME PARTIE

25 **Comment se passent tes journées? Que fais-tu?** Mon rôle consiste à donner un support maximal aux équipes logistiques sur le terrain°, les accompagner, de manière à ce que le staff national qui les compose puisse développer des compétences et travailler de manière autonome. Concrètement, je donne un soutien à 14 équipes logistiques disséminées dans 14 zones différentes sur le territoire de la RDC. Je suis un peu l'inter-
30 médiaire entre les équipes de terrain et l'équipe de coordination, dont je fais partie, de MSF–Belgique en RDC.

    Cette fonction m'amène à voyager dans tout le pays, où les difficultés logistiques sont énormes. Outre les° connaissances techniques, il faut une bonne capacité d'analyse des problèmes et d'écoute. Mon expérience de terrain m'aide à bien com-
35 prendre les problèmes que les équipes rencontrent, et à en faire part° correctement à l'équipe de coordination.

    Ce travail t'apporte-t-il des satisfactions? Ce qui est super, c'est de constater la motivation des populations dans les villages où nous travaillons. La participation des communautés locales prend la forme d'un véritable partenariat. Ainsi, certains centres
40 de santé sont pris en charge par les populations, qui sont fières de «leur» centre. Ces populations font un effort comparable à celui de nos équipes pour prendre en charge leur santé. C'est là où la dimension «relationnelle» joue tout son rôle.

    Des projets d'avenir: Peut-être fonder une famille. Qui sait?

    Quel est ton souvenir le plus fort chez MSF? C'était en 1996, lors de° ma pre-
45 mière mission, en Angola. J'avais fait la connaissance de Philippo, un jeune garçon âgé de 14 ans, qui m'apprenait le portugais. Il était frappé par la polio qui paralysait ses jambes et l'obligeait à se déplacer à l'aide de ses coudes° et genoux.

    Un jour, l'UNICEF a fait parvenir une bicyclette spécialement conçue pour les victimes de la polio. Ensemble, nous avons déballé et assemblé le vélo. Il fallait voir son
50 large sourire, la première fois qu'il est monté sur ce vélo. Après quelques dizaines de minutes d'apprentissage, il circulait déjà dans tout le village, se déplaçant enfin à la même hauteur que les enfants de son âge. Ah, son sourire. Incroyable!

Source: www.msf.be

sur... in the field

Outre... En plus des

faire... communiquer

lors... pendant

coudes *elbows*

Comprenez-vous?

1. Pourquoi Alexis voyage-t-il tant?
2. Selon Alexis, quelles qualités et quelle expérience sont importantes pour réussir dans son travail?
3. Expliquez le sens de l'expression «partenariat» (ligne 39). Pourquoi ce sentiment est-il si important?
4. Comment la bicyclette de l'UNICEF a-t-elle transformé la vie du garçon angolais? Quel rôle Alexis a-t-il joué dans cet événement?

■ Cherchez la forme

1. Dans la réponse à la question **Comment se passent tes journées? Que fais-tu?** (lignes 25–36) cherchez tous les pronoms compléments d'objet direct et indirect et les pronoms relatifs. Identifiez leur fonction et leur antécédent.

   Attention: **de manière à ce que** dans la première phrase est une conjonction de subordination (comme **pour que** ou **jusqu'à ce que**) qui est suivie du subjonctif **puisse**.

2. Dans la réponse à la question **Ce travail t'apporte-t-il des satisfactions?** (lignes 37–42), trouvez toutes les expressions qui soulignent l'idée de partenariat.

3. Dans la réponse à la dernière question, expliquez l'usage des temps du passé dans les deux paragraphes. Quelle expression indique un changement de temps?

■ Allez plus loin

Selon vous, pour quelles raisons une personne voudrait-elle partir avec Médecins sans frontières?[2]

Activités d'expansion

A **Des entretiens d'embauche.** Avec un(e) partenaire, choisissez une des situations suivantes et jouez la scène de l'entretien d'embauche. Un(e) étudiant(e) est le (la) candidat(e) et l'autre fait passer l'entretien.

1. un poste à l'UE
2. un poste à l'ONU à Genève
3. un poste avec Médecins sans frontières
4. un poste avec le *Peace Corps*

B **Je veux partir.** On vous a offert un poste (de la liste suivante). Maintenant vous devez expliquer aux personnes indiquées que vous allez partir et pourquoi, mais ces personnes n'acceptent pas facilement votre décision. En groupe de deux ou trois, selon le cas, jouez les rôles.

1. à vos parents: six mois en Afghanistan avec Médecins sans frontières
2. à votre copain (copine): deux ans à Bruxelles avec l'UE
3. à vos amis: un an à Genève avec la Croix-Rouge
4. à vos grands-parents: six mois au Guatemala avec *Habitat for Humanity*
5. à votre employeur: deux ans au Togo avec le *Peace Corps*

C **Un monde sans frontières.** Quels sont les avantages et les inconvénients d'un monde sans frontières? En groupe de deux ou trois étudiants, préparez un argument pour ou contre. Que pensent la majorité des étudiants?

---

[2] La durée de mission minimum est de six mois.

Les Cajuns

Pour obtenir des exercices et activités supplémentaires sur le contenu de ce chapitre, rendez-vous sur le site http://slv.heinle.com.

Que font ces personnes? Selon vous, quelle est leur nationalité? Reconnaissez-vous leurs instruments? A votre avis, quelle sorte de musique joue ce groupe?

Disco et fais-do-do

Avant de lire et d'écouter

Dans quelles régions de l'Amérique essaie-t-on de conserver l'héritage français? Quels aspects de cet héritage veut-on garder?

Que veut dire *cajun* et qui sont les Cajuns?

Le mot **cajun** est une altération du mot anglais *acadian*. C'est en 1755 que les autorités britanniques entreprennent la déportation des Acadiens (habitants de langue française de la Nouvelle-Ecosse et du Nouveau-Brunswick au Canada). Durant les huit années suivantes, plus de 10 000 Acadiens ont été déportés en France, sur l'Ile-du-Prince-Edward, sur la côte est des Etats-Unis et aussi vers la Louisiane où il y avait des Français (qui s'appelaient «créoles») depuis 1604.

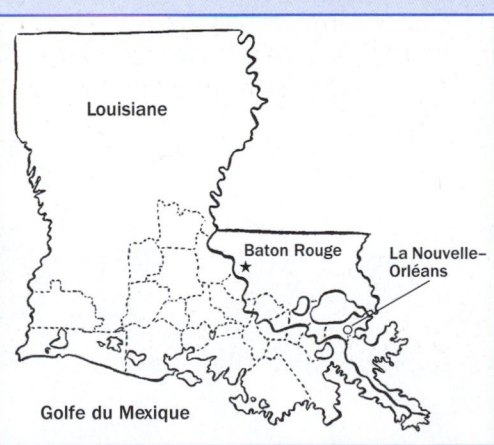

Plus tard, en 1968, la Louisiane s'est déclarée officiellement bilingue et s'est dotée d'un° ensemble de lois destinées à promouvoir le français comme seconde langue de tout l'état. De nos jours, les Cajuns font des efforts pour conserver leur héritage français à travers la langue, la cuisine et la musique.

La musique cajun est un mélange de traditions variées. A la base il y a surtout l'influence de la France (la Normandie, la Bretagne, le Poitou et la Picardie), du Québec et du Nouveau-Brunswick (influences anglaises, écossaises et irlandaises). Les Noirs et les Espagnols des Antilles ont apporté leur propre accent et ont créé la variation qui s'appelle le zydeco. Les instruments typiques de la musique cajun sont l'harmonica, le violon, la guitare, l'accordéon, le triangle, les cuillères et quelquefois «le frottoir°».

Voici les paroles d'une chanson cajun, écrite et chantée par Bruce Daigrepont, un musicien de La Nouvelle-Orléans. Cette chanson exprime la nostalgie que ressent le chanteur pour son «pays». En lisant, essayez d'imaginer la musique qui accompagne les paroles.

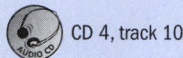 CD 4, track 10

A peu près cinq ans passés, je pouvais pas espérer°
Pour quitter la belle Louisiane;
Quitter ma famille, quitter mon village,
Sortir de la belle Louisiane.
5 J'aimais pas l'accordéon, j'aimais pas le violon.
Je voulais pas parler le français.
A cette heure, je suis ici dans la Californie.
J'ai changé mon idée.
Je dis: Hé yaie yaie. Je manque la langue Cadjin.
10 C'est juste en anglais parmi les Américains.
J'ai manqué Mardi Gras. Je mange pas du gombo.
Et je va au disco, mais je manque le fais do-do°.
J'avais l'habitude de changer la station
Quand j'entendais les chansons Cadjins.
15 Moi, je voulais entendre la même musique
Pareil comme les Américains.
A cette heure, je m'ennuie de les vieux Cadjins.
C'est souvent je joue leurs disques.
Et moi, je donnerais à peu près deux cents piastres
20 Pour une livre° des écrevisses.
Je dis: Hé yaie yaie. Je manque la langue Cadjin.
C'est juste en anglais parmi les Américains.
J'ai manqué Mardi Gras. Je mange pas du gombo.
Et je va au disco, mais je manque le fais do-do.
25 (bis)

Bruce Daigrepont, «Stir up the Roux», 1987, Rounder Record Corporation (1 Camp Street, Cambridge, MA 02140).

Comprenez-vous?

1. Depuis combien de temps le chanteur n'habite-t-il plus en Louisiane?
2. Pourquoi a-t-il quitté son «pays»?
3. Qu'est-ce qui lui manque?
4. Quelle sorte de musique aimait-il écouter quand il était encore en Louisiane?
5. Quelle sorte de musique aime-t-il écouter en Californie?
6. Pour quel plat payerait-il $200?
7. Dans la chanson, qu'est-ce qui montre qu'il ne se sent pas tout à fait «américain»?

Questions de langue

Vous avez certainement remarqué que le français de cette chanson ne ressemble pas tout à fait au français standard. Réécrivez les phrases ou propositions suivantes comme si vous étiez professeur de français.

1. A peu près cinq ans passés…
2. Je manque la langue Cadjin.
3. Je mange pas du gombo.
4. Je va au disco…
5. Pour une livre des écrevisses…
6. … dans la Californie

Et la musique?

Selon vous, comment est la musique de cette chanson? Maintenant, écoutez-la. Comment réagissez-vous à cette musique?

Drapeau cajun

Chapitre 1

Structures

TOPICS

I **Verb review:** *payer, s'ennuyer*

II **Present indicative**

III **Infinitives**

IV **Imperatives**

V *Faire causatif*

I Verb review

A. Payer and other verbs that end in **-ayer** can be conjugated two ways: they can retain the **y** throughout, or the **y** can change to **i** before the unpronounced verb endings **-e, -es, -ent** and before all forms of the future and conditional.

Present		Subjunctive	
je paye (pai**e**)	nous payons	je paye (pai**e**)	nous payions
tu payes (pai**es**)	vous payez	tu payes (pai**es**)	vous payiez
il/elle/on paye (pai**e**)	ils/elles payent (pai**ent**)	il/elle/on paye (pai**e**)	ils/elles payent (pai**ent**)

Future		Conditional	
je payerai (pai**erai**)	nous payerons (pai**erons**)	je payerais (pai**erais**)	nous payerions (pai**erions**)
tu payeras (pai**eras**)	vous payerez (pai**erez**)	tu payerais (pai**erais**)	vous payeriez (pai**eriez**)
il/elle/on payera (pai**era**)	ils/elles payeront (pai**eront**)	il/elle/on payerait (pai**erait**)	ils/elles payeraient (pai**eraient**)

B. S'ennuyer and other verbs that end in **-uyer** always change the **y** to **i** before the unpronounced verb endings **-e, -es, -ent** and before all forms of the future and conditional.

Present		Subjunctive	
je m'ennu**ie**	nous nous ennuyons	je m'ennu**ie**	nous nous ennuyions
tu t'ennu**ies**	vous vous ennuyez	tu t'ennu**ies**	vous vous ennuyiez
il/elle s'ennu**ie**	ils/elles s'ennu**ient**	il/elle s'ennu**ie**	ils/elles s'ennu**ient**

✓ **SELF-CHECK** **Cahier d'exercices écrits et de laboratoire,** Exercise I, A, p. 7.

II Present indicative

A Usage

The *present tense* of the indicative is used to:

- tell about what is happening now

  Maintenant, vous **étudiez** le français.
  Le professeur **explique** la grammaire.
  Chaque étudiant **prend** son livre et **lit.**

- make generalizations or speak about habitual actions

  Ces étudiants **sont** tous intelligents.
  Les élèves **aiment** les vacances.
  Ils **ont** toujours beaucoup de devoirs.

- indicate what is going to happen in the near future

  Ce soir, nous **allons** à une fête chez le professeur.
  Demain, il y **a** un contrôle de vocabulaire.
  J'**obtiens** mon diplôme à la fin de l'année.

- indicate what is going to happen in the near future using **aller** + *infinitive*

  Elle **va étudier** en France l'année prochaine.
  Nous **allons rendre** nos devoirs à la fin de l'heure.
  Les professeurs **vont demander** de meilleures conditions de travail.

- indicate what has just happened using **venir de** + *infinitive*

  Ses parents **viennent de recevoir** son relevé de notes.
  Ce nul **vient de se réveiller** d'une petite sieste.
  Vous **venez de voir** votre prof de chimie dans la rue.

- indicate that an action which started in the past is continuing into the present, when used with the preposition **depuis.**

  Depuis cinq ans, je **rêve** de parler russe sans accent.
  Ce jeune Français **fait** ses études en Californie **depuis** six mois.
  Je **travaille** sur ma thèse **depuis** deux ans.

B Formation

General observations: While reviewing, it is important to pay attention to the present indicative forms for the 1st and 3rd person plural forms (**nous, ils**) and to the spelling of the infinitive, because other tenses use these forms as their base.

1. The three major groups of regular verbs

a. Verbs with infinitive ending in **-er:**

  aimer, assister, discuter, étudier, passer, etc.

To conjugate these verbs, drop the **-er** of the infinitive and add **-e, -es, -e, -ons, -ez, -ent.**

j'étudi**e**	nous étudi**ons**
tu étudi**es**	vous étudi**ez**
il/elle/on étudi**e**	ils/elles étudi**ent**

A large group of **-er** verbs undergo spelling changes for pronunciation consistency.

- Verbs whose stem ends in **-g (partager)** add an **e** before the **-ons** ending in the **nous** form: **partageons.**
- Verbs whose stem ends in **-c (commencer)** change the **c** to **ç** in the **nous** form: **commençons.**

Some verbs have two different stems, one for the **je, tu, il** and **ils** forms and another for the **nous** and **vous** forms.

- Verbs like **appeler** and **jeter** double the **l** or the **t** in the stem for all but the **nous** and **vous** forms.

j'appelle	nous appelons
tu appelles	vous appelez
il/elle/on appelle	ils/elles appellent

- Verbs like **acheter** and **modeler** change the **e** to **è** in the stem for all but the **nous** and **vous** forms.

j'achète	nous achetons
tu achètes	vous achetez
il/elle/on achète	ils/elles achètent

- Verbs like **préférer** and **sécher** change the **é** to **è** in the stem for all but the **nous** and **vous** forms.

je préfère	nous préférons
tu préfères	vous préférez
il/elle/on préfère	ils/elles préfèrent

b. Regular verbs with infinitives ending in **-ir:**

  agir, choisir, finir, réussir, etc.

These verbs are conjugated by dropping the **-r** from the infinitive and adding **-s, -s, -t, -ssons, -ssez, -ssent.**

je réussi**s**	nous réussi**ssons**
tu réussi**s**	vous réussi**ssez**
il/elle/on réussi**t**	ils/elles réussi**ssent**

The verbs **dormir, partir, sentir,** and **sortir** have some irregularities in their formation. To find the stem for their singular forms, *drop the last three letters of the infinitive* and add the regular ending for **-ir** verbs (**-s, -s, -t**). For the plural forms, drop only the ending **-ir** from the infinitive and add **-ons, -ez, -ent.**

je dor**s**	nous dorm**ons**
tu dor**s**	vous dorm**ez**
il/elle/on dor**t**	ils/elles dorm**ent**

The verbs **couvrir, offrir, ouvrir,** and **souffrir** are conjugated like **-er** verbs.

j'offr**e**	nous offr**ons**
tu offr**es**	vous offr**ez**
il/elle/on offr**e**	ils/elles offr**ent**

See Appendix C for more examples of irregular verb conjugations.

c. Regular verbs with infinitives ending in **-re:**

> **entendre, rendre, répondre,** etc.

To conjugate, drop the **-re** and add **-s, -s, –, -ons, -ez, -ent.**

je rend**s**	nous rend**ons**
tu rend**s**	vous rend**ez**
il/elle/on rend	ils/elles rend**ent**

2. Pronominal verbs

Pronominal or reflexive verbs are conjugated like nonreflexive verbs, but are accompanied by reflexive pronouns **(me, te, se, nous, vous, se),** which refer back to the subject.

> **Je m'inscris** dans ce cours.
> **Le professeur se fâche** facilement.

There are four categories of pronominal verbs.

a. Pronominal verbs that express the idea that the *subject* and the *object* are doing something to each other are called *reciprocal verbs.*

> Les étudiants **se** parlent.
> *The students are talking to **each other.***

> Nous **nous** aidons dans ce cours.
> *We help **each other** in this course.*

Many verbs that take direct or indirect objects can be turned into reciprocal verbs by adding a reflexive pronoun.

> Je vois mon prof dans la rue. → Nous **nous** voyons dans la rue.
> Il téléphone à son copain. → Ils **se** téléphonent.

b. Pronominal verbs that express the idea that the subject is doing something to himself or herself are called *reflexive verbs.*

> Les enfants **se** calment.
> *The children calm (**themselves**) down.*

> L'étudiant **se** réveille.
> *The student wakes (**himself**) up.*

c. Some verbs are used only reflexively, and with these the reflexive pronoun is often untranslatable.

> Ils **se souviennent** bien de leur premier professeur de français.
> *They **remember** well their first French professor.*

> Nous **ne nous moquons pas** de ceux qui ratent l'examen.
> *We **don't make fun of** those who fail the exam.*

d. A reflexive construction is frequently used in French to avoid having a passive construction.

> Comment est-ce que cela **se fait**?
> *How **is that done**?*

III Infinitives

A Usage

Infinitives are used in a variety of ways.

- When one verb follows another, with no conjunction (like **que**) between them, the first verb is conjugated and the second verb remains an infinitive.

> Je **veux suivre** ce cours.
> Il **espère réussir** à cet examen.
> Nous **n'aimons pas faire** les devoirs.

NOTE: Pay attention to the difference between the construction above (a conjugated verb + an infinitive) and the construction of the **passé composé** (a conjugated auxiliary verb + a past participle).

> Il **a séché** son cours de maths hier.
> Elle **est arrivée** en retard à l'examen.

- When pronominal (reflexive) verbs are used as infinitives following a conjugated verb, the reflexive pronoun agrees with the subject of the main verb.

> **Nous** espérons **nous** inscrire sans problèmes.
> *We hope to register without problems.*

> Est-ce que **tu** peux **te** débrouiller en français?
> *Can **you** get along in French?*

- A verb appears in its infinitive form following a preposition (except **en;** see Appendix B).

> Il travaille dur **afin d'avoir** de bonnes notes à la fin de l'année.
> *He's working hard **in order to have** good grades at the end of the year.*

> On n'obtient pas un diplôme **sans avoir** assez d'U.E.
> *One doesn't graduate **without having** enough credits.*

- After the preposition **après,** the past infinitive must be used. (For formation of the past infinitive, see the following section B).

> **Après avoir fini** ses études, elle est retournée chez ses parents.
> ***After having finished** her studies, she went back to her parents' (house).*

- An infinitive can be the subject of a sentence.

> **Bachoter** la veille d'un examen n'est pas toujours une bonne idée.
> ***Cramming** the night before an exam is not always a good idea.*

Formation

There are two tenses for the infinitive: the present and the past. The past infinitive is formed with the infinitive **avoir** or **être** + *the past participle of the main verb.*

Present Infinitive	Past Infinitive
étudier	avoir étudié
rendre	avoir rendu
rentrer	être rentré(e)(s)
s'inscrire	s'être inscrit(e)(s)

> **Après avoir étudié** tout l'après-midi, il est sorti avec ses copains.
> *After having studied all afternoon, he went out with his friends.*

NOTE: The agreement rules that apply to the **passé composé** also apply to the past infinitive. In verbs conjugated with the auxiliary **être,** the past participle agrees with the subject of the sentence.

> **Après être rentrée** de vacances, *elle* a recommencé à travailler sur sa thèse.
> *After having returned from vacation, she started working again on her dissertation.*

To negate an infinitive, both **ne** and **pas** (or other negative form) are placed in front of the infinitive.

> Je bachote toute la nuit pour **ne pas échouer** à l'examen.
> *I am cramming all night so **I won't fail** the exam.*

> **Ne pas redoubler** une année est préférable.
> ***Not repeating** a year is preferable.*

 **SELF-CHECK Cahier d'exercices écrits et de laboratoire,** Exercises II–III, B–G, pp. 7–9.

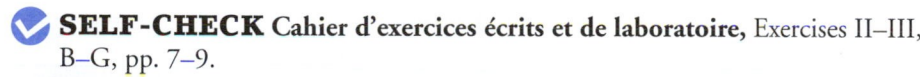 Imperatives

Usage

The imperative forms are used to give *commands, orders,* or even to extend *invitations.*

> **Choisis** les cours qui t'intéressent.
> **Rendez** vos devoirs à la fin du cours.
> **Etudions** à la bibliothèque ce soir.

You can soften the command by using **s'il te plaît** (with familiar commands) or **s'il vous plaît** (with formal or plural commands).

> **Explique-**moi les devoirs, s'il te plaît.
> **Répétez** la question, s'il vous plaît.

If you wish to be less direct or abrupt in expressing a command, you can phrase your request as a question.

> Tu peux m'expliquer les devoirs?
> Pourriez-vous répéter la question?

B Formation

There are three different imperative forms you can use, depending on whom you are addressing.

1. The second person singular form, based on the **tu** form of the present: for commands given to someone you know well.

> **Réponds!**
> **Finis** tes études!
> **Fais** tes devoirs!

a. -er verbs (and those verbs conjugated like **-er** verbs) drop the **-s** of the **tu** form:

> Ne **parle** pas!
> **Ecoute** bien!

NOTE: When the second person singular (**tu** form) is followed immediately by **y** or **en,** the ending **-s** is retained to make it easy to pronounce.

> **Vas-y!**
> **Manges-en!**

b. Pronominal verbs keep the reflexive pronoun. **Te** changes to **toi** when it follows the affirmative imperative.

> **Débrouille-toi!** (se débrouiller)
> **Rappelle-toi** qu'il y a une interro demain! (se rappeler)

2. The first person plural form, based on the **nous** form of the present: for commands in which the speaker is including himself or herself.

> **Assistons** à cette conférence!
> **Remercions** le prof!

3. The second person plural form, based on the **vous** form of the present: for commands to more than one person or to someone you do not know well.

> **Ecoutez!**
> **Taisez-vous!** (se taire)

Three verbs frequently used in the imperative are irregular: their forms are based on the subjunctive.

avoir:	Aie! Ayons! Ayez!	**Ayez** confiance!
être:	Sois! Soyons! Soyez!	**Soyons** attentifs!
savoir:	Sache! Sachons! Sachez!	**Sache** que le prof est fâché!

When the imperative is negative, the **ne** precedes the verb, and the **pas** (or other negative form) follows. If there is a reflexive pronoun it will appear after the **ne,** in front of the verb.

> Ne **vous disputez** pas!
> Ne **sèche** pas ce cours!
> N'**oublions** pas la date de l'examen!

 SELF-CHECK Cahier d'exercices écrits et de laboratoire, Exercises IV, L–M, pp. 12–13.

V Faire causatif

To indicate that the subject is having something done (and not doing it himself or herself) use the verb **faire** plus an infinitive.

> Quand je m'endors en classe, le prof me **fait écrire** des phrases au tableau.
> *When I fall asleep in class, the professor **makes** me **write** sentences on the board.*

> Mes parents me **font finir** mes devoirs avant de me permettre de regarder la télé.
> *My parents **make** me **finish** my homework before letting me watch TV.*

> Ce prof est très exigeant. Il nous **fait** beaucoup **travailler.**
> *This professor is very demanding. He **makes** us **work** a lot.*

NOTE: The pronouns that accompany the infinitives in the three preceding examples are direct object pronouns. The infinitive in the **faire causatif** construction can also take a direct object, an indirect object, an indirect object pronoun, or **y.**

> Elle **a fait envoyer** son dossier à l'université.
> *She **had** her record **sent** to the university.*

> Elle l'**y a fait envoyer.**
> *She **had** it **sent** there.*

> Elle **a fait envoyer** son dossier (dir. obj.) à M. Dupont (ind. obj.).
> *She **had** her record **sent** to Mr. Dupont.*

> Elle le lui **a fait envoyer.**
> *She **had** it **sent** to him.*

SELF-CHECK Cahier d'exercices écrits et de laboratoire, Exercise V, O, pp. 13–14.

Structures

TOPICS

 # Verb review

A. Décrire (**écrire, inscrire,** etc.) is irregular in the present indicative tense and past participle.

je décris	nous décrivons
tu décris	vous décrivez
il/elle/on décrit	ils/elles décrivent
Past participle: décrit	

Formation of other tenses and modes is standard.

Imperfect stem:	(Stem of present indicative **nous** form)	décriv-
Future/Conditional stem:	(Drop the final **e** of the infinitive)	décrir-
Subjunctive stem:	(Stem of present indicative **ils/elles** form)	décriv-

B. S'asseoir is unusual in that it has two stems for the conjugation of the present indicative, the present subjunctive, the imperfect, the future, and the conditional. The one below is the most commonly used.

Present		Future	
je m'assieds	nous nous asseyons	je m'assiérai	nous nous assiérons
tu t'assieds	vous vous asseyez	tu t'assiéras	vous vous assiérez
il/elle/on s'assied	ils/elles s'asseyent	il/elle/on s'assiéra	ils/elles s'assiéront

Imperfect stem:	nous nous assey-
Conditional stem:	je m'assiér-
Subjunctive stem:	ils/elles s'assey-
Past participle:	assis

NOTE: Do not confuse:

Je m'assieds.	*I sit.*
Je me suis assis(e).	*I sat.*
Je suis assis(e).	*I am seated/sitting down.*

 SELF-CHECK **Cahier d'exercices écrits et de laboratoire,** Exercise I, A, p. 21.

 II Descriptive adjectives

Adjectives are used to modify (qualify or describe) nouns or pronouns.

 **A** **Formation**

In French, adjectives agree in gender (masculine / feminine) and in number (singular / plural) with the nouns or pronouns they modify. For example:

Elle a les **cheveux longs** et **ondulés.**

General rules for formation of descriptive adjectives:

The majority of adjectives follow a standard pattern of formation:

Masculine singular form + **s** = *masculine plural form*
impoli   impoli**s**

Masculine singular form + **e** = *feminine singular form*
impoli   impoli**e**

Masculine singular form + **es** = *feminine plural form*
impoli   impoli**es**

NOTE: If the masculine singular form already ends in -**e,** the feminine singular form is the same.

un jeune homme **mince**   une jeune femme **mince**

If the masculine singular form already ends in -**s,** the masculine plural form is the same.

un jeune homme **français**   des jeunes hommes **français**

Masculine Singular	Feminine Singular	Masculine Plural	Feminine Plural
→ *ends in a consonant or a vowel other than* -**e** content	+ **e** content**e**	+ **s** content**s**	+ **es** content**es**
→ *ends in* -**e** mince	*no additional ending* mince	+ **s** mince**s**	+ **s** mince**s**
→ *ends in* -**s** français	+ **e** français**e**	*no additional ending* français	+ **es** français**es**

1. Variation of feminine forms

There are many adjectives that do not follow the regular pattern for the formation of the feminine in the preceding chart. These are difficult to group, as there are many variations, but some of the broader categories are explained below.

a. Adjectives that end in **-er** and **-f** form the feminine using this pattern:

Endings		Examples	
Masculine	**Feminine**	**Masculine**	**Feminine**
-er	-ère	premier	premièr**e**
-f	-ve	actif	acti**ve**

b. Adjectives that end in **-x** form the feminine several different ways. Since there is no pattern, the masculine and feminine forms should be learned together.

Frequently used adjectives of this type:

Masculine	Feminine
heur**eux**	heur**euse**
f**aux**	f**ausse**
d**oux**	d**ouce**
r**oux**	r**ousse**
vi**eux**	vi**eille**

c. Adjectives that end in **-eur** have several different feminine endings.

- Most adjectives with the masculine singular ending **-eur** change to the feminine singular ending **-euse.**

Examples

flatt**eur**	flatt**euse**
moqu**eur**	moqu**euse**
travaill**eur**	travaill**euse**
tromp**eur**	tromp**euse**

However, some frequently used exceptions to this pattern are:

extéri**eur** / intéri**eur**	extéri**eure** / intéri**eure**
supéri**eur** / inféri**eur**	supéri**eure** / inféri**eure**
maj**eur** / min**eur**	maj**eure** / min**eure**
meill**eur**	meill**eure**

- Some adjectives with the masculine singular ending **-teur** change to the feminine singular ending **-trice.** These cases have to be learned.

Examples

créa**teur**	créa**trice**
conserva**teur**	conserva**trice**

However, there are exceptions to this pattern, including:

men**teur**	men**teuse**

d. Many adjectives that have a masculine singular form ending in a *vowel* + a *consonant* form the feminine by doubling the consonant before adding an **e.**

Examples

bo**n**	bo**nne**
genti**l**	genti**lle**
gra**s**	gra**sse**
gro**s**	gro**sse**
italie**n**	italie**nne**
nature**l**	nature**lle**
ne**t**	ne**tte**
parei**l**	parei**lle**

However, some adjectives that have a masculine singular form ending in **-et** add an accent instead of doubling the consonant.

Examples

compl**et**	compl**ète**
discr**et**	discr**ète**
inqui**et**	inqui**ète**
secr**et**	secr**ète**

e. Finally, there are some frequently used descriptive adjectives that do not follow a regular pattern for formation of the feminine.

blan**c**	blan**che**
favor**i**	favor**ite**
lon**g**	lon**gue**
publi**c**	publi**que**
se**c**	s**èche**

2. Variation of plural forms

The majority of descriptive adjectives, including all of the irregular forms explained above, form the plural by adding **-s** to both the masculine and feminine singular forms. However, there are a few exceptions to this pattern.

a. Adjectives that have the masculine singular ending **-al** form the masculine plural ending two different ways, while the feminine singular has only one pattern for plural formation.

Masculine singular	Feminine singular	Masculine plural	Feminine plural
norm**al**	norm**ale**	norm**aux**	norm**ales**
fin**al**	fin**ale**	fin**als**	fin**ales**

NOTE: The pattern of **final** is only used for a few additional adjectives: **fatal, glacial, natal, naval.**

b. There are five adjectives in French that use alternate masculine singular forms when they precede nouns that begin with a vowel or a mute **h.** The feminine forms of these adjectives are derived from the alternate masculine singular forms.

Masculine singular	Feminine singular	Masculine plural	Feminine plural
beau (bel)	belle	beaux	belles
fou (fol)	folle	fous	folles
mou (mol)	molle	mous	molles
nouveau (nouvel)	nouvelle	nouveaux	nouvelles
vieux (vieil)	vieille	vieux	vieilles

4. Invariable adjective forms

Some descriptive adjectives are invariable. This means that the same form of the word is used to modify all nouns, whether they are masculine, feminine, singular, or plural.

a. Some frequently used adjectives of color that are actually formed from nouns fall into this category: **bordeaux, cerise, marron, orange.**

b. Other frequently used adjectives that are invariable are: **bon marché, chic, snob.**

B **Position**

Descriptive adjectives *generally follow* the nouns they modify.

> C'est un garçon **heureux.**
> Il porte un pantalon **gris.**

There are, however, some adjectives that normally precede the nouns they modify, and others that change meaning depending on whether they precede or follow the noun.

1. Adjectives that normally precede the noun include: **autre, beau, bon, gentil, jeune, joli, mauvais, nouveau, petit, vieux.**

> Je porte souvent cette **vieille** jupe.
> Sa sœur est une très **jolie** femme.

2. Some frequently used adjectives that change meaning depending on whether they precede or follow the noun are:

ancien	mon **ancienne** maison	*my **former** house*
	une maison **ancienne**	*an **old** house*
cher	mon **cher** ami	*my **dear** friend*
	un blouson **cher**	*an **expensive** jacket*
dernier	le **dernier** train	*the **last** train (in a series)*
	la semaine **dernière**	***last** week (= preceding)*

grand	un **grand** homme	a **great** man
	un homme **grand**[1]	a **tall** man
même	le **même** jour	the **same** day
	le jour **même**	the **very** day
pauvre	le **pauvre** homme	the **poor** man (= deserving to be pitied)
	l'homme **pauvre**	the **poor** man (= not rich)
propre	sa **propre** chambre	her **own** room
	des draps **propres**	**clean** sheets

✔ **SELF-CHECK Cahier d'exercices écrits et de laboratoire,** Exercises II, B and C, pp. 21–23.

Ⅲ Comparative and superlative of adjectives

- When comparing people or things, you will want to say that one is *equal to, superior to,* or *inferior to* the other, just as in English.

Equality	Superiority	Inferiority
aussi + adjective + **que**	**plus** + adjective + **que**	**moins** + adjective + **que**

Ton tee-shirt est **aussi** sale **que** ton jean!
*Your T-shirt is **as** dirty **as** your jeans!*

Mon père est **plus** conservateur **que** ma mère.
*My father is **more** conservative **than** my mother.*

Je suis **moins** chic **que** ma sœur.
*I'm **less** chic **than** my sister.*

NOTE: The adjective **bon (bonne)** becomes **meilleur(e)** in comparisons of superiority.

Est-ce que son deuxième CD est **meilleur que** le premier?
*Is his second CD **better than** the first one?*

- To describe someone or something as being better or worse than all others, use a superlative construction.

Most	Least
le/la/les plus + adjective (+ **de**)	**le/la/les moins** + adjective (+ **de**)

Michel est **le plus** sympathique (**des** enfants).
*Michel is **the nicest** (**of** the children).*

Sophie est **la moins** paresseuse (**des** filles).
*Sophie is the **least lazy** (**of** the girls).*

---

[1] Normally one would say: **Cet homme est grand** or **Il est grand.**

NOTE: The adjective **bon (bonne)** becomes **le/la/les meilleur(e)(s)** in superlative statements.

> C'est **la meilleure** description du style «punk».
> *It's the **best description** of the "punk" style.*

 SELF-CHECK **Cahier d'exercices écrits et de laboratoire,** Exercises III, F and G, pp. 24–25.

Ⅳ *Tout*

The word **tout** can function in several different ways.

A The adjective *tout*

As an adjective, **tout** has four forms:

Masculine singular	Feminine singular	Masculine plural	Feminine plural
tout	toute	tous[2]	toutes

The adjective **tout** means *the entire, the whole, all, every.*

> **Toute** la famille est désagréable.
> *The **whole** family is unpleasant.*

> Elle se lave les cheveux **tous** les jours.
> *She washes her hair **every** day.*

B The pronoun *tout*

The pronoun **tout** has three forms. There is only one singular form, which means *everything*. There are two plural forms, but they both mean *everyone*.

Masculine singular	Feminine singular	Masculine plural	Feminine plural
tout	—	tous[3]	toutes

> **Tout** est moche dans cette boutique.
> ***Everything** is tacky in this shop.*

> **Toutes** s'habillent de la même façon.
> ***Everyone** (= all the girls / women) dresses the same way.*

 SELF-CHECK **Cahier d'exercices écrits et de laboratoire,** Exercise IV, J, p. 26.

---

[2] The **-s** of **tous** is not pronounced when used as an adjective.

[3] The **-s** of **tous** is pronounced when used as a pronoun.

Ⓥ Interrogatives

There are two general kinds of questions, those that ask for an affirmative or negative response (**oui, si**[4], **non**), and those that ask for specific information.

Ⓐ Questions that require a simple affirmative or negative answer

There are four ways to ask this type of question:

1. *Est-ce que*

> **Est-ce que** tu aimes cette robe?
> *Do you like this dress?*

2. **Inversion** (of subject pronoun and verb)

> **Aimes-tu** cette robe?
> *Do you like this dress?*

a. If the verb is negative, **ne** precedes the verb as usual, and **pas** follows the verb-pronoun group.

> **N'aimes-tu pas** cette robe?
> *Do you not like this dress?*

b. If the verb is in a compound tense, the auxiliary verb and the subject pronoun are inverted.

> **As-tu** acheté cette robe?
> *Did you buy this dress?*

c. If the subject is a noun, the noun remains in its normal place in the sentence, and a corresponding pronoun is inverted with the verb.

> Monique aime cette robe. → Monique aime-t-**elle** cette robe?

Note that for ease of pronounciation, a **-t-** is inserted between two vowels that come together during inversion.

3. **Addition of** *n'est-ce pas*

> Tu aimes cette robe, **n'est-ce pas**?   Non.
> *You like this dress, **don't you**?*   *No.*

4. **Intonation**

The use of interrogative tone of voice (rising intonation) is the most informal way to ask a question, and also perhaps the most frequently used in conversation.

> Tu aimes cette robe?   Non.
> *You like this dress?*   *No.*

---

[4] affirmative answer to negative question

B Questions that ask for specific information

This type of question begins with an interrogative word. This interrogative word can be an adverb, an adjective or a pronoun.

1. Interrogative adverbs: *combien, comment, où, pourquoi, quand*

Following an interrogative adverb, use either **est-ce que** or *inversion* to form your question.

Combien *avez-vous payé* ce collier?
OR
Combien *est-ce que* vous avez payé ce collier? } *How much did you pay for this necklace?*

Quand *vous êtes-vous fait teindre* les cheveux?
OR
Quand *est-ce que* vous vous êtes fait teindre les cheveux? } *When did you have your hair dyed?*

With any interrogative adverb *except* **pourquoi,** when asking a question made up of only a verb in a simple tense (present, future, conditional, imperfect) and a noun subject, invert the verb and the subject.

Où est mon chapeau?   **Comment** va ta sœur?
Where *is my hat?*   ***How*** *is your sister (doing)?*

With **pourquoi,** however, the noun subject remains in its normal position, and the verb is inverted with the corresponding subject pronoun.

Pourquoi Françoise **porte-t-elle** un chapeau?
Why *is Françoise wearing a hat?*

2. Interrogative adjectives: *quel, quelle, quels, quelles*

The interrogative adjective **quel (quelle, quels, quelles)** is the equivalent of *which* or *what.* It can *only* be followed by a noun or by a conjugated form of the verb **être.**

Quel maillot préfères-tu?
Which *swimsuit do you prefer?*

Quelle est la différence entre un manteau et un blouson?
What *is the difference between a coat and a jacket?*

3. Interrogative pronouns

There are two types of interrogative pronouns: invariable (no change of form for gender or number) and variable (agrees in gender and number with the noun it modifies or replaces).

a. Invariable interrogative pronouns

Qui is always used to ask a question about a person. To ask a question about a thing, use **qu'est-ce qui** as a subject, **que / qu'est-ce que** as a *direct object,* and **quoi** as an *object of a preposition.*

	People	
Subject	**qui**	**Qui** aime MC Solaar? ***Who*** *likes MC Solaar?*
Direct object	**qui** (+ inversion)	**Qui** as-tu vu au concert? ***Who (Whom)*** *did you see at the concert?*
Object of preposition	**qui** (+ inversion)	Avec **qui** sors-tu ce soir? *With **whom** are you going out tonight?*

Things		
Subject	**qu'est-ce qui**	**Qu'est-ce qui** t'intéresse? ***What*** *interests you?*
Direct object	**que / qu'** (+ inversion) OR **qu'est-ce que**	**Que** fais-tu? ***What*** *are you doing?* **Qu'est-ce que** tu as acheté? ***What*** *did you buy?*
Object of preposition	**quoi** (+ inversion) OR **quoi est-ce que**	De **quoi** parles-tu? ***What*** *are you talking about?* Avec **quoi est-ce qu'**elle se teint les cheveux? ***What*** *is she dying her hair with?*

NOTE: To ask for a definition, use **qu'est-ce que c'est que** or **qu'est-ce que.**

> **Qu'est-ce que c'est que** la Fête de la Musique? (**Qu'est-ce que** la Fête de la Musique?)
> ***What is*** *the Fête de la Musique?*

b. Variable interrogative pronouns

The variable interrogative pronoun **lequel (laquelle, lesquels, lesquelles)** is always placed at the beginning of a question, and indicates a choice. This pronoun contracts with the prepositions **à** and **de** in the same way that the definite articles **le** and **les** do.

> **Lequel de** ces jeunes hommes joue de la guitare?
> ***Which*** *one of these young men plays the guitar?*

> Il y a deux concerts de rock ce soir. **Auquel** veux-tu aller?
> *There are two rock concerts tonight.* ***Which*** *one do you want to go to?*

 SELF-CHECK Cahier d'exercices écrits et de laboratoire, Exercises V, L and M, pp. 26–28.

VI *Il (Elle) est* vs. *C'est*

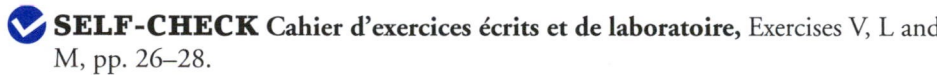

Il (Elle) est is *generally* followed by an *adjective.*

> **Il est** sympathique.
> *He **is** nice.*

> **Il est** triste d'être victime de la mode.
> *It **is** sad to be a victim of fashion.*

> **Il est** dommage qu'elle soit toujours au régime.
> *It **is** too bad that she's always on a diet.*

C'est is *generally* followed by a *noun.*

> **C'est** le copain de Vincent au téléphone.
> *It's Vincent's friend on the phone.*

C'est is also used to refer to a previously mentioned idea or situation.

> Tu n'as pas aimé le concert? **C'est** vraiment dommage!
> *You didn't like the concert? **That's** really too bad!*

 SELF-CHECK Cahier d'exercices écrits et de laboratoire, Exercise VI, P, pp. 28–29.

Chapitre 3

Structures

TOPICS

I Verb review

A. The verb **accueillir** *(to welcome, to greet)* is conjugated like an **-er** verb in the **present tense.**

j'accueille	nous accueillons
tu accueilles	vous accueillez
il/elle accueille	ils/elles accueillent
Imperfect: j'accueillais	
Past participle: accueilli	
Future: j'accueillerai	

B. Mort is the past participle of the verb **mourir** *(to die)*.

Il **est mor**t à Marseille.   He **died** in Marseille.

It can also be an adjective meaning *dead*. This creates some ambiguity in the following sentence:

Mes grands-parents **sont morts.**
*My grandparents **are dead.***   OR   *My grandparents **have died.***

Only the context will tell you which of these is meant.

✔ SELF-CHECK Cahier d'exercices écrits et de laboratoire, Exercise I, A, p. 34.

II Passé composé

The **passé composé** is a tense used in French to tell what happened in the past. It is often referred to as the tense for *narration* of past time.

The **passé composé** is made up of two parts:

the present indicative form of
the auxiliary verb (**avoir** or **être**)   +   the past participle of the main verb

> J'**ai commencé** à marcher dans la vieille ville.
> Je **suis allée** jusqu'à la maison de M. Herschel.

A The auxiliary

There are seventeen verbs that normally use the auxiliary **être** in their **passé composé** formation. These verbs are: **aller, arriver, entrer, descendre*, devenir, monter*, mourir, naître, partir, passer*, rentrer*, rester, retourner*, revenir, sortir*, tomber, venir.** Normally these verbs do not take direct objects.

* These six verbs can also be conjugated in the **passé composé** using the auxiliary **avoir.** This enables them to take a direct object.

> Je **suis sorti** de la maison.   Il **est descendu** du sixième étage.
> *I **went out** of the house.*   *He **went down** from the sixth floor.*
>
> *(direct object)* ↘   *(direct object)* ↘
>
> J'**ai sorti** mon **stylo** de mon sac.   Il **a descendu** l'escalier en courant.
> *I **took** my **pen out** of my bag.*   *He **ran down** the staircase.*

Reflexive verbs also use the auxiliary verb **être** in the **passé composé.**

> Ma mère a dit oui, et une nuit, elle **s'est échappée** et elle **s'est cachée.**
> *My mother said yes, and one night she **ran away** and she **hid.***

B The past participle

Regular verbs follow this pattern in the formation of their past participle.

> parl**er** → parl**é**   fin**ir** → fin**i**   vend**re** → vend**u**

To review the past participle forms of other verbs, see Appendix C.

Past participle agreement is determined by the auxiliary verb. The past participle of a verb conjugated with the auxiliary **être** agrees in gender and number with the *subject* of that verb.

> Une nuit, **ma mère** est parti**e** de chez elle.

The past participle of a verb conjugated with the auxiliary **avoir** agrees with the *preceding direct object.* To find the direct object, one uses the question **qui?** or **quoi?** after the main verb. If the direct object *follows* the verb, the past participle remains invariable (no agreement is made).

> Mon père a quitté **ma mère.**
> Mon père **l'**a quitté**e.** (**la** [**l'**] = direct object)
>
> J'ai vu **les Herschel** à Marseille.
> Je **les** ai vu**s** à Marseille. (**les** = direct object)

NOTE: For more details about object pronouns, see Chapter 4, *Structures,* pp. 172–174. To review past participle agreement in past infinitive constructions, see Chapter 1, *Structures,* pp. 146–147.

C Negation

In a negative sentence, it is the auxiliary verb, not the past participle, that is negated.

Mon père est allé travailler en France, mais il **n'**est **jamais** revenu.

✔️ **SELF-CHECK Cahier d'exercices écrits et de laboratoire,** Exercises II, B and C, pp. 34–35.

III Imperfect *(Imparfait)*

The *imperfect* tense is used to describe *conditions* that *were taking place* when another action occurred. It is also used to talk about habitual actions or occurrences. It is referred to as the tense for *describing the past.*

A Formation

The *imperfect* is formed as follows:

Stem of first person plural of the present indicative (the **nous** stem)	+	**-ais** **-ions** **-ais** **-iez** **-ait** **-aient**

Les gens **venaient** me voir. Il y **avait** des gens que je ne **connaissais** pas.

Stem: **-er**	je rest**ais**	nous rest**ions**
nous rest**ons**	tu rest**ais**	vous rest**iez**
	il/elle/on rest**ait**	ils/elles rest**aient**
Stem: **-ir**	je finiss**ais**	nous finiss**ions**
nous finiss**ons**	tu finiss**ais**	vous finiss**iez**
	il/elle/on finiss**ait**	ils/elles finiss**aient**
Stem: **-re**	j'entend**ais**	nous entend**ions**
nous entend**ons**	tu entend**ais**	vous entend**iez**
	il/elle/on entend**ait**	ils/elles entend**aient**

B Exception: *être*

Etre is the exception; the stem used is **ét-.**

Je lui disais qu'elle n'**était** rien du tout, qu'elle n'**était** pas ma mère, que c'**était** Amie qui **était** ma mère.

j'étais	nous étions
tu étais	vous étiez
il/elle/on était	ils/elles étaient

✔️ **SELF-CHECK Cahier d'exercices écrits et de laboratoire,** Exercises III, E and F, p. 36.

IV *Passé composé* vs. imperfect

When you are telling a story in the past, you should have no trouble deciding when to use the **passé composé** and when to use the *imperfect* if you keep in mind the following three questions:

1. What happened? What happened once? What happened next? Then what happened? (Use the **passé composé.**)
2. What were the conditions at the time? (Use the *imperfect*.)
3. Was the action expressed by the verb a habitual action? Did it occur repeatedly? (Use the *imperfect*.)

Study the following passages carefully:

> C'**était** le plein hiver, il **pleuvait,** la nuit **tombait** tôt. Quand je **suis partie,** Amie m'**a embrassée.** Je n'ai pas **pris** grand-chose, juste deux ou trois livres que j'**aimais,** ma pendulette *(travel clock)*, une brosse à dents, un peu de linge *(underwear)*. Je n'**avais** plus de jouets *(toys)* ni de poupées *(dolls)*. Ça n'**avait** pas d'importance. Je **partais** pour ne jamais revenir. Il **sont restés** sur le seuil *(doorstep)* de la maison, pour me regarder partir.

1. *What actions happened (once; next)?* **(passé composé)**
   a. je suis partie *(I left)*
   b. Amie m'a embrassée *(Amie kissed me)*
   c. Je n'ai pas pris grand-chose *(I didn't take much)*
   d. Ils sont restés sur le seuil *(They stayed on the doorstep)*

2. *What were the conditions at the time? (imperfect)*
   a. C'était le plein hiver *(It was the middle of winter)*
   b. il pleuvait *(it was raining)*
   c. la nuit tombait *(night was falling)*
   d. juste deux ou trois livres que j'aimais *(just two or three books that I liked)*
   e. je n'avais plus de jouets *(I no longer had any toys)*
   f. Ça n'avait pas d'importance *(That didn't matter)*
   g. Je partais pour ne jamais revenir *(I was leaving for good)*

> A Nightingale, quand le jour **se levait**, j'**étais** dehors avant tout le monde. Lassie **était** avec moi. Lassie, elle **est arrivée** chez nous un jour, sans qu'on sache d'où *(without anyone knowing from where)*. Au début, elle ne **se laissait** pas approcher, et quand on lui **donnait** à manger, elle **attendait** qu'on se soit éloignés *(everyone to move away)* pour venir jusqu'au plat *(dish)*. Elle **mangeait** avec les oreilles rabattues en arrière, sans cesser de nous observer. Et un jour, sans que je comprenne pourquoi, elle **est restée** quand je **me suis approchée** d'elle. Je l'**ai caressée** doucement, sur la tête, le long du nez. Elle **s'est laissé** faire. Je l'**ai embrassée.**

1. *What actions were habitual in this story? (imperfect)*
   a. quand le jour se levait *(when the sun came up (at daybreak)*
   b. j'étais dehors *(I would be outside)*
   c. Lassie était avec moi *(Lassie would be with me)*
   d. elle ne se laissait pas approcher *(she would not let anyone approach her)*
   e. quand on lui donnait à manger *(when someone gave her something to eat)*
   f. elle attendait *(she would wait)*
   g. Elle mangeait *(She would eat)*

2. *What actions happened (once; next)?* **(passé composé)**
   a. elle est arrivée *(she arrived)*
   b. elle est restée *(she stayed)*
   c. je me suis approchée d'elle *(I approached her)*
   d. Je l'ai caressée *(I patted her)*
   e. Elle s'est laissé faire *(She let herself be touched)*
   f. Je l'ai embrassée *(I kissed her)*

Helpful hints for use of the *passé composé* and imperfect

1. When used in a past context, the verb **venir** + **de** is always in the *imperfect*.

> Elle **venait de** s'installer chez sa mère quand elle est tombée gravement malade.
> *She **had just** moved in with her mother when she got very sick.*

2. Certain verbs usually appear in the *imperfect* when used in a past context. They are: **avoir, être, savoir, connaître, pouvoir,** and **vouloir.** These verbs change meaning when they are used in the **passé composé.**

avoir

> Quand le bateau est arrivé à Marseille, il y **avait** beaucoup de monde sur le quai.
> *When the boat arrived at Marseilles, there **were** a lot of people on the dock.*
>   (= conditions upon arrival)

> Quand Saba a vu tous les gens sur le quai, elle **a eu** peur.
> *When Saba saw all the people on the dock, she **became** afraid.*
>   (= what happened when she saw the people)

être

La mère de Saba **était** très jeune quand elle a laissé son enfant chez les Herschel.
*Saba's mother **was** very young when she left her child at the Herschels'.*
   (= conditions upon leaving)

Saba **a été** malade quand elle a appris la vérité.
*Saba **got** sick when she learned the truth.*
   (= what happened when she learned the truth)

savoir

La mère ne **savait** pas parler français.
*The mother **did** not **know** how to speak French.*
   (= general condition)

Saba **a su** plus tard que son père était mort en France.
*Saba **discovered** later that her father had died in France.*
   (= what happened)

connaître

Saba ne **connaissait** personne à sa nouvelle école.
*Saba **did** not **know** anyone (**knew** no one) at her new school.*
   (= general condition)

La mère de Saba **a connu** M. Herschel à Mehdia.
*Saba's mother **met** Mr. Herschel in Mehdia.*
   (= what happened)

pouvoir

Saba ne **pouvait** pas oublier son enfance heureuse à Nightingale.
*Saba **could** not (**was** not **able to**) forget her happy childhood at Nightingale.*
   (= general condition)

Les Herschel n'**ont** pas **pu** garder leur fille adoptive.
*The Herschels **were** not **able to** keep (**did** not **succeed in** keeping) their adopted daughter.*
   (= what happened)

vouloir

Saba ne **voulait** pas partir avec sa mère.
*Saba **did** not **want** to leave with her mother.*
   (= general condition)

Saba **a voulu** s'échapper de sa nouvelle vie chez sa mère.
*Saba **tried** (**decided**) to escape from her new life with her mother.*
   (= what happened)

3. Certain words and expressions can help you decide whether to use the **passé composé** or the *imperfect*.

For the **passé composé** these words pinpoint a definite time of occurrence: **hier, une fois, tout à coup,** etc.

For the imperfect the words suggest repeated occurrences: **souvent, tous les jours, toutes les semaines, chaque année, en général,** etc.

◆ SELF-CHECK Cahier d'exercices écrits et de laboratoire, Exercises IV, I and J, p. 38.

Ⓥ Pluperfect *(Plus-que-parfait)*

The *pluperfect* tense is used in French as the past perfect is used in English. When one action precedes another in the past, the verb describing the first action will be in the *pluperfect;* the tense of the second verb will be the **passé composé** or the *imperfect.*

Ⓐ Formation

The *pluperfect* is made up of two parts: the *imperfect* of the auxiliary verb (**être** or **avoir**) + the past participle of the main verb.

> Ma mère m'a dit un jour qu'elle **avait reçu** une lettre en français.
> *My mother told me one day that she **had received** a letter in French.*

> Je n'ai plus jamais parlé de Lassie. Elle **était sortie** de ma vie pour toujours.
> *I no longer ever spoke of Lassie. She **had gone out** of my life for good.*

1. The auxiliary

The use of auxiliary verbs follows the same rules in the *pluperfect* as in the **passé composé:**

- The same seventeen verbs use the auxiliary verb **être** in the formation of the *pluperfect* (see p. 161).
- Reflexive verbs use the auxiliary verb **être** in the *pluperfect.*
- All other verbs use **avoir** as the auxiliary verb in the *pluperfect.*
- In a negative sentence, the auxiliary verb, not the past participle, is negated.

2. The past participle

- The past participle of a verb conjugated with the auxiliary **être** agrees in gender and number with the subject of that verb.
- The past participle of a verb conjugated with **avoir** agrees in gender and number with the preceding direct object, if there is one.

Ⓑ Usage

Study the following passage carefully:

> Je me rappelle le mariage de Jamila. Ma mère m'**avait préparée**, elle m'**avait habillée** et **coiffée,** pour aller au mariage de sa cousine Jamila... Ma mère m'**avait fait** des tresses, en mêlant de la laine aux cheveux, et elle m'**avait mis** du rouge sur les joues... Ensuite elle m'**a emmenée,** nous **avons marché** sur la route jusqu'à Mehdia, et nous **avons pris** le car pour Kenitra. J'**étais** dans une grande ville que je ne **connaissais** pas, avec des avenues plantées d'arbres, des grands immeubles *(buildings)*, et toutes ces petites maisons blanches et pauvres chacune avec sa cour intérieure. Il y **avait** des chèvres, des poulets. Partout il y **avait** des enfants,...

1. *What actions in this story preceded other past actions? (pluperfect)*
   a. Ma mère m'avait préparée *(My mother had prepared me)*
   b. m'avait habillée et coiffée *(had dressed me and fixed my hair)*
   c. m'avait fait des tresses *(had made me braids)*
   d. m'avait mis du rouge sur les joues *(had put rouge on my cheeks)*

2. *What actions happened (once; next)?* **(passé composé)**

    a. elle m'a emmenée *(she took me)*

    b. nous avons marché *(we walked)*

    c. nous avons pris *(we took)*

3. *What were the conditions surrounding this trip? (imperfect)*

    a. J'étais dans une grande ville *(I was in a large city)*

    b. que je ne connaissais pas *(that I didn't know [was not familiar with])*

    c. Il y avait des chèvres *(There were goats)*

    d. il y avait des enfants *(there were children)*

 SELF-CHECK **Cahier d'exercices écrits et de laboratoire,** Exercises V, M and N, p. 39.

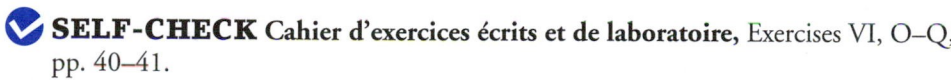 VI Past infinitives

Compare the structures:

    avant de + present infinitive → **avant de partir**

    après + past infinitive → **après être parti(e)**

                               (avoir / être + past participle)

Infinitives are used after prepositions, with the exception of **en** (see *Structures,* Chapter 1, p. 146). Following the preposition **après,** a *past infinitive* must be used, as in the example above. In English, a subject-verb construction or the *-ing* form of a verb (gerund) is the most common equivalent:

    Après être allés en France, ses parents ont ouvert un restaurant.
    After they went to France, *her parents opened a restaurant.*

    Après avoir retrouvé Saba, sa mère l'a emmenée en France.
    After finding *Saba* ***again,*** *her mother took her to France.*

 SELF-CHECK **Cahier d'exercices écrits et de laboratoire,** Exercises VI, O–Q, pp. 40–41.

VII *Le mot juste*

A *manquer (à)*

Manquer (à) *(to miss)* follows the same pattern in French as in English if you want to say *miss the bus,* for example.

    J'ai manqué le bus.
    I missed the bus

However, if you want to say that you *miss someone or something,* i.e., that you are sad because a person or thing is not with you, the structure of the sentence in French is different from that in English.

    Les Herschel **manquent à Saba.**   Mes parents **me manquent.**
    Saba misses *the Herschels.*   ***I miss*** *my parents.*

B rendre

To express the idea that *something or someone makes you feel a certain way*, the verb **rendre** is used (not the verb **faire**).

Cette nouvelle me **rend** triste.
*This news **makes** me sad.*

Son retour **a rendu** ses parents heureux.
*His return **made** his parents happy.*

C *partir, sortir, quitter*

These three verbs have generally the same meaning *(to leave)* but are used differently. Both **sortir** *(to leave, to go out)* and **partir** *(to leave)* are conjugated with **être;** when used with a location, the preposition **de** follows the verb.

Nous **sommes sortis.**
*We **went out.***

Elle **est partie.**
*She **left.***

Elle **sort de** sa chambre.
*She **leaves (goes out of)** her room.*

Ils **sont partis du** Maroc.
*They **left** Morocco.*

Quitter *(to leave)* is conjugated with **avoir.** This verb *must always* be followed by a direct object, i.e., what or whom is being left *must* be stated.

Elle **a quitté sa famille.**
*She **left her family.***

Mes ancêtres **ont quitté l'Angleterre** il y a deux cents ans.
*My ancestors **left England** two hundred years ago.*

NOTE: **Quitter** is a false cognate and does not mean *to quit.* Use the verbs **cesser (de)** or **arrêter (de)** to say that you have stopped or quit doing something.

J'ai arrêté de fumer.
I quit smoking.

Chapitre 4

Structures

TOPICS

- **I** Verb review: *conduire, mettre*
- **II** Articles
- **III** Object pronouns, *y,* and *en*
- **IV** Order of pronouns
- **V** Disjunctive pronouns
- **VI** *Le mot juste: se moquer de*

I Verb review

The verbs **conduire** and **mettre** are irregular in the present indicative tense:

je conduis	nous conduisons	je mets	nous mettons
tu conduis	vous conduisez	tu mets	vous mettez
il/elle/on conduit	ils/elles conduisent	il/elle/on met	ils/elles mettent
Imperfect stem:	conduis-	mett-	
Future/Conditional stem:	conduir-	mettr-	
Past participle:	conduit	mis	

✔ **SELF-CHECK** Cahier d'exercices écrits et de laboratoire, Exercise I, A, pp. 49–50.

II Articles

There are three types of articles in French: definite, indefinite, and partitive. These have the equivalent meaning in English of *the, a/an,* and *some.*

	Singular		Plural
	Masculine	**Feminine**	**Masculine and Feminine**
Definite article	le (l')	la (l')	les
Indefinite article	un	une	des
Partitive article	du (de l')	de la (de l')	des

A Usage

A. Definite article

1. Definite articles precede nouns that are used in a very specific sense. This is similar to English usage.

> **La** voiture qu'elle achète est neuve.
> *The car she is buying is new.*
> (Here a specific car is being talked about.)

2. Definite articles also precede nouns used in a general sense. Often in English the definite article is omitted in this case.

> **L'**essence coûte trop cher en France.
> *Gas costs too much in France.*

Remember that there are four frequently used verbs in French that express this generality: **aimer, adorer, préférer, détester.** These verbs require the use of a definite article when they are followed by a direct object.

> J'aime **le** bus mais je déteste **le** métro.
> *I like **the** bus but I hate **the** subway.*

3. Definite articles are used before abstract nouns.

> **La** patience est très utile pendant les heures de pointe.
> *Patience is very useful during rush hour.*

4. Definite articles are used before the names of the seasons.

> **Le** printemps est la meilleure saison pour faire du vélo.
> *Spring is the best season to go biking.*

5. Definite articles are used before the days of the week to indicate habitual action.

> Elle prend le métro **le** mardi matin et **le** jeudi après-midi.
> *She takes the subway Tuesday mornings and Thursday afternoons.*

6. Definite articles are used before names that denote nationality, before the names of countries and geographic regions, and before the names of famous buildings or monuments.

> **Les** Français font rarement du covoiturage.
> *The French rarely carpool.*

> **La** Tour Eiffel est le monument le plus visité de Paris.
> *The Eiffel Tower is the most visited monument in Paris.*

7. Definite articles are used before names of disciplines and languages, except when the language follows the verb **parler.**

> Ce chauffeur de taxi étudie **l'**informatique le soir après son travail.
> *This taxi driver studies computer science at night after work.*

> Il parle couramment anglais, et il comprend **le** français.
> *He speaks English fluently, and he understands French.*

B. Indefinite article

1. Indefinite articles are used before the names of indeterminate people and things, much the same way as in English.

> Il y a **un** feu rouge au prochain carrefour.
> *There is **a** red light at the next intersection.*

J'ai trouvé **un** PV factice sur le pare-brise.
*I found **a** fake ticket on the windshield.*

Il y a **des** automobilistes qui se garent sur les voies cyclables.
There are motorists who park in bike lanes.

NOTE: The plural indefinite article in French (**des**) is often not required in English.

2. When the verb is negative, the indefinite article is replaced by **de.**

Vous avez **une** voiture.	Vous n'avez pas **de** voiture.
*You have **a** car.*	*You don't have **a** car.*

However, if the negative verb is **être,** the indefinite article does not change to **de.**

C'est **une** voiture d'occasion.	Ce n'est pas **une** voiture d'occasion.
*It's **a** used car.*	*It isn't **a** used car.*

3. The plural indefinite article **des** has almost the same meaning as the plural partitive article **des;** they both can be translated as *some.*

Il emmène **des** enfants à l'école.
*He drives **some** children to school.*

NOTE: Before the adjective **autres,** the plural indefinite (or partitive) article **des** changes to **d'.**

Il emmène **d'autres** enfants à l'ecole.
*He drives **other** children to school.*

C. Partitive article

1. Partitive articles indicate a part of something, an unspecified amount or quantity. They are usually used with nouns referring to things that cannot be counted.

Il me faut **de** l'argent pour acheter un VTT.
*I need **(some)** money to buy a mountain bike.*

Ne te mets pas au volant si tu as bu **du** vin au dîner!
Don't get behind the wheel if you drank wine at dinner!

2. When the verb is negative, the partitive articles **du, de la,** and **de l'** change to **de.**

Elle a encore **de** l'essence.	Elle n'a plus **d'**essence.
*She still has **some** gas.*	*She no longer has **any** gas.*
Tu as **de la** monnaie pour ton ticket de bus?	Tu n'as pas **de** monnaie pour ton ticket de bus?
*You have **some** change for your bus ticket?*	*You don't have **any** change for your bus ticket?*

D. Articles with expressions of quantity

1. Following expressions of quantity (**beaucoup, trop, peu, assez, autant, plus, moins, un verre, une bouteille, un litre, un kilo,** etc.) **du, de la, de l',** and **des** change to **de.**

Il y a beaucoup **de** taxis à l'aéroport.
There are a lot of taxis at the airport.

Elle achète cinq litres **d'**essence.
She is buying five liters of gas.

Il y aura plus **de** bouchons ce soir que demain matin.
There will be more traffic jams tonight than tomorrow morning.

Trop **de** cyclistes ne portent pas de casque.
Too many cyclists don't wear helmets.

EXCEPTION: This change does not occur following **la plupart, bien,** and **encore.**

> **La plupart des** automobilistes respectent les droits des cyclistes.
> *Most motorists respect the rights of bikers.*

> **Bien des** jeunes conduisent trop vite.
> *A **lot** of young people drive too fast.*

2. When the expressions **avoir besoin de** and **avoir envie de** are followed by a noun used in a general sense, the articles **du, de la, de l',** and **des** change to **de.** This change does not occur if the noun is specific.

> J'ai besoin **d'argent** pour payer l'essence.
> *I need (some) **money** to pay for the gas.*

BUT:

> J'ai besoin **de l'argent** que mon père m'a donné pour acheter de l'essence.
> *I need **the** money my father gave me to buy gas.*

> Il a envie **de** rollers.
> *He wants **some** rollerblades.*

BUT:

> Il a envie **des** rollers qu'il a vus à la télé.
> *He wants **the** rollerblades he saw on TV.*

 SELF-CHECK **Cahier d'exercices écrits et de laboratoire,** Exercises II, B and C pp. 50–51.

III Object pronouns, *y* and *en*

A Direct and indirect object pronouns

A direct object receives the direct action of the verb in a sentence without an intervening preposition.

> Je vois **l'éléphant.**
> *I see **the elephant.***

Direct object nouns can be replaced by direct object pronouns.

> Je **le** vois.
> *I see **it/him.***

The direct object pronouns in French are:

	Singular	Plural
1st person	me (m')	nous
2nd person	te (t')	vous
3rd person	le/la (l')	les

The indirect object, which also is acted upon by the verb, is preceded by the preposition **à.**

> Il offre un cognac **à ma sœur.**
> *He offers a cognac **to my sister.***

When the indirect object is a person, it can be replaced by an indirect object pronoun.

>Il **lui** offre un cognac.
>*He offers **her** a cognac.*

The indirect object pronouns in French are:

	Singular	Plural
1st person	me (m')	nous
2nd person	te (t')	vous
3rd person	lui	leur

There are three main rules that govern the use of the direct and indirect object pronouns in French:

1. The pronoun *precedes the verb* of which it is the object, *unless* the verb is an affirmative imperative.

>Ma sœur suit **les policiers** au poste.
>*My sister follows **the police officers** to the station.*

>Ma sœur **les** suit au poste.
>*My sister follows **them** to the station.*

>Elle explique **aux policiers** ce qui est arrivé.
>*She explains **to the police officers** what happened.*

>Elle **leur** explique ce qui est arrivé.
>*She explains **to them** what happened.*

2. If the verb is an affirmative imperative, the object pronoun *follows* the verb and is connected to it by a hyphen.

>Suivez **les policiers** au poste!
>*Follow **the police officers** to the station!*

>Suivez-**les** au poste!
>*Follow **them** to the station!*

>Demandez **à ma sœur** pourquoi elle conduit mal.
>*Ask **my sister** why she drives poorly.*

>Demandez-**lui** pourquoi elle conduit mal.
>*Ask **her** why she drives poorly.*

NOTE: With an affirmative imperative verb, the pronouns **me** and **te** are replaced by **moi** and **toi.**

>Suivez-**moi**! Calme-**toi**!
>*Follow **me**!* *Calm down!*

3. If the verb is a compound tense (**passé composé,** past conditional, pluperfect, etc.), the pronoun *precedes* the auxiliary verb. The past participle agrees with the direct object pronoun in gender and in number.

>On a gardé **ma sœur** au poste de police pendant dix heures.
>*They kept **my sister** at the police station for ten hours.*

>On **l**'a gardé**e** au poste de police pendant dix heures.
>*They kept **her** at the police station for ten hours.*

There is *no agreement* with a preceding *indirect* object pronoun.

> Un incident bizarre est arrivé **à ma sœur.**
> *A strange incident happened **to my sister.***

> Un incident bizarre **lui** est arrivé.
> *A strange incident happened **to her.***

NOTE: Direct object pronouns are used for people and things. The pronoun **le** can also be used to express an idea.

> Elle pense **qu'ils ont tort.**   Elle **le** pense.
> *She thinks **they are wrong.***   *She thinks **it.***

🔵 **SELF-CHECK** **Cahier d'exercices écrits et de laboratoire**, Exercises III–IV, F–I, pp. 52–53.

🔵 **Y**

The pronoun **y** can be used to replace the preposition **à** + *a noun* when referring to a thing or an idea, but not when referring to a person.

> A-t-elle répondu **à la question des policiers**?
> *Did she respond **to the police officers' question**?*

> **Y** a-t-elle répondu?
> *Did she respond **to it**?*

The pronoun **y** is also used to replace expressions of location starting with **à** or other prepositions, *except* **de.**

> Elle va **au café** avec le directeur du cirque.
> *She is going **to the café** with the circus director.*

> Elle **y** va avec le directeur du cirque.
> *She is going **there** with the circus director.*

> On remet l'éléphant **dans le camion.**
> *They put the elephant back **in the truck.***

> On **y** remet l'éléphant.
> *They put the elephant back **there.***

As with the object pronouns, the pronoun **y** precedes the verb with which it is associated.

> Elle est obligée d'aller **au poste de police.**
> *She has to go **to the police station.***

> Elle est obligée d'**y** aller.
> *She has to go **there.***

NOTE: **Y** is not used with the verb **aller** in the future or conditional tenses for reasons of pronounciation.

> Elle a dit qu'elle n'irait pas **en prison.**
> *She said she wouldn't go **to prison.***

> Elle a dit qu'elle n'irait pas.
> *She said she wouldn't go.*

🔵 **SELF-CHECK** **Cahier d'exercices écrits et de laboratoire,** Exercise III, J, p. 53.

C *En*

The pronoun **en** is used in French to express the idea of *some, any,* or *none.* It can replace:

1. the partitive article + *the noun that follows.*

> Elle boit **du** cognac.
> *She drinks **some** cognac.*

> Elle **en** boit.
> *She drinks **some**.*

> Ils ont pris **du sang** à ma sœur.
> *They took **some blood** from my sister.*

> Ils **en** ont pris à ma sœur.
> *They took **some** from my sister.*

2. a noun preceded by a number or an expression of quantity, but the *number* or the *expression of quantity* must be repeated.

> Elle voit **un éléphant** devant sa voiture.
> *She sees **an elephant** in front of her car.*

> Elle **en** voit **un** devant sa voiture.
> *She sees **one** in front of her car.*

> Elle voit **deux policiers** derrière sa voiture.
> *She sees **two police officers** behind her car.*

> Elle **en** voit **deux** derrière sa voiture.
> *She sees **two (of them)** behind her car.*

3. the preposition **de** in expressions with **avoir** + *the verb or noun clause that follows* (as in **avoir besoin de, avoir envie de, avoir peur de,** etc.).

> Elle avait peur **de l'éléphant.**
> *She was afraid **of the elephant.***

> Elle **en** avait peur.
> *She was afraid **of it.***

> Elle avait envie **de rentrer chez elle.**
> *She wanted **to go home.***

> Elle **en** avait envie.
> *She wanted **to.***

4. the preposition **de** + *a place.*

> Les motards arrivent **du village.**
> *The motorcycle police arrive **from the village.***

> Les motards **en** arrivent.
> *The motorcycle police arrive **(from there).***

> Elle sort **de** sa voiture.
> *She gets out **of** her car.*

> Elle **en** sort.
> *She gets out **(of it).***

5. the proposition **de** + *a clause*.

> Elle est contente **de ne plus avoir de voiture rouge.**
> *She is happy **to no longer have a red car.***

> Elle **en** est contente.
> *She is happy **(about it).***

NOTE: **En** cannot be used to replace the preposition **de** + *a person*. In this case, use a disjunctive pronoun (see Part V, *Structures*, pages 177–178). However, **en** can be used to replace the preposition **de** + *groups of people*.

> Combien de policiers avez-vous vus? J'**en** ai vu cinq.
> *How many **police officers** did you see? I saw five **(of them).***

 SELF-CHECK Cahier d'exercices écrits et de laboratoire, Exercise III, K, p. 54.

Ⅳ Order of pronouns

A. Regular pattern

The following chart shows the word order used for multiple pronouns that appear with regular affirmative and negative verb constructions and with negative imperative constructions.

	me (m')											
	te (t')		le									
(ne +)	se (s')	+	la	+	lui	+	y	+	en	+	*verb* (+ pas)	
	nous		les		leur							
	vous											

> Ils amènent **ma sœur au poste de police.**
> *They take **my sister to the police station.***

> Ils **l'y** amènent.
> *They take **her there.***

> Elle n'a pas très bien expliqué **l'incident aux policiers.**
> *She didn't explain **the incident** very well **to the police officers.***

> Elle ne **le leur** a pas très bien expliqué.
> *She didn't explain **it** very well **to them.***

> Ne demande pas **d'explication à ma sœur!**
> *Don't ask **my sister for an explanation!***

> Ne **lui en** demande pas!
> *Don't ask **her for one!***

B. Affirmative imperative construction

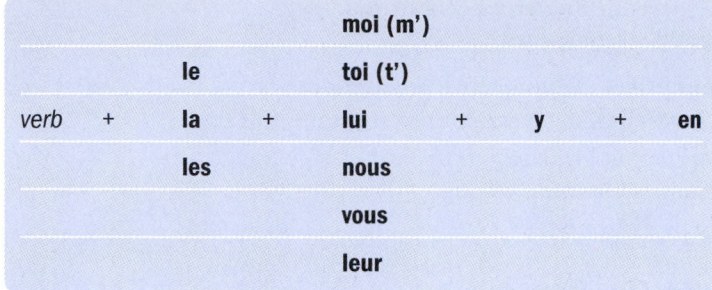

				moi (m')				
		le		toi (t')				
verb	+	la	+	lui	+	y	+	en
		les		nous				
				vous				
				leur				

Explique **cet incident aux policiers**! Explique-**le-leur**!
*Explain **this incident to the police***! *Explain **it to them***!

NOTE: Double object pronouns are less frequently used in spoken than in written French.

 SELF-CHECK Cahier d'exercices écrits et de laboratoire, Exercise IV, L, pp. 54–55.

Ⅴ Disjunctive pronouns

Disjunctive pronouns (**pronoms accentués**) are another type of personal pronoun used in French. Unlike subject and object pronouns, the disjunctive pronouns can function independently from a verb.

The *disjunctive pronoun* forms are the following:

Singular	Plural
moi	nous
toi	vous
lui/elle/soi	eux/elles

NOTE: The disjunctive pronoun **soi** is used with the indefinite pronoun **on** or with impersonal expressions such as **chacun, tout le monde,** etc.

Disjunctive pronouns are used:

1. to stress the subject(s) or object(s) in a sentence. Their position is variable.

> **Moi**, j'adore conduire.   J'adore conduire, **moi.**
> **Toi**, on t'écoute.   On t'écoute, **toi.**

2. as the object of the preposition **à,** for certain verbs and verbal phrases, when referring to a person or persons. Some of the more common of these verbs and verbal phrases are: **être (à), faire attention (à), penser (à).**

Remember that with other verbs the indirect object pronouns are used.

> C'est la voiture de ton père?
> Oui, elle **est à lui.**

> A qui penses-tu?
> A mon ami Paul. Je **pense à lui** depuis ce matin.

> BUT: Qu'est-ce que tu **dis à Paul**? Je **lui dis** de revenir bientôt.

3. as the object of all prepositions other than **à,** when referring to a person or persons.

> Nous sommes revenus **chez eux** à neuf heures.
> Toi, tu n'as pas d'argent **sur toi**?

4. after **c'est/ce sont.** All of the disjunctive pronouns can be used with **c'est** except **eux/elles.** With **eux/elles,** the plural form **ce sont** must be used.

> **C'est elle** qui conduit le mieux.
> **C'est nous** qui vendons cette voiture.

> BUT: **Ce sont eux** qui préfèrent le vélo à l'auto.

5. as a one-word answer to a question.

> Qui a les clés de la voiture?   **Moi.**
> *Who has the car keys?*   ***I do.***

6. in comparative constructions.

> J'ai eu **moins d'**accidents **que toi.**
> *I have had **fewer** accidents **than you.***

7. after **ne… que.**

> L'agent de police **ne** mentionne **que lui** dans son rapport.
> *The police officer **only** mentions **him** in his report.*

8. as part of a compound subject.

> **Lui et moi,** nous avons des idées différentes au sujet de cet accident.
> ***He and I** have different ideas about this accident.*

9. combined with **-même.**

> Tu dois payer l'amende **toi-même.**
> *You must pay the fine **yourself.***

 SELF-CHECK **Cahier d'exercices écrits et de laboratoire,** Exercise V, M, p. 55.

VI *Le mot juste: se moquer de*

This reflexive construction is the equivalent of the English expression to *make fun of.* The person or thing being made fun of is the object of the preposition **de.** Remember that if a noun is not used, the disjunctive pronoun is required.

> Mes amis **se moquent de** ma vieille voiture.
> *My friends **make fun of** my old car.*

> Personne ne **se moque de** moi.
> *No one **makes fun of** me.*

Chapitre 5

Structures

TOPICS

I Verb review: verbs in *-ger; prendre; découvrir*

II Prepositions with geographical names

III Future tense and conditional forms

IV Future perfect and past conditional

V If-clauses

VI *Passé simple* and *passé antérieur*

I Verb review

A. Verbs that end in **-ger** (**voyager, nager, plonger, manger,** etc.) undergo a spelling change to keep the pronunciation of a soft **g** in all forms. An **e** is placed after the **g** as needed for pronunciation regularity.

Compare: je m'amus**e**   nous nous amus**ons**
je voyag**e**   nous voyag**eons** (The **e** is needed to keep the pronunciation of the **g** the same in both forms.)

This occurs in the **nous** form of the present tense and in *all but* the **nous** and **vous** forms of the imperfect with verbs whose infinitive ends in **-ger.**

> Je nag**eais** mais vous ne nag**iez** pas.
> Il plong**eait** mais nous ne plong**ions** pas.

B. The verb **prendre** (and verbs built on this same stem: **apprendre, comprendre, surprendre**) is irregular in the present tense.

je prends	nous prenons
tu prends	vous prenez
il/elle/on prend	ils/elles prennent

Past participles: **pris, appris, compris, surpris**

C. The verb **découvrir** (and verbs like it: **couvrir, offrir, ouvrir, souffrir**) is conjugated like an **-er** verb in the present.

> Je **découvre** Paris.
> Nous **découvrons** le plaisir de voyager.

Past participles: **découvert, couvert, offert, ouvert, souffert**

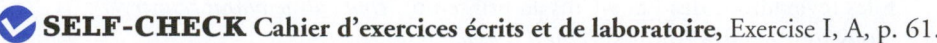 **SELF-CHECK Cahier d'exercices écrits et de laboratoire,** Exercise I, A, p. 61.

Ⅱ Prepositions with geographical names

A. For cities, islands, or groups of islands:

- use the preposition **à** to express *to* or *in.*

  J'habite **à** Dakar. *(city)*
  Ils iront **à** Tahiti l'été prochain. *(island)*

- use the preposition **de** or **d'** (in front of a vowel sound) to express *from.*

  Elle part **de** Cuba. *(island)*
  Nous sommes **de** Montpellier. *(city)*
  Ils viennent **d'**Antibes. *(city)*

NOTE: Cities that have definite articles as part of their name (for example, **La Nouvelle-Orléans, Le Caire, Le Havre**), always keep the article.

  Vous allez **à La** Nouvelle-Orléans.
  Mon père rentre **du** Caire.

B. For singular feminine names of countries and French and Canadian provinces (names ending in **-e**) as well as for the names of all five continents (names ending in **-e**), feminine names of states (la Carolin**e** du Nord, la Virgini**e**) and masculine singular names of states and countries beginning with a vowel sound:

- use the preposition **en** to express *to* or *in.*

  Ma famille voyage **en** Afrique. *(continent)*
  Le professeur passe ses vacances **en** Louisiane. *(feminine state)*
  Ma sœur fait du vélo **en** Bretagne. *(feminine French province)*
  Les enfants ont passé une semaine **en** Colombie-Britannique. *(feminine Canadian province)*

- use the preposition **de** or **d'** to express *from.*

  Nous sommes partis **d'**Israël. *(masculine country beginning with a vowel)*
  Jeanne est **de** Normandie. *(feminine name of a French province)*
  Mes voisins viennent **de** Bosnie. *(feminine country)*

C. For singular masculine names of countries, provinces, and states (all those that do not end in **-e,** except for **le Mexique, le Zimbabwe, le Mozambique,** and **le Cambodge,** which are exceptions since they are masculine):

- use the preposition **à** + *definite article* (**au**) to express *to* or *in.*

  Ils vivront **au** Sénégal l'année prochaine. *(masculine country)*

- use the preposition **de** + *definite article* (**du**) to express *from.*

  Mes ancêtres sont **du** Danemark. *(masculine singular country)*

D. For all plural names of geographical areas:

- use the preposition **à** + *definite article* (**aux**) to express *to* or *in.*

  Tu verras des tulipes **aux** Pays-Bas. *(masculine plural country)*
  Elle part **aux** Philippines. *(feminine plural country)*

- use the preposition **de** + *definite article* (**des**) to express *from.*

  Elles reviendront **des** Etats-Unis au printemps. *(masculine plural country)*
  Nous sommes **des** Antilles. *(plural island group)*

E. When talking about states you can also use the following constructions:

- to express *to* or *in*, use **dans l'état de/d'** for feminine states and masculine states beginning with a vowel sound, and **dans l'état du** for other masculine states.

  Nous ferons du cheval **dans l'état de** Californie. *(feminine state)*
  J'habite **dans l'état du** Texas. *(masculine state)*

- to express *from*, use **de l'état de/d'** for feminine states and masculine states beginning with a vowel sound, and **de l'état du** for other masculine states.

  John est **de l'état de** Virginie. *(feminine state)*
  Je suis rentré **de l'état d'**Utah hier. *(masculine state beginning with a vowel sound)*

	in/to	from
Cities	**à**	**de/d'**
Continents/Feminine countries and provinces/Feminine states Masculine states and countries beginning with a vowel sound	**en**	**de/d'**
Masculine countries, states, and provinces	**au**	**du**
Plural names of geographical areas	**aux**	**des**

 SELF-CHECK Cahier d'exercices écrits et de laboratoire, Exercise II, B, p. 62.

 # Future tense and conditional forms

The use of the future and the conditional in French is very similar to English. The future tense allows you to talk about what *will happen* at some future time. Note that unlike English, this verb tense has only one word, not two.

Ma famille **partira** en vacances demain.
*My family **will leave** for a vacation tomorrow.*

The conditional expresses what *could, might,* or *would happen* if a certain condition existed. This tense also has only one word in French, whereas in English it has two.

Si je gagnais assez d'argent, j'**achèterais** un chalet à Chamonix.
*If I earned enough money, I **would buy** a chalet in Chamonix.*

A Formation of the simple future *(futur simple)* and present conditional *(conditionnel présent)*

The simple future and the present conditional are formed by adding the following endings to the stem of the verb. This stem is the *infinitive* or a *modified form of the infinitive*.

	Future				Conditional		
je	**-ai**	nous	**-ons**	je	**-ais**	nous	**-ions**
tu	**-as**	vous	**-ez**	tu	**-ais**	vous	**-iez**
il/elle/on	**-a**	ils/elles	**-ont**	il/elle/on	**-ait**	ils/elles	**-aient**

Notice that the endings for the future and the conditional are different. The stem remains the same for both.

1. Verbs whose infinitive ends in **-er:** the infinitive is used in most cases.

> Nous **nous amuserons** sur la Côte d'Azur. *(future)*
> We **will have a good time** on the Riviera.

> Nous **voyagerions** à pied si nous n'avions pas de vélo. *(conditional)*
> We **would travel** on foot if we did not have a bike.

EXCEPTIONS:

aller: stem **ir-**

> Tu **iras** au Maroc avec moi. *(future)*   J'**irais** en Tunisie. *(conditional)*
> You **will go** to Morocco with me.   I **would go** to Tunisia.

envoyer: stem **enverr-**

> Nous t'**enverrons** des cartes postales. *(future)*
> We **will send** you postcards.

> Ses parents l'**enverraient** en colonie. *(conditional)*
> His parents **would send** him to camp.

NOTE: **acheter** in the future and conditional has the **accent grave** found in the present. For other stem-change verbs, see pages 190–191.

2. Verbs whose infinitive ends in **-ir:** the infinitive is used in most cases.

> Elles **partiront** ce soir. *(future)*   Tu te **divertirais** en Suisse. *(conditional)*
> They **will leave** tonight.   You **would have fun** in Switzerland.

EXCEPTIONS:

devenir / tenir / venir: stems **deviendr- / tiendr- / viendr-**

> Vous **viendrez** avec nous au Danemark? *(future)*
> **Will** you **come** with us to Denmark?

> Il **deviendrait** moniteur de ski s'il avait le temps. *(conditional)*
> He **would become** a ski instructor if he had the time.

courir / mourir: stem **courr- / mourr-**

> Nous **courrons** le long de la plage. *(future)*
> We **will run** along the beach.

> Vous **mourriez** de peur si vous faisiez du parapente. *(conditional)*
> You **would die** of fear if you went hang-gliding.

3. Verbs whose infinitive ends in **-re:** the future and conditional stems are formed by dropping the **e** from the infinitive.

> Je **prendrai** le train pour Lyon. *(future)*
> I **will take** the train for Lyon.

> Ils **se détendraient** à la montagne s'ils y avaient un chalet. *(conditional)*
> They **would relax** in the mountains if they had a chalet there.

EXCEPTIONS:

être: stem **ser-**

> Nous **serons** à Paris le 15. *(future)*
> We **will be** in Paris on the 15th.

> Vous **seriez** champion de ski nautique si vous vous entraîniez. *(conditional)*
> You **would be** a champion water-skier if you trained.

faire: stem **fer-**

> Tu **feras** du stop cet été. *(future)*
> You **will hitch-hike** this summer.

> Il **ferait** de la randonnée en Espagne. *(conditional)*
> He **would go hiking** in Spain.

4. Verbs whose infinitives end in **-oir** change in a variety of ways. Some of the most common of these verbs and their stems are:

avoir: **aur-**	devoir: **devr-**	falloir: **faudr-**	pouvoir: **pourr-**
savoir: **saur-**	valoir: **vaudr-**	voir: **verr-**	vouloir: **voudr-**

> J'**aurai** assez de temps pour lire en vacances. *(future)*
> Tu **pourrais** visiter le Québec. *(conditional)*
> Il **devra** prendre le train. *(future)*
> Il **faudrait** acheter des souvenirs. *(conditional)*
> Nous **saurons** faire du surf après ce stage. *(future)*
> Vous **voudriez** bronzer. *(conditional)*
> Ils **verront** leurs grands-parents. *(future)*
> Il **vaudrait** mieux arriver un peu en avance. *(conditional)*

✔ **SELF-CHECK Cahier d'exercices écrits et de laboratoire,** Exercises III, D, E, H, and I, pp. 63–65.

Ⓑ Usage of the future and conditional

1. Simple future

- The future tense is used to speak about events that are *expected to happen* in the future, in the same way that the future tense is used in English.

  > Quand **serons**-nous de retour?
  > When **will** we **be** back?

  > L'avion **atterrira** à 17 heures.
  > The plane **will land** at 5 P.M.

  > Je **coucherai** à la belle étoile ce soir.
  > I **will sleep** under the stars tonight.

- Unlike English (where the present tense is used), French requires the future tense after certain conjunctions when you are talking about the future. These conjunctions are:

quand, lorsque	*when*
dès que, aussitôt que	*as soon as*
tant que	*as long as*

  > **Quand** nous **irons** à Bruxelles, nous **ferons** un tour de ballon captif.
  > When we **go** to Brussels, we **will go** for a hot-air balloon ride.

  > **Tant que** tu **feras du stop,** ta mère **s'inquiètera.**
  > As long as you **hitchhike,** your mother **will worry.**

  > **Dès qu'**il y **aura** une monnaie unique, on ne **devra** plus changer d'argent.
  > As soon as there **is** a common currency, one **will** no longer **have to** change money.

- In French, as in English, the verb **aller** + *infinitive* means *what is going to happen* (see *Structures,* Chapter 1, p. 143). In spoken French, this construction is used much more frequently than the simple future.

  Vous **allez voir** le monde entier.
  *You **are going to see** the whole world.*

Using **aller** + *infinitive* suggests that the future event is more likely to happen or will happen sooner. The simple future suggests a more distant time in the future and somewhat more uncertainty about the events.

  Un jour, des touristes **visiteront** la lune.
  *Some day, tourists **will visit** the moon.*

2. Present conditional

- The conditional can be used to express *politeness* by softening or attenuating a request, a command, or a suggestion. The verbs **vouloir, pouvoir, savoir,** and **devoir** are often used in the conditional in this context.

  Je **voudrais** connaître vos projets.
  *I **would like** to know your plans.*

  Pourrais-tu m'aider avec ma valise?
  ***Could** you help me with my suitcase?*

- The conditional is also used in a conjecture or a hypothesis in the future or present, to express a possibility, something that *might* or *could* happen. Often it is accompanied by a subordinate clause (either before or after) in which a condition is stated.

  A ta place, je **prendrais** mon sac de couchage.
  *If I were you, I **would take** my sleeping bag.*

  Nous **ferions la grasse matinée** si nous ne devions pas travailler.
  *We **would sleep** late if we didn't have to work.*

  S'il faisait plus chaud, ils se **baigneraient**.
  *If it were warmer, they **would swim**.*

When you are reporting what someone else has said (indirect speech) about a future event, and the statement was made in the past, the conditional replaces the future in the part you are indirectly quoting.

DIRECT SPEECH:

  Philippe a dit: «Nous **verrons** le Tour de France cet été.»
  *Philippe said, "We **will see** the Tour de France this summer."*

INDIRECT SPEECH:

  Philippe a dit que nous **verrions** le Tour de France cet été.
  *Philippe said that we **would see** the Tour de France this summer.*

DIRECT SPEECH:

  Le guide a annoncé: «Le car **partira** dans 30 minutes.»
  *The guide announced, "The bus **will leave** in 30 minutes."*

INDIRECT SPEECH:

  Le guide a annoncé que le car **partirait** dans 30 minutes.
  *The guide announced that the bus **would leave** in thirty minutes.*

NOTE: You may need to change the subject in the quoted sentence when you use indirect speech.

> **Il** a dit: «**Je** ne ferai pas de surf des neiges.»
> *He said, "I will not go snowboarding."*
>
> **Il** a dit qu'**il** ne ferait pas de surf des neiges.
> *He said **he** would not go snowboarding.*

 SELF-CHECK Cahier d'exercices écrits et de laboratoire, Exercise III, J, p. 65.

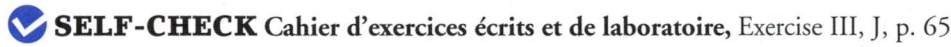

IV Future perfect and past conditional

A Formation

1. Future perfect *(Futur antérieur)*

The future perfect (*will have done*) is composed of the future tense of the auxiliary (**avoir** or **être**) and the past participle.

> C'est moi qui vous **aurai montré** le monde.
> *I am the one who **will have shown** you the world.*
>
> Quand nous **serons arrivés** à Québec, tu verras le Château Frontenac.
> *When we **arrive** in Quebec City, you will see the Château Frontenac.*

(NOTE: In English we use the present: *When we arrive;* in French you must say the equivalent of: *When we will have arrived.*)

> Dès qu'ils **auront** tout **vu,** ils repartiront.
> *As soon as they **have seen** everything, they will leave again.*

For more examples of usage, see p. 186.

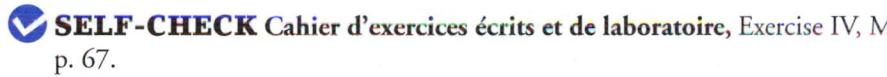 **SELF-CHECK** Cahier d'exercices écrits et de laboratoire, Exercise IV, M, p. 67.

2. Past conditional *(Conditionnel passé)*

The past conditional (*would have + past participle*) is composed of the present conditional tense of the auxiliary (**avoir** or **être**) and the past participle.

> Nous **serions allés** en Tunisie si tu nous avais invités.
> *We **would have gone** to Tunisia if you had invited us.*
>
> Il n'**aurait** jamais **vu** Québec si son fils ne l'y avait pas emmené.
> *He **would** never **have seen** Quebec City if his son had not taken him there.*
>
> Tu **aurais pu** nous accompagner.
> *You **could have** (**would have been able to**) come with us.*

SELF-CHECK Cahier d'exercices écrits et de laboratoire, Exercise IV, O, p. 68.

B **Usage**

1. Future perfect

The future perfect is used to talk about events in the future that will have happened *prior to* or *before* another event in the future. It often occurs together with conjunctions that refer to certain points in time. In English, we do not have to use the future or the future perfect with these conjunctions; normally we use the present tense. These conjunctions are:

> **aussitôt que, dès que**   **après que**   **quand, lorsque**   **tant que**

> Quand nous **serons arrivés** à Montpellier, nous te téléphonerons.
> *When we **arrive** in Montpellier, we will call you. (literally: When **we will have arrived**)* [Our arrival will happen before we call.]

> Dès que tu **auras appris** à faire du ski, tu pourras passer tes vacances en Suisse avec nous.
> *As soon as you **have learned** to ski, you will be able to spend your vacation with us in Switzerland. (literally: As soon as you **will have learned**)* [Learning to ski will happen before you go to Switzerland.]

2. Past conditional

The past conditional is used largely in *connection with if-clauses* constructions. See the following section.

 # If-clauses *(le si de condition)*

When you want to express what *will* or *would* happen *if* something else occurs or occurred, your sentence will have two parts:

a. The *condition,* expressed by **si** plus a verb in the present, imperfect, or pluperfect (*never* the conditional).

b. The result will be stated in the present, future, present conditional, or past conditional.

The sequence of the two clauses is not important. You can begin your sentence with **si** to state the condition first, or start with the main clause to state the result first. Within this pattern, the time frame and the meaning determine the choice of tenses. The usage in French is the same as that in carefully-spoken, grammatically precise English.

- (a) **si** + *present* + (b) *present* or *future*

When the condition expressed in the *if-clause* (a) is considered as really existing or likely to be true, the present tense is used and the *result* (b) is expressed in the present or future.

> (a) Si tu **refuses** de voyager, (b) tu ne **connaîtras** jamais le monde.
> *If you **refuse** to travel, you will never **get to know** the world.*

> (b) Il nous **prêtera** sa motoneige (a) si nous **rentrons** avant la nuit.
> *He **will lend** us his snowmobile if we **are back** before nightfall.*

> (a) Si j'**ai** le courage, (b) je **ferai** du parapente.
> *If I **am** brave enough, I **will go** hang-gliding.*

> (b) Nous **faisons** du ski de fond le week-end (a) s'il y **a** de la neige.
> *We **go** cross-country skiing on the weekends if there **is** snow.*

- (a) **si** + *imperfect* + (b) *present conditional*
  (a) **si** + *pluperfect* + (b) *past conditional*

When the condition expressed in the *if-clause* is considered unlikely to become true, or is hypothetical or contrary to fact, the pattern is also similar to English.

(a) **si** + *imperfect* + (b) *present conditional*—The result is still possible.

> (a) S'ils **prenaient** un coup de soleil, (b) ils ne **sortiraient** pas demain.
> *If they **got** sunburned, they **would** not **go out** tomorrow.*

> (b) Vous ne **feriez** pas de bateau (a) si tu **avais** le mal de mer.
> *You **would** not **go** boating if you **suffered** from seasickness.*

(a) **si** + *pluperfect* + (b) *past conditional* —The time frame is the past; the result cannot be changed.

> (a) Si son fils n'**était** pas **venu,** (b) il n'**aurait** pas **fait** le voyage.
> *If his son **had** not **come,** he **would** not **have made** the trip.*

> (b) Nous **serions allés** au Togo (a) s'il n'y **avait** pas **eu** de guerre.
> *We **would have gone** to Togo if there **had** not **been** a war.*

It is also possible to use the *pluperfect* followed or preceded by the *present conditional* if you want to say (a) *if this had happened* (i.e., in the past) (b) *something would happen…* (i.e., in the present).

> (a) Si j'**avais appris** le chinois, (b) j'**irais** souvent en Chine.
> *If I **had learned** Chinese, I **would travel** to China often.*

> (b) Nous **serions** plus contents (a) si nous **avions logé** dans des hôtels de luxe.
> *We **would be** happier if we **had stayed** in luxury hotels.*

> (a) Si tu **avais fait** de la planche à voile, (b) tu **serais** fatigué comme nous.
> *If you **had gone** windsurfing, you **would be** tired like we are.*

Summary

If-clause (a)	Result Clause (b)
A. *Present*	+ *Present or Future*
Si nous **faisons de la randonnée,**	nous ne **dépensons** pas trop d'argent.
*If we **go hiking,***	*we **do** not **spend** too much money.*
Si tu **prends** le train,	tu **arriveras** à l'heure.
*If you **take** the train,*	*you **will arrive** on time.*
B. *Imperfect*	+ *Present conditional*
S'il **allait** à la pêche,	nous **mangerions** du poisson.
*If he **went** fishing,*	*we **would eat** fish.*
C. *Pluperfect*	+ *Present conditional*
Si vous **aviez voyagé** en avion,	vous **seriez** moins fatigué.
*If you **had traveled** by plane,*	*you **would be** less tired.*
D. *Pluperfect*	+ *Past conditional*
Si elle **avait passé** moins de temps à la plage,	elle n'**aurait** pas **pris** de coup de soleil.
*If she **had spent** less time at the beach,*	*she **would** not **have gotten** a sunburn.*

🔽 **SELF-CHECK** Cahier d'exercices écrits et de laboratoire, Exercises V, Q and R, pp. 68–69.

VI *Passé simple* and *passé antérieur*

A Usage

The **passé simple** is a past tense used only in writing, usually in literary texts, fairy tales and, less frequently today, in journalism. It indicates that an action has been completed in the past and has no relation to the present.

Le vieil homme **ferma** les yeux.   Il ne **vit** pas les villages.
*The old man **closed** his eyes.*   *He **didn't see** the villages.*

This tense can be considered the literary equivalent of the **passé composé,** although this latter tense suggests more of a connection to the present than the **passé simple.** For stylistic effects, an author may use both the **passé simple** and the **passé composé** in the same passage. The imperfect is used in both written and spoken French to indicate a state of being, a condition, or how things were in the past, and is found in both literary and nonliterary styles.

B Formation

For reading, it is helpful to *recognize* the forms of the **passé simple.**

Regular verbs whose infinitive ends in **-er** drop the **-er** and add the endings: **-ai, -as, -a, -âmes, -âtes, -èrent.**

je regard**ai**	nous regard**âmes**
tu regard**as**	vous regard**âtes**
il/elle/on regard**a**	ils regard**èrent**

Regular verbs whose infinitives end in **-ir** or **-re,** drop the **-ir** or **-re** and add the endings: **-is, -is, -it, -îmes, -îtes, -irent.**

je répond**is**	nous répond**îmes**
tu répond**is**	vous répond**îtes**
il/elle/on répond**it**	ils répond**irent**

The **passé simple** forms of some frequently used irregular verbs are:

avoir		être		faire	
j'eus	nous eûmes	je fus	nous fûmes	je fis	nous fîmes
tu eus	vous eûtes	tu fus	vous fûtes	tu fis	vous fîtes
il/elle/on eut	ils eurent	il/elle/on fut	ils furent	il/elle/on fit	ils firent

The **passé simple** of many irregular verbs is built on their past participle. Those with a past participle ending in **-is** (mettre **/ mis;** prendre **/ pris**) have an **i** in their **passé simple** stem: je m**i**s, nous m**î**mes, tu pr**i**s, vous pr**î**tes. Those whose past participle ends in **-u** (croire **/ cru;** savoir **/ su**) have a **u** in their **passé simple** stem: tu cr**u**s, vous cr**û**tes, il s**u**t, ils s**u**rent.

Infinitive	*Past participle*	*Passé simple*
apercevoir	aperçu	nous aperçumes
paraître	paru	elles parurent
remettre	remis	il remit

C Passé antérieur

The literary equivalent of the **plus-que-parfait** is the **passé antérieur.** It is used to refer to an action in the past that preceded another action in the past. It is a compound past tense, formed with the **passé simple** of **avoir** or **être** and the past participle.

Dès qu'il **eut déposé** son père devant la maison, il **s'empressa** de partir.
*As soon as he **had dropped** his father off in front of the house, he rushed to leave.*

NOTE: The **passé simple** and the **passé antérieur** are tenses you should recognize in order to understand the meaning of what you are reading, but you will not need to produce them.

SELF-CHECK Cahier d'exercices écrits et de laboratoire, Exercises VI, U and V, p. 71.

Chapitre 6

Structures

TOPICS

 I **Verb review:** *préférer, projeter*

II **Negative expressions**

III **Relative pronouns**

IV *Le mot juste: il s'agit de*

I Verb review

A. The verb **préférer** is an **-er** verb that has a stem spelling change in some forms. As you learned in Chapter 1 (p. 144), **préférer** and verbs like it (**accélérer, sécher,** etc.) change the **é** to **è** in the stem for all but the **nous** and **vous** forms in the conjugation of the present indicative. In the imperfect, future, and conditional, these verbs retain the **é** in all forms:

Present		Future (Conditional)	
je préf**è**re	nous préf**é**rons	je préf**é**rerai (-ais)	nous préf**é**rerons (-ions)
tu préf**è**res	vous préf**é**rez	tu préf**é**reras (-ais)	vous préf**é**rerez (-iez)
il/elle/on préf**è**re	ils/elles préf**è**rent	il/elle/on préf**é**rera (-ait)	ils/elles préf**é**reront (-aient)

Imperfect		Past participle
je préf**é**rais	nous préf**é**rions	préf**é**ré
tu préf**é**rais	vous préf**é**riez	
il/elle/on préf**é**rait	ils/elles préf**é**raient	

B. The verb **projeter** is another stem-change regular **-er** verb. In the present indicative, **projeter** and verbs like it (**appeler, jeter,** etc.) double the consonant (**l, t**) in all but the **nous** and **vous** forms. Verbs that double the consonant **l** or **t**, have this double consonant in all forms of the future and the conditional. The forms of the imperfect do not have a double consonant.

Present		Future (Conditional)	
je projette	nous projetons	je projetterai (-ais)	nous projetterons (-ions)
tu projettes	vous projetez	tu projetteras (-ais)	vous projetterez (-iez)
il/elle/on projette	ils/elles projettent	il/elle/on projettera (-ait)	ils/elles projetteront (-aient)

Imperfect		Past participle
je projetais	nous projetions	projeté
tu projetais	vous projetiez	
il/elle/on projetait	ils/elles projetaient	

 SELF-CHECK *Cahier d'exercices écrits et de laboratoire,* Exercise I, A, p. 75.

II Negative expressions

 A *Ne... pas*

To make a simple negative statement, question, or command in French, **ne... pas** is placed around the verb.

> J'aime beaucoup ce film français.
> Je **n'**aime **pas** beaucoup ce film français.

REMEMBER:

- In simple tenses, **ne** precedes the verb and **pas** follows it.
  Je **n'**aime **pas** ce film.

- In compound tenses, **ne** precedes the auxiliary verb and **pas** follows it.
  Elle **n'**a **pas** vu le film.

- When using inversion, **ne** precedes the inverted subject-verb construction and **pas** follows it.
  Ne vas-tu **pas** au cinéma?
  N'es-tu **pas** allé au cinéma?

- In a command (imperative form), **ne** precedes the verb and **pas** follows it.
  N'allez **pas** au cinéma!

- With a negative infinitive, **ne pas** is placed between the main verb and the infinitive.
  Il préfère **ne pas** aller au cinéma.

- A negative statement, question, etc. can be reinforced, or made stronger, by adding **du tout** to the **ne... pas** expression.
  Je **n'**ai **pas du tout** envie de regarder ce jeu télévisé.
  *I have **no** desire **whatsoever** to watch this game show.*

Pas du tout can also be used alone as a negative answer to a question.

> Aimez-vous les films doublés?   —**Pas du tout**!
> *Do you like dubbed movies?*   —***Not at all!***

- A negative statement, question, etc. can be qualified or made more precise, by adding **encore** to **ne... pas.**

> Je **n'**ai **pas** vu ce film.
> *I have **not** seen this film.*

> Je **n'**ai **pas encore** vu ce film.
> *I have **not yet** seen this film.*

NOTE: Indefinite articles (**un/une/des**) that follow negative expressions are replaced by **de.** For more examples of this construction, see *Structures,* Chapter 4, p. 171.

> Ma famille **a un** poste de télévision.
> Ma famille **n'a pas de** poste de télévision.

> Il y **a des** cinémas dans ce petit village.
> Il **n'y a pas de** cinémas dans ce petit village.

B Other negative expressions

ne... jamais	*never*
ne... plus	*no longer, not . . . anymore*
ne... personne	*no one*
ne... rien	*nothing*
ne... ni... ni	*neither . . . nor*
ne... aucun(e)	*not any*

NOTE: The expression **ne... que,** which means *only,* is often included with negative expressions, although technically it only limits the verb, rather than negates it. The second part of this expression (**que**) always directly precedes the word it modifies.

> Il **n'**y a **que** très peu d'Américains qui préfèrent les films étrangers.
> *There are **only** a very few Americans who prefer foreign films.*

> Il **n'**a vu **que** deux films français dans sa vie.
> *He has seen **only** two French films in his life.*

1. *Ne... jamais*

Ne... jamais negates the adverbs **souvent** *(often)*, **quelquefois** *(sometimes)*, **parfois** *(occasionally)*, **toujours** *(always)*, and **de temps en temps** *(from time to time)*. It functions the same way as **ne... pas.**

> Elle **ne** regarde **jamais** les informations.

Jamais can be used alone to answer a question.

> Regardez-vous parfois des films de science-fiction? —**Jamais!**
> *Do you occasionally watch science fiction movies?* —***Never!***

Jamais can also be used alone in a positive context to mean *ever.*

> Avez-vous **jamais** rencontré une vedette de cinéma?
> *Have you ever met a movie star?*

2. *Ne... plus*

Ne... plus is used to indicate a negative change in a situation, and it is sometimes used to negate the adverbs **encore** and **toujours** when they mean *still.*

> Je **ne** regarde **plus** la télé.
> *I **no longer** watch television.*

> Aimes-tu **toujours** cette série? —Non, je **ne** l'aime **plus.**
> *Do you **still** like this serial?* —*No, I **no longer** like it.*

3. Ne... personne / ne... rien

Ne... personne and **ne... rien** function in similar ways as negative constructions.

- When used as a subject, both parts of the negative expression precede the verb, and the verb is always in the singular.

  Personne n'aime ce téléfilm.
  ***No one** likes this TV movie.*

  Rien n'est crédible dans ce film.
  ***Nothing** is believable in this movie.*

- When used as a direct object, **ne** precedes the verb and **personne / rien** follows it.

  Je **ne** connais **personne** qui aime ce film.
  *I know **no one** who likes this movie.*

  Il **n**'y a **rien** à la télé ce soir.
  *There is **nothing** on TV tonight.*

If the verb is in a compound tense (auxiliary + past participle of main verb), the placement of **personne** and **rien** used as direct objects is not the same. **Rien** precedes the past participle, whereas **personne** follows it.

  Elle **n**'a **rien vu.**   Elle **n**'a vu **personne.**
  *She saw **nothing.***   *She saw **no one.***

- When used as the object of a preposition, both **personne** and **rien** follow the preposition.

  Elle **n**'est allée au cinéma avec **personne.**
  *She **didn't** go to the movies with **anyone.** (She went to the movies with **no one.**)*

  Cet acteur **ne** parle de **rien** d'intéressant dans son interview.
  *This actor **doesn't** talk about **anything** interesting in his interview.*

NOTE: As in the above example, if **personne** or **rien** is modified by an adjective, the adjective is always masculine and must be preceded by **de (d').**

- Both **personne** and **rien** can be used alone as negative answers.

  Qui avez-vous vu?   —**Personne.**
  Who (whom) did you see?   —***No one.***

  Qu'est-ce qu'il y a à la télé?   —**Rien.**
  What is on TV?   —***Nothing.***

4. Ne... ni... ni

Ne... ni... ni is used to oppose two people, things, or ideas. **Ne** precedes the verb, as usual, but **ni... ni** directly precede the words they modify. Partitive and indefinite articles are dropped in this construction, but definite articles remain.

  Elle **n**'aime regarder **ni** la télé **ni** les films.
  *She **doesn't** like to watch TV **or** movies. (She likes to watch **neither** TV **nor** movies.)*

  Nous **n**'avons **ni** téléviseur **ni** magnétoscope à la maison.
  *We have **neither** a TV **nor** a VCR at home.*

NOTE: When **ne... ni... ni** is negating the subject rather than the object in a sentence, the verb is generally plural.

  Ni ma mère **ni** mon père **n**'aiment les films d'épouvante.
  ***Neither** my mother **nor** my father like horror movies.*

5. *Ne... aucun(e)*

This negative expression can function in various ways in a sentence.

- As a subject pronoun, **aucun** takes the gender of the noun it replaces and is followed by a singular verb.

    Aucune de ces trois séries **n'**est bonne.
    None of these three serials is good.

- As an adjective, **aucun** agrees in gender with the noun it modifies. The adjective and noun are always singular.

    Cet acteur **n'**a **aucun** talent.
    *This actor **doesn't** have **any** talent. (This actor has **no** talent.)*

 Si

The affirmative response to a negative question or statement is **si,** not **oui.**

N'avez-vous pas aimé ce film?	—**Si!**
Did you not like this film?	—***Yes** (I did)!*
Avez-vous aimé ce film?	—**Oui.**
Did you like this film?	—***Yes.***

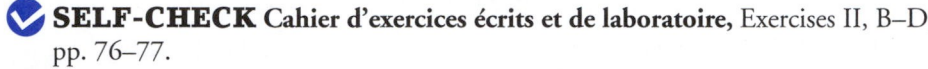 **SELF-CHECK Cahier d'exercices écrits et de laboratoire,** Exercises II, B–D, pp. 76–77.

III Relative pronouns

Learning to use relative pronouns in French will allow you to speak and write in a more sophisticated manner. Instead of using simple sentences and repetition, you will be able to qualify or expand on your main clause by attaching to it a second (relative, or subordinate) clause.

Simple sentence and repetition:

> J'aime ce film. Ce film vient de sortir.
> *I like this movie. This movie just came out.*

Main clause + relative clause:

> J'aime ce film **qui** vient de sortir.
> *I like this movie **that** just came out.*

NOTE: In the example above, **qui** is the relative pronoun that links the main clause to the relative clause. It functions as the *subject* of the verb in the relative clause (**vient**), and its antecedent (the word in the main clause that it represents) is **film.** There are several relative pronouns to choose from in French, depending on how the pronoun functions in the relative clause.

A. Qui and **que** are the most commonly used relative pronouns in French.

- **Qui** functions as a subject. Its antecedent can be either a person or a thing. The verb in the relative clause agrees in number (singular/plural) with that of the antecedent.

    > L'actrice **qui** joue le rôle principal du film n'est pas très bonne.
    > [The antecedent **actrice** and verb **joue** are 3rd person singular.]
    > *The actrice **who** plays the leading role in the film isn't very good.*

On critique les pubs **qui** montrent trop de nudité.
[The antecedent **pubs** and verb **montrent** are 3rd person plural.]
*People are critical of ads **that** show too much nudity.*

When **qui** is followed by a vowel, there is no elision (combining the **i** of **qui** with the vowel that follows)

Quel est le nom de l'acteur **qui** a joué le rôle principal dans le film *Titanic*?

- **Que** functions as a direct object. Its antecedent can be either a person or a thing.

    Que takes the gender (masculine/feminine) and number (singular/plural) of its antecedent, so a past participle in the relative clause must agree with the gender and number of the antecedent.

    Le film **que** nous avons vu est très bon.
    (*antecedent* = **film** → *past participle* **vu**)

    L'actrice **que** nous avons vu**e** est très connue.
    (*antecedent* = **actrice** → *past participle* **vue**)

When the relative pronoun **que** is followed by a vowel, the **e** of **que** is elided with that vowel.

    L'actrice **qu'**elle aime s'appelle Emmanuelle Béart.

NOTE: The relative pronoun **que** cannot be omitted in French, as it can in English.

    Quel est le nom du film **que** tu as vu?
    *What is the name of the movie **(that)** you saw?*

B. Ce qui or **ce que** is used instead of **qui** or **que** when the antecedent is not clearly stated. Both of these pronouns are translated as *what*.

    Je ne comprends pas **ce qui** se passe dans ce film.
    (**ce qui** = *subject of relative clause*)
    *I don't understand **what** is happening in this movie.*

    Dites-moi **ce que** vous voulez regarder à la télé.
    (**ce que** = *direct object of relative clause*)
    *Tell me **what** you want to watch on TV.*

C. Dont is the relative pronoun used to replace **de** + *its object in a relative clause*. The object of the preposition can be either a person or a thing.

- **Dont** is the relative pronoun to use with the following common expressions:

avoir besoin de	être fier(-ère) de
avoir envie de	se souvenir de
avoir peur de	se servir de
être content(e) de	se moquer de
être satisfait(e) de	parler de

    Le grand classique **dont** il se souvient le mieux est *Casablanca*.
    The classic film he remembers best is Casablanca.

    La vedette **dont** nous parlons est Gérard Depardieu.
    The star we are talking about is Gérard Depardieu.

NOTE: In the examples above, the relative pronoun cannot be omitted in French, as it can in English.

- **Dont** is the relative pronoun that sometimes translates into English as *whose*.

  Dans le film *Titanic*, le héros tombe amoureux d'une jeune femme **dont** le fiancé est très riche.
  In the movie Titanic, *the hero falls in love with a young woman **whose** fiancé is very rich.*

- **Ce dont** is used instead of **dont** when the antecedent is not clearly stated.

  Je ne comprends pas **ce dont** vous avez peur dans ce film d'épouvante.
  *I don't understand **what** you are afraid of in this horror film.*

D. If the relative clause has a preposition other than **de,** use the pronoun **qui** when referring to people, and a form of **lequel (laquelle, lesquels, lesquelles)** when referring to things.

  Je ne sais plus **à qui** j'ai prêté le DVD.
  *I no longer know **to whom** I lent the DVD.*
  (In colloquial English: *I no longer know **who** I lent the DVD **to.**)*

  Explique-moi les raisons **pour lesquelles** tu préfères cette chaîne.
  *Explain to me (the reasons) **why** you prefer this channel.*

E. Où is the relative pronoun to use to express time or place.

  Jacques n'a jamais oublié le jour **où** sa grand-mère a quitté le cinéma avant la fin du film.
  *Jacques never forgot the day (**when**) his grandmother left the cinema before the end of the movie.*

  Quel est le nom du restaurant **où** tu as vu Tom Hanks?
  *What is the name of the restaurant **where** you saw Tom Hanks?*

 SELF-CHECK **Cahier d'exercices écrits et de laboratoire,** Exercises III, G–I, pp. 78–80.

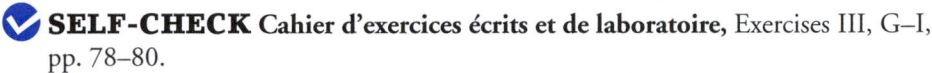 **IV** *Le mot juste: il s'agit de*

The expression **il s'agit de** can be very useful when talking *about* the content of a work (a book, a play, a movie, etc.) or when talking *about* an event.

NOTE: The subject of this expression is *always* the impersonal **il.**

  Dans ce film, **il s'agit d'**un homme qui veut être président des Etats-Unis.
  *This movie **is about** a man who wants to be president of the United States.*

  De quoi **s'agit-il** dans cette nouvelle émission?
  ***What is** this new TV program **about**?*

Chapitre 7

Structures

TOPICS

I Verb review: *croire*

III Formation of the subjunctive

II What is the subjunctive?

IV Usage of the subjunctive

I Verb review

The verb **croire** is irregular in the present tense:

je crois	nous croyons
tu crois	vous croyez
il/elle/on croit	ils/elles croient
Future/Conditional stem:	croir-
Past participle:	cru

Usage:

croire + direct object = *to believe someone or something*

Je **crois** mon père.
*I **believe** my father.*

croire à = *to believe something is possible, probable, real; to believe in the value of something*

Il **croit aux** fantômes.
*He **believes in** ghosts.*

Je ne **crois** pas **à** la magie noire.
*I don't **believe in** black magic.*

croire en = *to believe in, to have confidence in*

Ses parents **croient en** lui.
*His parents **believe in (have confidence in)** him.*

Croyez-vous **en** Dieu?
*Do you **believe in** God?*

✔ **SELF-CHECK** **Cahier d'exercices écrits et de laboratoire,** Exercise I, A, p. 87.

II What is the subjunctive?

The *subjunctive* suggests a way of looking at things rather than talking about a moment in time. The *indicative* (present, imperfect, future, **passé composé,** etc.) refers to actions or events in the realm of certainty in varying time frames.

> Ses parents veulent qu'elle **soit** heureuse.
> *Her parents want her **to be** happy.*

Being happy is not a fact in this sentence but a subjective condition that may or may not happen. The parents wish it, but this does not make it reality.

> Il est possible que les trois chevaliers **puissent** sauver la vie de la demoiselle.
> *It is possible that the three knights **can (could)** save the life of the damsel.*

This sentence stresses the uncertainty of the result. We do not know if they will succeed.

The subjunctive is rare in English and you will see in the translations of the two examples above that it can be translated in different ways. Something close to the subjunctive is expressed in a sentence like:

> *I wish she **were** a princess.*

Unlike English, the *subjunctive* occurs fairly frequently in French. When a *main* verb expresses a feeling or an emotion (happiness, fear, surprise, etc.) or a desire (I want, I demand, etc.) and the verb that follows it has a different subject, this second verb is in the subjunctive mood.

> Ils veulent qu'elle **choisisse** un mari.
> *They want her **to choose** a husband.*

In this example, she has not chosen a husband, nor do we know whether she will do so, or is doing so; what we know is that they *want* her to do it.

> Je doute qu'une cigale **puisse** danser.
> *I doubt that a cicada **can** dance.*

We do not know if this insect can or cannot dance; we know that the speaker doubts it is possible.

> Je regrette que la licorne **disparaisse.**
> *I am sorry that the unicorn **may disappear.***

Since the main verbal expression (**regretter**) states regret, the dependent or subordinate verb (**disparaisse),** which has a different subject, is in the subjunctive.

III Formation of the subjunctive

Two tenses of the *subjunctive* are commonly used in modern French: the *present* (to express present *or* future) and the *past*. The imperfect and the pluperfect subjunctive are usually found only in literary texts.

A Present subjunctive

The present tense of the *subjunctive* for most verbs is formed by taking the third person plural form of the present indicative (**ils/elles choisissent),** dropping the **-ent,** and adding the following endings:

-e	-ions
-es	-iez
-e	-ent

Il est important qu'elle **choisisse** le meilleur cadeau.

1. Regular verbs

Regular **-er** verbs

raconter (ils racont**ent**)	
que je racont**e**	que nous racont**ions**
que tu racont**es**	que vous racont**iez**
qu'il/elle/on racont**e**	qu'ils/elles racont**ent**

Regular **-ir** verbs

choisir (ils choisiss**ent**)	
que je choisiss**e**	que nous choisiss**ions**
que tu choisiss**es**	que vous choisiss**iez**
qu'il/elle/on choisiss**e**	qu'ils/elles choisiss**ent**

Regular **-re** verbs

attendre (ils attend**ent**)	
que j'attend**e**	que nous attend**ions**
que tu attend**es**	que vous attend**iez**
qu'il/elle/on attend**e**	qu'ils/elles attend**ent**

NOTE: The subjunctive is often shown in verb charts preceded by the conjunction **que** to emphasize that these verb forms are used only in *dependent clauses*, i.e., they always follow another conjugated verb.

2. Verbs with double stems

There are many verbs that have double stems in the subjunctive; one stem is based on the third person plural (ils **vienn**ent: **vienn-**) and is used for **je, tu, il/elle/on, ils/elles;** the other is based on the first person plural (nous **ven**ons: **ven-**) and is used for **nous** and **vous.**

venir	
que je **vienn**e	que nous **ven**ions
que tu **vienn**es	que vous **ven**iez
qu'il/elle/on **vienn**e	qu'ils/elles **vienn**ent

Some of the most common verbs that follow this pattern are: **boire, croire, devoir, mourir, prendre, recevoir,** and **voir.** If you check the conjugation of these verbs in the present indicative, you will see that they follow a similar pattern there since they also have two stems.

> Il faut que la sorcière **prenne** le poison.
> *The witch must **take** the poison.*

> Le magicien veut que nous **prenions** la potion magique.
> *The magician wants us **to take** the magic potion.*

> Il est important que la princesse **reçoive** la fleur.
> *It is important that the princess **get** the flower.*

> Je doute que vous **receviez** ce miroir.
> *I doubt that you **will receive** this mirror.*

Some other frequently used verbs have two stems in the subjunctive that are not based on the present indicative, but they follow this same pattern (one stem for **je, tu, il/elle/on, ils/elles;** another stem for **nous, vous**).

aller: **aill- / all-**

> Il faut que j'**aille** chez ma fiancée.
> *I have **to go** to my fiancée's house.*

> Il est important que nous y **allions** ensemble.
> *It is important for us **to go** there together.*

vouloir: **veuill- / voul-**

> Bien qu'elle **veuille** se marier, elle renvoie les trois jeunes hommes.
> *Although she **wants** to marry, she sends the three young men away.*

> Elle est étonnée que nous **voulions** tous faire ce qu'elle demande.
> *She is surprised that we all **want** to do what she asks.*

3. Irregular verbs

These commonly used irregular verbs have only one stem in the subjunctive:

savoir: **sach-** pouvoir: **puiss-** faire: **fass-**

The present subjunctive forms of **avoir** and **être** are irregular.

avoir		être	
que j'**aie**	que nous **ayons**	que je **sois**	que nous **soyons**
que tu **aies**	que vous **ayez**	que tu **sois**	que vous **soyez**
qu'il/elle/on **ait**	qu'ils/elles **aient**	qu'il/elle/on **soit**	qu'ils/elles **soient**

B Past subjunctive

The *past tense of the subjunctive* is a compound past tense (like the **passé composé**) and is composed of the present subjunctive of **avoir** or **être** and the past participle of the verb.

> Elle est contente qu'ils **soient arrivés** avant son enterrement.
> *She is happy that they **arrived** before her burial.*

> Ses parents sont étonnés que le jeune homme **ait acheté** une fleur.
> *Her parents are surprised that the young man **bought** a flower.*

The *past subjunctive* is used when the action or condition in the subjunctive clause has taken place before the action or state of the main (indicative) clause. For example, in the second sentence, the parents *are* surprised *now*, in the present, because at some time in the past, the young man *bought* a flower.

> Je suis désolé que vous n'**ayez** pas **trouvé** le sorcier.
> *I am sorry that you **did** not **find** the sorcerer.*

The speaker is sorry *now* that you did not find the magician *in the past*.

 SELF-CHECK Cahier d'exercices écrits et de laboratoire, Exercises II/III, B, C, and D, pp. 87–88.

 Usage of the subjunctive

In modern French, the subjunctive is almost always used in a *dependent* or *subordinate clause* introduced by the conjunction **que.**

NOTE: Not all clauses following **que** will require the subjunctive. In the following sentence, for example, **que** is a *relative pronoun* that refers back to the noun, **garçon.**

> Le garçon **que** la jeune fille aime lui a apporté une fleur.
> *The boy **whom** the girl loves brought her a flower.*

A The subjunctive is used…

- following expressions of *volition* (will, intent, desire, wish) or *sentiment* (emotion, judgement, appreciation).

  > Il **faut qu'**elle nous **dise** qui elle aime.
  > *She **must tell** us whom she loves.*

  > Ils **ont peur qu'**elle **soit** morte.
  > *They **are afraid** she **may be** dead.*

  > Ton père **préfère que** tu ne **lises** pas d'histoires de vampires.
  > *Your father **prefers that** you not **read** vampire stories.*

  Some verbs in this category are: **admirer, aimer mieux, défendre, demander, désirer, insister, ordonner, permettre, préférer, regretter, vouloir.**

  > Les enfants **veulent que** la Cigale **continue à vivre.**
  > *Children **want** the Cicada **to live.***

  > La Fourmi **insiste pour que** la Cigale **danse.**
  > *The Ant **insists that** the Cicada **dance.***

  NOTE: The subjunctive is *not* used after the verb **espérer,** which is often followed by the future.

  > Il **espère qu'**elle le **prendra** pour mari.
  > *He **hopes** she **will take** him as her husband.*

  Some expressions of volition and emotion that are followed by the subjunctive are: **avoir peur que, être heureux que** (also: **être triste / content(e) / désolé(e) / étonné(e) / surpris(e) que,** etc.), **il est bon que** (also: **il est utile / important / nécessaire / dommage / temps que,** etc.), **il vaut mieux que, il faut que.**

Je **suis étonné que** tu **croies** à l'existence des loups-garous.
*I **am surprised that** you **believe** in werewolves.*

Il **vaut mieux que** la Fourmi **ait** pitié de la Cigale.
*It **is better** for the Ant **to have** some pity for the Cicada.*

- following verbs and expressions that indicate *doubt* or *possibility* (**il est possible que, il est impossible que, il se peut que, il est peu probable que**).

  Il **se peut que** nous **trouvions** une fleur magique.
  *It **is possible that** we **may find** a magic flower.*

  Je **doute que** le géant **veuille** épouser une naine.
  *I **doubt** that the giant **wants** to marry a dwarf.*

  Il **est peu probable que** la Cigale **puisse** survivre.
  *It **is unlikely that** the Cicada **can** survive.*

  EXCEPTION: The expression **il est probable que** suggests greater certainty and is therefore not followed by the subjunctive.

  Il **est probable que** la Fourmi ne **veut** pas aider la Cigale.
  *It **is likely that** the Ant **does** not **want** to help the Cicada.*

  Il **est probable que** la Cigale **mourra** en hiver.
  *It **is likely that** the Cicada **will die** in the winter.*

- with certain conjunctions. Some of the most common are:

à condition que	*provided that*	**jusqu'à ce que**	*until*
à moins que	*unless*	**pour que**, **afin que**	*in order to*
avant que	*before*	**pourvu que**	*provided that, so long as*
bien que, **quoique**	*although*	**sans que**	*without*

  Bien qu'il **ait** peur, il s'intéresse aux fantômes.
  ***Although** he **is** afraid, he is interested in ghosts.*

  La Cigale chante **jusqu'à ce qu'**elle **ait** faim.
  *The Cicada sings **until** she **is** hungry.*

  Le chevalier part **sans que** la princesse le **voie**.
  *The knight leaves **without** the princess **seeing** him.*

  Avant que nous **arrivions**, le loup **aura dévoré** le Petit Chaperon rouge.
  ***Before** we **arrive**, the wolf **will have eaten** Little Red Riding Hood.*

  NOTE: Traditional grammar books state that the conjunction **après que** is not followed by a verb or a verbal expression in the subjunctive. However, many native speakers of French now use the subjunctive after **après que.**

  Some of these conjunctions have equivalent prepositions (with the same meaning) that are used when the subjects of both parts of the sentence are the same. These prepositions are then followed by an infinitive.

Conjunctions (+ Subjunctive)	*Prepositions (+ Infinitive)*
à condition que	**à condition de**
à moins que	**à moins de**
afin que	**afin de**
avant que	**avant de**
pour que	**pour**
sans que	**sans**

Avant de partir, ils embrassent leur fiancée.
Before leaving, they kiss their fiancée.

Afin d'arriver vite, ils montent tous sur le même cheval.
In order to arrive quickly, they all get on the same horse.

Sans attendre, il entre dans sa chambre.
Without waiting, he goes into her bedroom.

A condition de trouver le plus beau cadeau, il pourra se marier avec la belle demoiselle.
On the condition that he find the most beautiful gift, he will be able to marry the beautiful damsel.

NOTE: The preposition **jusqu'à** is followed by a noun.

Jusqu'à leur retour, on la croyait morte.
Until their return, they thought she was dead.

Bien que, pourvu que, and **quoique** have no preposition equivalents, which means that they are always followed by the subjunctive even when the subjects of both main and dependent clauses are the same.

Bien qu'elle **aime** le garçon à la fleur, elle ne l'épousera pas.
Although she loves the boy with the flower, she will not marry him.

Quoique la reine **soit** très riche, elle habite un modeste château.
Although the queen is very rich, she lives in a modest castle.

Pourvu que tu **suives** la fée, tu trouveras le trésor.
As long as you follow the fairy, you will find the treasure.

- with superlative statements, since these are judgments and not fact. The opinion could easily change.

C'est **le plus beau prince** qu'elle **connaisse.**
He is the handsomest prince she knows.

Use of the subjunctive is not mandatory in this case.

B The subjunctive is not used…

- with expressions that indicate certainty (**il est clair que, il est évident que, il est vrai que,** etc.).

Il est vrai que la Fourmi **est** méchante.
It is true that the Ant is mean.

NOTE: If expressions of this type are used in the negative, they no longer indicate certainty and therefore require the subjunctive.

Il n'est pas clair que les histoires de fantômes **fassent** peur à tous les enfants.
It is not clear that ghost stories frighten all children.

- with the verbs **croire** and **penser** when they are *affirmative*.

Je **crois** que la Fourmi **doit** aider la Cigale.
I believe that the Ant should help the Cicada.

Nous **pensons que** le prince **peut** trouver une belle princesse.
We think that the prince can find a beautiful princess.

NOTE: **Croire** and **penser** may also be followed by the subjunctive if they are *negative* or *interrogative* when you want to emphasize doubt or uncertainty.

> Il **ne croit pas qu'**elle **aille** au bal avec lui.
> *He **does not believe that** she **will go** to the ball with him.*

If you do *not* want to emphasize doubt or uncertainty, use the indicative.

C Infinitive vs. subjunctive

If the subject of the main clause and the subordinate clause is the same, the infinitive should be used instead of the subjunctive.

The following sentences marked (a) all have one subject for several actions:

> subject + conjugated verb + infinitive

The following sentences marked (b) all have two subjects:

> subject + conjugated verb + **que** + different subject + conjugated verb (indicative or subjunctive, depending on the meaning of the first verb)

(1 subject: **il**)	a. **Il** veut **acheter** un beau cadeau pour sa fiancée. *He wants **to buy** a beautiful gift for his fiancée.* *(**He** wants and **he** is buying.)*
	vs.
(2 subjects: **elle/il**)	b. **Elle** veut qu'**il** lui **achète** un beau cadeau. *She wants **him to buy** her a beautiful gift.* *(**She** wants and **he** is buying.)*

(1 subject: **je**)	a. **Je** préfère **lire** des romans historiques. *I prefer **to read** historical novels.* *(**I** prefer and **I** read.)*
	vs.
(2 subjects: **je/tu**)	b. **Je** préfère que **tu lises** des contes de fées. *I prefer that **you read** fairy tales.* *(**I** prefer and **you** read.)*

(1 subject: **elle**)	a. **Elle** est contente de **revoir** sa famille. *She is happy **to see** her family again.* *(**She** is happy and **she** sees.)*
	vs.
(2 subjects: **ils/elle**)	b. **Les parents** sont contents que **leur fille vive** de nouveau. *The parents are happy that **their daughter is alive** again.* *(**The parents** are happy and **the daughter lives.**)*

NOTE: With expressions such as **être** + *adjective* (Elle **est contente / triste...**, etc.), the preposition **de** must be used in front of the infinitive.

> Il est **important de** raconter des contes de fées à vos enfants.
> *It is **important** to tell fairy tales to your children.*

> Nous sommes **tristes de** devoir partir.
> *We are **sad** to have to leave.*

However, with many other verbs commonly used with infinitives to replace the subjunctive, there is no preposition needed.

> Il **faut** trouver un cadeau.
> Je **préfère** chanter.
> Nous **voulons** raconter une histoire.

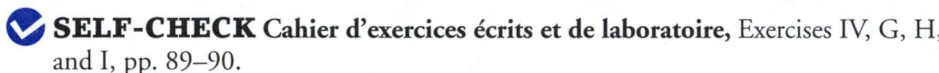**SELF-CHECK** Cahier d'exercices écrits et de laboratoire, Exercises IV, G, H, and I, pp. 89–90.

Summary: subjunctive vs. indicative or infinitive

- If a sentence has two different subjects: one in the main clause, another in the dependent clause…

1. use the indicative in the dependent clause when the main verb expresses:

	Example:
certainty	**Il est certain que…**
declaring	**Je dis que…**
hoping	**J'espère que…**
probability	**Il est probable que…**
thinking	**Je crois que…**

2. use the subjunctive in the dependent clause when the main verb expresses:

command	**Elle exige que…**
doubt	**Je doute que…**
emotion	**Je regrette que…**
fear	**Elle craint que…**
possibility	**Il est possible que…**
will	**Je veux que…**

- If a sentence has one subject for two verbs, use an *infinitive* after the main verb:

> Il **veut se marier.**
> *He **wants to get married.***

> La Cigale **espère trouver** de quoi manger chez la Fourmi.
> *The Cicada **hopes to find** something to eat at the Ant's place.*

> Il **est** important **de** ne pas **faire peur** aux enfants.
> *It **is** important not **to frighten** children.*

Chapitre 8

Structures

TOPICS

I Verb review: *vivre, venir*

II Adverbs

III Comparison of adverbs

IV Comparison of nouns

V Demonstrative pronouns

VI *Le mot juste: plaire à*

I Verb review

A. The verb **vivre** is irregular in the present tense. It has one stem in the singular: **vi-** and another in the plural: **viv-.**

je vis	nous vivons
tu vis	vous vivez
il/elle/on vit	ils/elles vivent
Past participle: vécu	

B. The verb **venir** (and verbs built on the same root: **devenir, obtenir, revenir, soutenir, se souvenir [de], tenir**) is irregular in the present tense. All these verbs have one stem for **je, tu, il/elle, ils/elles** and another for **nous** and **vous.**

je **vien**s	nous **ven**ons
tu **vien**s	vous **ven**ez
il/elle/on **vien**t	ils/elles **vien**nent
Past participles: venu (devenu, obtenu, revenu, soutenu, souvenu, tenu)	

NOTE: Verbs built on **venir (devenir, revenir, se souvenir)** are conjugated with **être** in the **passé composé** (Elle **est venue** chez nous pour le mariage.) and those built on **tenir (obtenir, soutenir)** are conjugated with **avoir** (Mes parents m'**ont** toujours **soutenu[e].**).

✔ **SELF-CHECK** **Cahier d'exercices écrits et de laboratoire,** Exercise I, A, p. 97.

II Adverbs

An adverb is an invariable word that modifies an adjective, a verb, or another adverb.

A Adverb type

There are several categories of adverbs:

Manner:	**bien, mal, poliment...**
Quantity:	**beaucoup**, **énormément**, **peu**, **très**, **trop...**
Time:	**aujourd'hui**, **demain**, **hier**, **souvent**, **tôt...**
Place:	**ici**, **là-bas**, **partout...**

Some adverbs do not fit into a particular category. **Aussi, non, oui,** and **peut-être** are examples of adverbs of this type.

B Adverb formation

Many (but not all) adjectives can be transformed into adverbs by adding certain endings, as described below.

- Most adjectives ending in a *vowel* form their adverb by adding **-ment** to their *masculine* form:

  poli + **ment** = **poliment**
  vrai + **ment** = **vraiment**

- Many adjectives ending in a *consonant* form their adverb by adding **-ment** to their *feminine* form:

  heureux   **heureuse** + **ment** = **heureusement**
  sûr   **sûre** + **ment** = **sûrement**

  Some exceptions:

  bref   **brève** + **ment** = **brièvement**
  dur   **dur** *(no change)*
  gentil   **genti** + **ment** = **gentiment**

- Other adjectives ending in a consonant change the **e** of the feminine form into an **é** before adding -**ment.**

  confuse = **confusément**
  précise = **précisément**
  profonde = **profondément**

- Adjectives ending in **-ent** change **-ent** to **-emment:**

  récent   **réc** + **emment** = **récemment**
  impatient   **impati** + **emment** = **impatiemment**

  An exception:

  lent   **lente** + **ment** = **lentement**

- Adjectives ending in **-ant** change **-ant** to **-amment:**

| constant | **const** + **amment** = **constamment** |
| méchant | **méch** + **amment** = **méchamment** |

Some combinations of words (nouns, adjectives, prepositions, adverbs, etc.) can be used as adverbial expressions:

avec joie
sans doute
petit à petit

NOTE: The adjective **possible** cannot be transformed into an adverb. To say *possibly*, use **probablement** or **peut-être.**

C Adverb position

When an adverb modifies a verb, its position in the sentence is somewhat variable for stylistic effect, for instance to emphasize something. The following rules present the most common placement.

- Usually an adverb immediately follows the verb it modifies in simple verb tenses (present, imperfect, future, conditional):

  Elle se dispute **violemment** avec ses parents.
  Je supporte **mal** les opinions de mon père.
  Ma grande sœur m'écoute **patiemment** quand je me fais du souci.

- With compound tenses (**passé composé, plus-que-parfait,** future past, past conditional), shorter adverbs generally are placed between the auxiliary and the past participle:

  Nous avons **bien** expliqué pourquoi nous voulions déménager.
  Tu t'es **vite** habitué à vivre seul.

- Longer adverbs of *manner* (how something is done) often ending in **-ment** can be placed after the past participle.

  Il a parlé **constamment** de ses problèmes avec ses parents.

- Adverbs of *time* and *place* are usually put at the beginning or at the end of a sentence, but can also be placed after the past participle, depending on what is emphasized.

  Aujourd'hui je m'entends bien avec ma sœur.
  Ils ne veulent pas s'installer **ici.**
  Elle s'est habituée **tôt** à ses nouvelles responsabilités.

NOTE: In French, unlike English, an adverb is NEVER placed between a subject and a verb. Compare:

I *always* obey my mother.
J'obéis **toujours** à ma mère.

Adverb Placement		
Simple verb tenses:	subject + verb + adverb	Je chante **souvent.**
		Je ne chante pas **souvent.**
Compound verb tenses:	subject + auxiliary + short adverb + past participle	J'ai **souvent** chanté.
		Je n'ai pas **souvent** chanté.
	subject + auxiliary + past participle + long adverb	J'ai chanté **bruyamment.**
		Je n'ai pas chanté **bruyamment.**

✔ **SELF-CHECK Cahier d'exercices écrits et de laboratoire,** Exercises II, B, C, and D, pp. 97–98.

Ⅲ Comparison of adverbs

- To compare how something is done, use the same construction you use to compare adjectives (see *Structures*, Chapter 2, pp. 155–156):

equality	superiority	inferiority
aussi + adverb + **que**	**plus** + adverb + **que**	**moins** + adverb + **que**

Sa petite sœur répond **aussi** poliment aux questions **que** son frère.
Elle s'est mariée **plus** tôt **que** moi.
Mes grands-parents nous grondent **moins** souvent **que** mes parents.

NOTE: The adverb **bien** becomes **mieux** in comparisons of superiority.

Elle s'entend **mieux** avec ses parents **que** son frère.
*She gets along **better** with her parents **than** her brother (does).*

- To state that something is done in the best, the worst, the fastest way, the most often, etc., in other words, to state a superlative, use:

le plus + adverb + **(de)**	**le moins** + adverb + **(de)**

C'est l'oncle Albert qui conduit **le moins prudemment de** tous mes oncles.
*It is Uncle Albert who drives **the least carefully of** all my uncles.*

De nous tous, c'est mon petit frère qui crie **le plus fort** quand il se fâche.
*My little brother yells **the loudest of** us all when he gets mad.*

Dans ma famille, c'est ma tante qui me comprend **le mieux.**
*In my family, my aunt understands me **the best.***

✔ **SELF-CHECK Cahier d'exercices écrits et de laboratoire,** Exercises III, G and H, pp. 99–100.

Ⅳ Comparison of nouns

- To compare nouns, use:

equality	superiority	inferiority
autant de + noun + **que**	**plus de** + noun + **que**	**moins de** + noun + **que**

> Il a **autant de** cousins **que** moi.
> *He has **as many** cousins **as** I (do).*

> Dans une famille recomposée, il y a souvent **plus d'**enfants **que** dans une famille monoparentale.
> *In a blended family, there are often **more** children **than** in a single-parent family.*

> Autrefois il y avait **moins de** divorces **qu'**aujourd'hui.
> *In earlier times there were **fewer** divorces **than** today.*

- To talk about something or someone that has the most or the least (superlative), use:

superiority	inferiority
le plus de + noun + **(de)**	**le moins de** + noun + **(de)**

> Ma belle-mère a **le plus de** confiance en elle **de** la famille.
> *My step-mother has **the most** self-confidence **in** the family.*

> Mon beau-père a **le moins de** temps.
> *My father-in-law has **the least** (amount of) time.*

> Cette mère célibataire a **le moins d'**argent.
> *This single mother has **the least** (amount of) money.*

 SELF-CHECK **Cahier d'exercices écrits et de laboratoire,** Exercises IV, K and L, p. 101.

Ⅴ Demonstrative pronouns

A Forms

By this point in your study of French, you are adept at using demonstrative adjectives (**ce, cet, cette, ces**) to modify nouns.

> **Cet** enfant est plus sympathique que sa sœur.
> **Cette** famille nombreuse se débrouille bien.
> J'admire **ces** femmes au foyer.

In order to avoid unnecessary repetition, these adjectives and the nouns they modify can be replaced by demonstrative pronouns. The demonstrative pronouns in French are:

	Masculine	Feminine
Singular	**celui**	**celle**
Plural	**ceux**	**celles**

B Usage

Demonstrative pronouns can be used in three ways:

- followed by **-ci** or **-là** to make a distinction between two people or things, or two groups:

  Regardez ces deux enfants. **Celui-ci** est plus sage que **celui-là.**
  *Look at these two children. **This one** is better behaved than **that one.***

  Je connais ses sœurs et je trouve **celle-ci** plus sympa que **celle-là.**
  *I know her sisters and find **this one** nicer than **that one.***

- followed by **de:**

  Les jeunes d'aujourd'hui quittent la maison plus tard que **ceux d**'il y a 30 ans.
  *Young people today leave home later than **those of** thirty years ago.*

  La nouvelle copine de ton frère cadet est plus amusante que **celle de** ton frère aîné.
  Your younger brother's girlfriend is more fun than your older brother's.

- followed by a *relative pronoun* (**qui, que, dont:** see *Structures*, Chapter 6, pp. 194–196):

  Mon nouveau colocataire paie le loyer plus régulièrement que **celui qui** a déménagé.
  *My new housemate pays the rent more regularly than **the one who** moved.*

  Mes cousins de Montpellier sont **ceux que** j'ai vus à Noël.
  *My cousins from Montpellier are **the ones (that)** I saw at Christmas.*

  Un père autoritaire typique est **celui auquel** les enfants obéissent.
  *A typical authoritarian father is **the one whom** the children obey.*

SELF-CHECK **Cahier d'exercices écrits et de laboratoire,** Exercises V, N, and O, p. 102.

 VI *Le mot juste: plaire à*

In English, we say that something or someone *pleases us*; the French say that something or someone is *pleasing to them*. Therefore the verb *to please* (**plaire**) requires the use of the preposition **à**, or an indirect object pronoun, to say who is pleased.

Est-ce que ton nouvel appart **te plaît**?
*Does your new apartment **please you***?

Mes copains ne **plaisent** pas toujours **à mes parents.**
*My friends do not always **please my parents.***

NOTE: The verb **plaire** is usually used to mean *to be happy with*. The above examples could be translated as:

Are you happy with / Do you like your new apartment?
*My parents **are** not always **happy with** / do not always **like** my friends.*

The usage of this verb is like that of **manquer à** (*Structures*, Chapter 3, p. 167): the word that is an indirect object in French is the subject of the equivalent sentence in English.

Structures

TOPICS

I Verb review

In the context of international relations, war, and peace, the verbs **vaincre** and **convaincre** are frequently found. These two verbs are conjugated the same way. For consistency of pronunciation, they have two stems—one for the singular and the other for the plural.

Present tense:	je **vainc**s	nous **vainq**uons
	tu **vainc**s	vous **vainq**uez
	il/elle **vainc**	ils/elles **vainq**uent
Past participle:	vain**c**u	

The other indicative tenses, as well as the subjunctive, are regular in their formation.

imperfect:	ils **vainq**uaient
future:	ils **vainc**ront
subjunctive:	que je **vainq**ue

SELF-CHECK Cahier d'exercices écrits et de laboratoire, Exercise I, A, pp. 106–107.

II What is a function?

This final chapter of *Sur le vif* is designed to help you review many of the structures of earlier chapters. Instead of presenting additional forms, this *Structures* section is organized around the concept of functions or communicative acts, to encourage you to reflect on the "why" (the function of the forms you have been studying) more than on the "what" (tenses, adjectives, adverbs, pronouns, etc.) or the "how" (conjugations, agreements, formation, etc.).

For example:

Structures	Functions
Adjectives, adverbs, relative clauses	describing something or someone, actions
Subjunctive	expressing opinions, reacting to a statement or event
Conditional	hypothesizing, saying how things could be or could have been
Imperative	telling someone to do something
Negative forms	disagreeing, contradicting

Instead of studying language in terms of its structures or grammatical forms, it is important to consider how or for what purpose language is used. When we speak we always do so for a reason (a purpose or a goal). These purposes are called *functions.*

In order to achieve our goals in speaking, we must use correct grammar, otherwise our message might be lost or misunderstood. You have now studied most of the important grammar structures in French. We will look at them once more with their functions in mind.

Functions are broad categories, and many different forms can be used to carry them out. Just because the *subjunctive* is listed with one function (*persuading,* for instance), does not mean it cannot be used for another (*expressing emotion,* or *giving commands*). As you read through these pages, refer back, as needed, to the chapters in which the structures mentioned are reviewed. The cross-references are there to help you. You are the best judge of which of these forms you need to study more. The workbook provides an opportunity to check your mastery of the grammar structures and their uses, as in the earlier chapters.

III Requesting information

We often need to ask for information: directions to a place, how to do things, details about a present, past or future event, clarification of something we have not understood, etc. Interrogative forms allow us to carry out this very frequent communicative act.

To get confirmation or contradiction, *yes* or *no* questions are all you need:

> **Est-ce que** vous pensez que l'ONU doit envoyer des soldats chaque fois qu'il y a une crise?
>
> **A-t-on** encore besoin d'armes nucléaires?

To get an answer that provides more information, an *interrogative adverb* (**comment, où, pourquoi, quand,** etc.), an *interrogative pronoun* (**qui, que, lequel,** etc.), or an *interrogative adjective* (**quel,** etc.) can be used.

> **Quand** va-t-on signer le traité?
> **Pourquoi** sont-ils ennemis?
> **Combien de** pays sont maintenant membres de l'UE?
> **Qui** partira avec Médecins sans frontières?
> **Que** veut dire ONG?
> **Quelle** est la date de la Journée de l'Europe?

(For a complete presentation of interrogative forms, see *Structures,* Chapter 2, pp. 157–159)

 SELF-CHECK *Cahier d'exercices écrits et de laboratoire,* Exercise III, B, p. 107.

IV Hypothesizing

When we think how things might be, or how they might have been, how we would do something, how something should be, we make *hypotheses* or suppositions. We may be asked: If you had this problem, what would you do? or: If you had to do this over, what would you do differently? To suggest *how things could be* if certain conditions were fulfilled, the *conditional* mood is used. This is helpful when you *speculate* about the future rather than presenting a more certain view of how things will be (for that, you need the future tense).

> Les élèves **décoreraient** leurs écoles et **apprendraient** l'hymne européen.
> *Pupils **would decorate** their schools and **would learn** the European anthem.*

> Si on n'avait plus de frontières, on n'**aurait** pas besoin de passeports.
> *If there were no longer any borders, one **would** not need passports.*

> Les pays du tiers-monde **pourraient** nourrir leurs populations s'ils n'achetaient plus d'armes.
> *Third World countries **could** feed their populations if they no longer bought weapons.*

To suggest how things *would have been* in the past, had the situation been different, use the *past conditional.*

> Si les Etats-Unis n'avaient pas déclaré la guerre à l'Allemagne, l'armée allemande **aurait vaincu** la Russie.
> *If the United States had not declared war on Germany, the German army **would have defeated** Russia.*

> Elle ne **serait** pas **partie** avec Médecins sans frontières si elle n'avait pas fait des études de médecine.
> *She **would** not **have gone** with Doctors Without Borders if she had not studied medicine.*

(For a complete presentation of the conditional, see *Structures,* Chapter 5, pp. 181–186.)

 SELF-CHECK Cahier d'exercices écrits et de laboratoire, Exercise IV, D, pp. 108–109.

V Describing

When we want to describe places, people, and events, we can use many different grammar structures to make our speech more precise and to add details that could interest our listeners.

- *Adjectives* typically modify nouns, that is, people or things. In French, adjectives must agree in gender (masculine or feminine) and number (singular or plural) with the nouns they modify.

> L'Europe est une **grande** puissance **économique.**
> *Europe is a **major** economic **power.***

> Les affaires **étrangères** ne m'intéressent pas.
> ***Foreign** affairs don't interest me.*

> En 1950, la France et l'Allemagne ont créé une institution **européenne supranationale.**
> *In 1950, France and Germany created a **supranational European** institution.*

(For a more complete presentation of adjectives, see *Structures,* Chapter 2, pp. 151–155.)

- Another structure that allows you to add details or precision to a description is the **relative clause.**

> Chaque pays **qui choisit de devenir membre de l'UE** respecte les objectifs de la paix.
> *Each country **that chooses to become a member of the EU** respects the goals of peace.*

> La Journée de l'Europe est une fête **où les personnes et les cultures des différentes régions de l'Europe peuvent se rencontrer.**
> *The Day of Europe is a holiday **when people and cultures of different regions of Europe can meet.***

> Les bénévoles **que cherchent Médecins sans frontières** ont déjà de l'expérience.
> *The volunteers **that Doctors Without Borders is looking for** already have experience.*

(For a more complete presentation of relative clauses, see *Structures,* Chapter 6, pp. 194–196.)

- A third way to produce a more detailed description is to use an adverb. *Adverbs* tell *how* something is done or give more information about an action.

> Marie-Hélène a **beaucoup** voyagé et elle est **déjà** partie au Mali.
> *Marie-Hélène has traveled **a lot** and she has **already** left for Mali.*

> Les citoyens européens se connaissent **mieux aujourd'hui.**
> *The citizens of Europe know each other **better today.***

> L'euro s'utilise **seulement** dans certains pays membres de l'UE.
> *The euro is used **only** in some of the EU member states.*

> Certains pays sont **cruellement** déchirés par la guerre.
> *Certain countries are **cruelly** torn apart by war.*

(For a more complete presentation of adverbs, see *Structures,* Chapter 8, pp. 207–209.)

- When you compare two or more things, people, or actions, you are also describing.

> L'Europe est **aussi grande que** l'Inde mais **plus riche.**
> *Europe is **as large as** India but **richer.***

> Les Français ont **plus de** vacances **que** les Anglais.
> *The French have **more** vacation (days) **than** the British.*

(For a more complete presentation of comparisons, see *Structures,* Chapter 2, pp. 155–156 and *Structures,* Chapter 8, pp. 209–210.)

Descriptions and tenses

- Descriptions are not limited to the present tense. When you describe something that happened in the past, you use a past tense, usually the *imperfect.*

> César, Charlemagne et Napoléon **voulaient** conquérir tous les pays d'Europe.
> *Cesar, Charlemagne, and Napoleon **wanted** to conquer all the countries of Europe.*

> Pendant longtemps, la Pologne **se méfiait** de l'Allemagne.
> *For a long period of time Poland **did not trust** Germany.*

(For a more complete presentation of the imperfect tense, see *Structures,* Chapter 3, pp. 162–165.)

- Of course you can also describe in the future, using the *future* tense.

> La guerre **paraîtra** absurde et **sera** impossible.
> *War **will seem** absurd and **will be** impossible.*

> Un jour il y **aura** la paix entre Israël et la Syrie.
> *One day there **will be** peace between Israel and Syria.*

(For a more complete presentation of the future, see *Structures,* Chapter 5, pp. 181–185.)

 SELF-CHECK Cahier d'exercices écrits et de laboratoire, Exercises V, F–I pp. 109–110.

VI Expressing opinions or reactions

When we want to say how an action or a statement makes us feel or give our point of view about something we have seen or heard, we often use the *subjunctive*.

> Nous **sommes heureux** que les Français et les Allemands **puissent** se parler.
> *We **are happy** that the French and the Germans **can** talk to each other.*

> Il **est important** que l'Europe **soit** forte.
> *It is **important** that Europe **be** strong.*

> Je **crains** que les forces de maintien de la paix **soient** trop timides.
> *I **am afraid** that the peace-keeping forces **are** too timid.*

Sometimes, however, an *infinitive* is used after these expressions instead of a conjugated verb in the subjunctive if the subject of the main verb and the "second" verb is the same.

> Il **faut passer** au moins six mois dans le pays pour être utile.
> *One **must spend** at least six months in the country to be useful.*

> Elle **regrette** de ne pas **avoir étudié** la médecine.
> *She **regrets** not **having studied** medicine.*

(For a more complete presentation of the subjunctive, see *Structures,* Chapter 7, pp. 198–205.)

 SELF-CHECK Cahier d'exercices écrits et de laboratoire, Exercise VI, M, p. 112.

VII Disagreeing

You also express an opinion when you disagree or contradict someone else. To do this you may use a *negative* construction.

> On **ne** se battra **plus.**
> *There will be **no more** fighting.*

> Nous pensons que la paix **ne** s'établira **jamais** tout à fait dans les Balkans.
> *We think that peace will **never** completely come to the Balkans.*

> **Ni** l'ONU **ni** l'OTAN **n'**enverra de forces de maintien de la paix.
> ***Neither** the UN **nor** NATO will send peace-keeping troops.*

(For a more complete presentation of the negative, see *Structures,* Chapter 6, pp. 191–194.)

Ⅷ Narrating

We spend a great deal of time telling others about something that will happen or is happening in our lives, or recounting an episode from our past. This narration is done in a variety of tenses, depending on the time frame of the events.

Present tense narration is what we do when we tell someone about what is going on right now.

> Ils **signent** le traité.
> *They **sign** the treaty.*

> Un des diplomates **pose** une question.
> *One of the diplomats **is asking** a question.*

> Ils **appellent** la France et l'Allemagne à travailler ensemble.
> *They **are calling on** France and Germany to work together.*

(For a more complete presentation of the present tense, see *Structures,* Chapter 1, pp. 143–146.)

Past tense narration uses a variety of tenses (imperfect, **passé composé,** pluperfect, and **passé simple**) to locate events in the past and relate them to each other.

> Alexis **a parlé** pendant un quart d'heure du travail qu'il **avait fait** en RDC.
> *Alexis **spoke** for fifteen minutes about the work he **had done** in the Democratic Republic of the Congo.*

> Jules César, Charlemagne et Napoléon **ont essayé** d'unir l'Europe, mais les vaincus **voulaient** recouvrer leur autonomie.
> *Julius Cesar, Charlemagne, and Napoleon **tried** to unite Europe, but the conquered (countries) **wanted** to regain their autonomy.*

> L'Europe **s'était développée** sans règles ni institutions.
> *Europe **had developed** without rules or institutions.*

(For a more complete presentation of the imperfect, **passé composé,** and pluperfect, see *Structures*, Chapter 3, pp. 161–167.)

The **passé simple** is often found in historic, literary, and expository narrative texts when the author uses a more careful, formal style.

> La proposition **emporta** l'adhésion et **fut** à l'origine de la construction européenne.
> *The proposal **met** with success and **was** the origin of the building of Europe.*

(For a more complete presentation of the **passé simple,** see *Structures,* Chapter 5, pp. 188–189.)

Future tense narration uses either the simple future (more frequent in written narration), the **futur proche** (**aller** + *infinitive*), or a verb that suggests future time.

> Un jour **viendra** où les boulets et les bombes **seront** remplacés par les votes.
> *A day **will come** when cannon balls and bombs **will be** replaced by votes.*

> De jeunes Hongrois et Slovéniens **chanteront** l'hymne européen.
> *Hungarian and Slovenian young people **will sing** the European anthem.*

> Je **vais passer** un an avec Médecins sans frontières.
> *I **am going to spend** a year with Doctors Without Borders.*

> Vous **projetez de** travailler en Europe.
> *You **are planning** to work in Europe.*

(For a more complete presentation of the future, see *Structures,* Chapter 5, pp. 181–185.)

 SELF-CHECK **Cahier d'exercices écrits et de laboratoire,** Exercises VIII, O–P, pp. 113–114.

Conclusion

By now you are aware that language does not come in discrete "chunks." It is hard to isolate one grammar point from all the others since often several are needed all at once to express your meaning. To communicate, you call upon the various forms you have learned. As you continue your study of French, you will find that using increasingly complex language both orally and in writing will become more and more natural.

Bonne route!

Appendix A

PREPOSITIONS

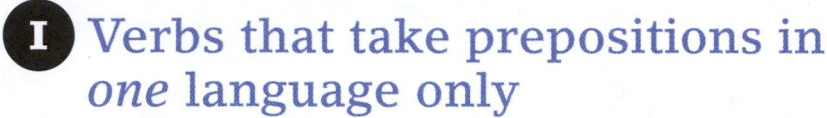

I Verbs that take prepositions in *one* language only

A. In English, there are many verbs that are followed by a preposition, whereas in French the preposition is included in the meaning of the verb itself.

Here are the most common examples:

attendre	to wait **for**
chercher	to look **for**
demander	to ask **for**
descendre	to go **down**
écouter	to listen **to**
monter	to go **up**
payer	to pay **for**
regarder	to look **at;** to watch

B. Many French verbs require prepositions before their objects, when the English equivalent does not.

Here are some examples of these verbs:

assister **à**	to attend
changer **de**	to change (+ *object*)
commencer **à** (+ *infinitive*)	to start
entrer **dans**	to enter
finir **par** (+ *infinitive*)	to end up
jouer **à**	to play (a sport)
jouer **de**	to play (a musical instrument)
obéir **à**	to obey
rendre service **à**	to help
rendre visite **à**	to visit (someone)
répondre **à**	to answer
téléphoner **à**	to call someone (on the phone)

II Verbs requiring preposition + *infinitive*

Many verbs in French require a preposition between the verb and a following infinitive. No general rule exists to determine which preposition goes with which verb, so it is a good idea to learn the ones you use most frequently and to check a dictionary in case of doubt.

A. Some verbs require the preposition **à** if they are followed by an infinitive.

aider qqn à	s'habituer à
s'amuser à	hésiter à
apprendre à	s'intéresser à
s'attendre à	inviter à
arriver à	se mettre à
encourager à	réussir à
enseigner à	tenir à

Je n'arrive pas **à comprendre** les mathématiques.

B. Other verbs require the preposition **de** if they are followed by an infinitive.

accepter de	essayer de
s'arrêter de	finir de
cesser de	oublier de
craindre de	regretter de
se dépecher de	rêver de
empêcher qqn de	venir de

J'ai essayé **d'aller** à Paris.

C. A few verbs allow a choice of **à** or **de** if followed by an infinitive.

commencer à/de
continuer à/de
se décider à / décider de

D. Some verbs require two prepositions, one in front of the *following noun* and the other in front of the *following infinitive*. This forms a double construction:

verb + **à** + *noun (usually a person)* + **de** + *infinitive*

conseiller à... de...	ordonner à... de...
défendre à... de...	permettre à... de...
demander à... de...	promettre à... de...
dire à... de...	refuser à... de...
écrire à... de...	reprocher à... de...
interdire à... de...	suggérer à... de...

La mère défend **à** ses enfants **de** manger du chocolat.
Il refuse **d'**obéir **à** sa mère.

Appendix B

PRESENT PARTICIPLES

I What is a Present Participle?

The *present participle* is a verbal form (also called a *gerund*), similar to the *-ing* form in English with no stated subject:

> Je mange toujours **en regardant** la télé.
> *I always eat **while watching** TV.*

> **En répondant** immédiatement, j'ai évité une amende.
> ***By answering** immediately, I avoided a fine.*

NOTE: This is *not* the same as the present or the imperfect verb tenses, which can also be translated with an *-ing* verb form:

> Elle **chante** toujours.
> *She **is** always **singing.***

> Il m'a téléphoné pendant que je **prenais** une douche.
> *He called me while I **was taking** a shower.*

II How is a Present Participle formed?

The present participle form is based on the **nous** form of the present tense. The **-ons** ending is dropped, and **-ant** is added.

> Il a gagné une médaille **en courant** plus vite que les autres.
> *He won a medal **by running** faster than the others.*

nous *form*	*Present participle*
nous parl~~ons~~ ⟶	parl**ant**
nous finiss~~ons~~ ⟶	finiss**ant**
nous entend~~ons~~ ⟶	entend**ant**

There are three irregular present participles:

être:	**étant**
avoir:	**ayant**
savoir:	**sachant**

III How is a Present Participle used?

In French, the present participle is not used as often as in English. Two of the most common uses are:

A. As an adjective, which means it agrees with the noun it modifies.

Ces devoirs sont **fatigants.**
C'est une personne **charmante.**

B. As a gerund (like the English present participle), usually preceded by the preposition **en.** In this case, the present participle is invariable. Note the English translations.

Je prends toujours mon dîner **en écoutant** de la musique.
*I always have dinner **while listening** to music.*

En travaillant tout l'été, j'ai gagné assez d'argent pour payer mon voyage.
***By working** all summer, I earned enough money to pay for my trip.*

L'appétit vient **en mangeant.** *(French proverb)*
***Eating** stimulates the appetite.*

Appendix C

VERB CONJUGATIONS

Verbs marked with an asterisk (*) are conjugated with **être** in compound past tenses; all others are conjugated with **avoir.** Verbs marked with a plus sign (+) are stem-change verbs, meaning that there are two stems in the present tense, as well as in other tenses using these stems. If the verb you are looking for is not listed below, look for one with a similar ending.

---

accueillir *to welcome, to greet*
past participle: **accueilli** / present participle: **accueillant**

Like **accueillir** is **cueillir** *(to pick, to gather)*

Present indicative	*Passé simple*	*Present subjunctive*
j'accueille	j'accueillis	que j'accueille
tu accueilles	tu accueillis	que tu accueilles
il/elle/on accueille	il/elle/on accueillit	qu'il/elle/on accueille
nous accueillons	nous accueillîmes	que nous accueillions
vous accueillez	vous accueillîtes	que vous accueilliez
ils/elles accueillent	ils/elles accueillirent	qu'ils/elles accueillent

Imperfect	*Future*	*Imperative*
j'accueillais	j'accueillerai	accueille
tu accueillais	tu accueilleras	accueillons
il/elle/on accueillait	il/elle/on accueillera	accueillez
nous accueillions	nous accueillerons	
vous accueilliez	vous accueillerez	
ils/elles accueillaient	ils/elles accueilleront	

Passé composé	*Conditional*
j'ai accueilli	j'accueillerais
tu as accueilli	tu accueillerais
il/elle/on a accueilli	il/elle/on accueillerait
nous avons accueilli	nous accueillerions
vous avez accueilli	vous accueilleriez
ils/elles ont accueilli	ils/elles accueilleraient

agir *to act*

past participle: **agi** / present participle: **agissant**

Like **agir** are **finir** *(to finish)* and about 300 other verbs. Regular -**ir** and -**er** verbs are the most frequent conjugations.

Present indicative
j'agis
tu agis
il/elle/on agit
nous agissons
vous agissez
ils/elles agissent

Imperfect
j'agissais
tu agissais
il/elle/on agissait
nous agissions
vous agissiez
ils/elles agissaient

Passé composé
j'ai agi
tu as agi
il/elle/on a agi
nous avons agi
vous avez agi
ils/elles ont agi

Passé simple
j'agis
tu agis
il/elle/on agit
nous agîmes
vous agîtes
ils/elles agirent

Future
j'agirai
tu agiras
il/elle/on agira
nous agirons
vous agirez
ils/elles agiront

Conditional
j'agirais
tu agirais
il/elle/on agirait
nous agirions
vous agiriez
ils/elles agiraient

Present subjunctive
que j'agisse
que tu agisses
qu'il/elle/on agisse
que nous agissions
que vous agissiez
qu'ils/elles agissent

Imperative
agis
agissons
agissez

aller* *to go*

past participle: **allé(e)(s)** / present participle: **allant**

Like **aller** is **s'en aller*** *(to go away)*

Present indicative
je vais
tu vas
il/elle/on va
nous allons
vous allez
ils/elles vont

Future
j'irai
tu iras
il/elle/on ira
nous irons
vous irez
ils/elles iront

Imperfect
j'allais
tu allais
il/elle/on allait
nous allions
vous alliez
ils/elles allaient

Conditional
j'irais
tu irais
il/elle/on irait
nous irions
vous iriez
ils/elles iraient

Passé composé
je suis allé(e)
tu es allé(e)
il/elle/on est allé(e)
nous sommes allé(e)s
vous êtes allé(e)(s)
ils/elles sont allé(e)s

Present subjunctive
que j'aille
que tu ailles
qu'il/elle/on aille
que nous allions
que vous alliez
qu'ils/elles aillent

Passé simple
j'allai
tu allas
il/elle/on alla
nous allâmes
vous allâtes
ils/elles allèrent

Imperative
va
allons
allez

s'appeler*+ _to be called, named_
past participle: **appelé** / present participle: **appelant**
Like **s'appeler** are **appeler**+ _(to call)_, **se rappeler***+ _(to recall, to remember)_

Present indicative
je m'appelle
tu t'appelles
il/elle/on s'appelle
nous nous appelons
vous vous appelez
ils/elles s'appellent

Imperfect
je m'appelais
tu t'appelais
il/elle/on s'appelait
nous nous appelions
vous vous appeliez
ils/elles s'appelaient

Passé composé
je me suis appelé(e)
tu t'es appelé(e)
il/elle/on s'est appelé(e)
nous nous sommes appelé(e)s
vous vous êtes appelé(e)(s)
ils/elles se sont appelé(e)s

Passé simple
je m'appelai
tu t'appelas
il/elle/on s'appela
nous nous appelâmes
vous vous appelâtes
ils/elles s'appelèrent

Future
je m'appellerai
tu t'appelleras
il/elle/on s'appellera
nous nous appellerons
vous vous appellerez
ils/elles s'appelleront

Conditional
je m'appellerais
tu t'appellerais
il/elle/on s'appellerait
nous nous appellerions
vous vous appelleriez
ils/elles s'appelleraient

Present subjunctive
que je m'appelle
que tu t'appelles
qu'il/elle/on s'appelle
que nous nous appelions
que vous vous appeliez
qu'ils/elles s'appellent

Imperative
appelle-toi
appelons-nous
appelez-vous

apprendre (see **prendre**)

s'asseoir*+ to sit down
past participle: **assis** / present participle: **asseyant**

Present indicative
je m'assieds
tu t'assieds
il/elle/on s'assied
nous nous asseyons
vous vous asseyez
ils/elles s'asseyent

Imperfect
je m'asseyais
tu t'asseyais
il/elle/on s'asseyait
nous nous asseyions
vous vous asseyiez
ils/elles s'asseyaient

Passé composé
je me suis assis(e)
tu t'es assis(e)
il/elle/on s'est assis(e)
nous nous sommes assis(es)
vous vous êtes assis(e)(s)
ils/elles se sont assis(es)

Passé simple
je m'assis
tu t'assis
il/elle/on s'assit
nous nous assîmes
vous vous assîtes
ils/elles s'assirent

Future
je m'assiérai
tu t'assiéras
il/elle/on s'assiéra
nous nous assiérons
vous vous assiérez
ils/elles s'assiéront

Conditional
je m'assiérais
tu t'assiérais
il/elle/on s'assiérait
nous nous assiérions
vous vous assiériez
ils/elles s'assiéraient

Present subjunctive
que je m'asseye
que tu t'asseyes
qu'il/elle/on s'asseye
que nous nous asseyions
que vous vous asseyiez
qu'ils/elles s'asseyent

Imperative
assieds-toi
asseyons-nous
asseyez-vous

avoir *to have*
past participle: **eu** / present participle: **ayant**

Present indicative
j'ai
tu as
il/elle/on a
nous avons
vous avez
ils/elles ont

Imperfect
j'avais
tu avais
il/elle/on avait
nous avions
vous aviez
ils/elles avaient

Passé composé
j'ai eu
tu as eu
il/elle/on a eu
nous avons eu
vous avez eu
ils/elles ont eu

Passé simple
j'eus
tu eus
il/elle/on eut
nous eûmes
vous eûtes
ils/elles eurent

Future
j'aurai
tu auras
il/elle/on aura
nous aurons
vous aurez
ils/elles auront

Conditional
j'aurais
tu aurais
il/elle/on aurait
nous aurions
vous auriez
ils/elles auraient

Present subjunctive
que j'aie
que tu aies
qu'il/elle/on ait
que nous ayons
que vous ayez
qu'ils/elles aient

Imperative
aie
ayons
ayez

commencer+ *to begin*

past participle: **commencé** / present participle: **commençant**

Like **commencer** is **recommencer**+ *(to begin again, to start over)*

Present indicative
je commence
tu commences
il/elle/on commence
nous commençons
vous commencez
ils/elles commencent

Imperfect
je commençais
tu commençais
il/elle/on commençait
nous commencions
vous commenciez
ils/elles commençaient

Passé composé
j'ai commencé
tu as commencé
il/elle/on a commencé
nous avons commencé
vous avez commencé
ils/elles ont commencé

Passé simple
je commençai
tu commenças
il/elle/on commença
nous commençâmes
vous commençâtes
ils/elles commencèrent

Future
je commencerai
tu commenceras
il/elle/on commencera
nous commencerons
vous commencerez
ils/elles commenceront

Conditional
je commencerais
tu commencerais
il/elle/on commencerait
nous commencerions
vous commenceriez
ils/elles commenceraient

Present subjunctive
que je commence
que tu commences
qu'il/elle/on commence
que nous commencions
que vous commenciez
qu'ils/elles commencent

Imperative
commence
commençons
commencez

comprendre (see prendre)

conduire *to drive*

past participle: **conduit** / present participle: **conduisant**

Like **conduire** are **construire** *(to build, to construct)*, **cuire** *(to cook)*, **réduire** *(to reduce)*, **séduire** *(to seduce)*

Present indicative
je conduis
tu conduis
il/elle/on conduit
nous conduisons
vous conduisez
ils/elles conduisent

Imperfect
je conduisais
tu conduisais
il/elle/on conduisait
nous conduisions
vous conduisiez
ils/elles conduisaient

Passé composé
j'ai conduit
tu as conduit
il/elle/on a conduit
nous avons conduit
vous avez conduit
ils/elles ont conduit

Passé simple
je conduisis
tu conduisis
il/elle/on conduisit
nous conduisîmes
vous conduisîtes
ils/elles conduisirent

Future
je conduirai
tu conduiras
il/elle/on conduira
nous conduirons
vous conduirez
ils/elles conduiront

Conditional
je conduirais
tu conduirais
il/elle/on conduirait
nous conduirions
vous conduiriez
ils/elles conduiraient

Present subjunctive
que je conduise
que tu conduises
qu'il/elle/on conduise
que nous conduisions
que vous conduisiez
qu'ils/elles conduisent

Imperative
conduis
conduisons
conduisez

connaître *to know*

past participle: **connu** / present participle: **connaissant**

Like **connaître** are **apparaître** *(to appear)*, **disparaître** *(to disappear)*, **paraître** *(to seem)*, **reconnaître** *(to recognize)*

Present indicative
je connais
tu connais
il/elle/on connaît
nous connaissons
vous connaissez
ils/elles connaissent

Future
je connaîtrai
tu connaîtras
il/elle/on connaîtra
nous connaîtrons
vous connaîtrez
ils/elles connaîtront

Imperfect
je connaissais
tu connaissais
il/elle/on connaissait
nous connaissions
vous connaissiez
ils/elles connaissaient

Conditional
je connaîtrais
tu connaîtrais
il/elle/on connaîtrait
nous connaîtrions
vous connaîtriez
ils/elles connaîtraient

Passé composé
j'ai connu
tu as connu
il/elle/on a connu
nous avons connu
vous avez connu
ils/elles ont connu

Present subjunctive
que je connaisse
que tu connaisses
qu'il/elle connaisse
que nous connaissions
que vous connaissiez
qu'ils/elles connaissent

Passé simple
je connus
tu connus
il/elle/on connut
nous connûmes
vous connûtes
ils/elles connurent

Imperative
connais
connaissons
connaissez

convaincre+ *to convince*

past participle: **convaincu** / present participle: **convainquant**

Like **convaincre** is **vaincre** *(to defeat, to conquer)*

Present indicative
je convaincs
tu convaincs
il/elle/on convainc
nous convainquons
vous convainquez
ils/elles convainquent

Imperfect
je convainquais
tu convainquais
il/elle/on convainquait
nous convainquions
vous convainquiez
ils/elles convainquaient

Passé composé
j'ai convaincu
tu as convaincu
il/elle/on a convaincu
nous avons convaincu
vous avez convaincu
ils/elles ont convaincu

Passé simple
je convainquis
tu convainquis
il/elle/on convainquit
nous convainquîmes
vous convainquîtes
ils/elles convainquirent

Future
je convaincrai
tu convaincras
il/elle/on convaincra
nous convaincrons
vous convaincrez
ils/elles convaincront

Conditional
je convaincrais
tu convaincrais
il/elle/on convaincrait
nous convaincrions
vous convaincriez
ils/elles convaincraient

Present subjunctive
que je convainque
que tu convainques
qu'il/elle/on convainque
que nous convainquions
que vous convainquiez
qu'ils/elles convainquent

Imperative
convaincs
convainquons
convainquez

courir *to run*

past participle: **couru** / present participle: **courant**

Like **courir** is **parcourir** *(to skim, go over)*

Present indicative

je cours
tu cours
il/elle/on court
nous courons
vous courez
ils/elles courent

Imperfect

je courais
tu courais
il/elle/on courait
nous courions
vous couriez
ils/elles couraient

Passé composé

j'ai couru
tu as couru
il/elle/on a couru
nous avons couru
vous avez couru
ils/elles ont couru

Passé simple

je courus
tu courus
il/elle/on courut
nous courûmes
vous courûtes
ils/elles coururent

Future

je courrai
tu courras
il/elle/on courra
nous courrons
vous courrez
ils/elles courront

Conditional

je courrais
tu courrais
il/elle/on courrait
nous courrions
vous courriez
ils/elles courraient

Present subjunctive

que je coure
que tu coures
qu'il/elle/on coure
que nous courions
que vous couriez
qu'ils/elles courent

Imperative

cours
courons
courez

croire *to believe*
past participle: **cru** / present participle: **croyant**

Present indicative
je crois
tu crois
il/elle/on croit
nous croyons
vous croyez
ils/elles croient

Imperfect
je croyais
tu croyais
il/elle/on croyait
nous croyions
vous croyiez
ils/elles croyaient

Passé composé
j'ai cru
tu as cru
il/elle/on a cru
nous avons cru
vous avez cru
ils/elles ont cru

Passé simple
je crus
tu crus
il/elle/on crut
nous crûmes
vous crûtes
ils/elles crurent

Future
je croirai
tu croiras
il/elle/on croira
nous croirons
vous croirez
ils/elles croiront

Conditional
je croirais
tu croirais
il/elle/on croirait
nous croirions
vous croiriez
ils/elles croiraient

Present subjective
que je croie
que tu croies
qu'il/elle/on croie
que nous croyions
que vous croyiez
qu'ils/elles croient

Imperative
crois
croyons
croyez

découvrir (see **ouvrir**)

décrire *to describe*

past participle: **décrit** / present participle: **décrivant**

Like **décrire** are **écrire** *(to write)* and **s'inscrire*** *(to register, enroll)*

Present indicative
je décris
tu décris
il/elle/on décrit
nous décrivons
vous décrivez
ils/elles décrivent

Imperfect
je décrivais
tu décrivais
il/elle/on décrivait
nous décrivions
vous décriviez
ils/elles décrivaient

Passé composé
j'ai décrit
tu as décrit
il/elle/on a décrit
nous avons décrit
vous avez décrit
ils/elles ont décrit

Passé simple
je décrivis
tu décrivis
il/elle/on décrivit
nous décrivîmes
vous décrivîtes
ils/elles décrivirent

Future
je décrirai
tu décriras
il/elle/on décrira
nous décrirons
vous décrirez
ils/elles décriront

Conditional
je décrirais
tu décrirais
il/elle/on décrirait
nous décririons
vous décririez
ils/elles décriraient

Present subjunctive
que je décrive
que tu décrives
qu'il/elle/on décrive
que nous décrivions
que vous décriviez
qu'ils/elles décrivent

Imperative
décris
décrivons
décrivez

descendre* (see **rendre**)

devoir *to owe; to have to*
past participle: **dû** / present participle: **devant**

Present indicative
je dois
tu dois
il/elle/on doit
nous devons
vous devez
ils/elles doivent

Imperfect
je devais
tu devais
il/elle/on devait
nous devions
vous deviez
ils/elles devaient

Passé composé
j'ai dû
tu as dû
il/elle/on a dû
nous avons dû
vous avez dû
ils/elles ont dû

Passé simple
je dus
tu dus
il/elle/on dut
nous dûmes
vous dûtes
ils/elles durent

Future
je devrai
tu devras
il/elle/on devra
nous devrons
vous devrez
ils/elles devront

Conditional
je devrais
tu devrais
il/elle/on devrait
nous devrions
vous devriez
ils/elles devraient

Present subjunctive
que je doive
que tu doives
qu'il/elle/on doive
que nous devions
que vous deviez
qu'ils/elles doivent

Imperative
dois
devons
devez

dire *to say*

past participle: **dit** / present participle: **disant**

Like **dire** are **contredire** *(to contradict)*, **maudire** *(to curse)*, and **prédire** *(to predict)*

Present indicative
je dis
tu dis
il/elle/on dit
nous disons
vous dites
ils/elles disent

Future
je dirai
tu diras
il/elle/on dira
nous dirons
vous direz
ils/elles diront

Imperfect
je disais
tu disais
il/elle/on disait
nous disions
vous disiez
ils/elles disaient

Conditional
je dirais
tu dirais
il/elle/on dirait
nous dirions
vous diriez
ils/elles diraient

Passé composé
j'ai dit
tu as dit
il/elle/on a dit
nous avons dit
vous avez dit
ils/elles ont dit

Present subjunctive
que je dise
que tu dises
qu'il/elle/on dise
que nous disions
que vous disiez
qu'ils/elles disent

Passé simple
je dis
tu dis
il/elle/on dit
nous dîmes
vous dîtes
ils/elles dirent

Imperative
dis
disons
dites

dormir *to sleep*

past participle: **dormi** / present participle: **dormant**

Like **dormir** are **s'endormir***(to fall asleep) and **se rendormir***(to fall asleep again)

Present indicative
je dors
tu dors
il/elle/on dort
nous dormons
vous dormez
ils/elles dorment

Imperfect
je dormais
tu dormais
il/elle/on dormait
nous dormions
vous dormiez
ils/elles dormaient

Passé composé
j'ai dormi
tu as dormi
il/elle/on a dormi
nous avons dormi
vous avez dormi
ils/elles ont dormi

Passé simple
je dormis
tu dormis
il/elle/on dormit
nous dormîmes
vous dormîtes
ils/elles dormirent

Future
je dormirai
tu dormiras
il/elle/on dormira
nous dormirons
vous dormirez
ils/elles dormiront

Conditional
je dormirais
tu dormirais
il/elle/on dormirait
nous dormirions
vous dormiriez
ils/elles dormiraient

Present subjunctive
que je dorme
que tu dormes
qu'il/elle/on dorme
que nous dormions
que vous dormiez
qu'ils/elles dorment

Imperative
dors
dormons
dormez

écrire (see décrire)

s'ennuyer*+ _to be bored_

past participle: **ennuyé** / present participle: **ennuyant**

Like **s'ennuyer** is **ennuyer** (_to annoy, bother_)

Present indicative
je m'ennuie
tu t'ennuies
il/elle/on s'ennuie
nous nous ennuyons
vous vous ennuyez
ils/elles s'ennuient

Future
je m'ennuierai
tu t'ennuieras
il/elle/on s'ennuiera
nous nous ennuierons
vous vous ennuierez
ils/elles s'ennuieront

Imperfect
je m'ennuyais
tu t'ennuyais
il/elle/on s'ennuyait
nous nous ennuyions
vous vous ennuyiez
ils/elles s'ennuyaient

Conditional
je m'ennuierais
tu t'ennuierais
il/elle/on s'ennuierait
nous nous ennuierions
vous vous ennuieriez
ils/elles s'ennuieraient

Passé composé
je me suis ennuyé(e)
tu t'es ennuyé(e)
il/elle/on s'est ennuyé(e)
nous nous sommes ennuyé(e)s
vous vous êtes ennuyé(e)(s)
ils/elles se sont ennuyé(e)s

Present subjunctive
que je m'ennuie
que tu t'ennuies
qu'il/elle/on s'ennuie
que nous nous ennuyions
que vous vous ennuyiez
qu'ils/elles s'ennuient

Passé simple
je m'ennuyai
tu t'ennuyas
il/elle/on s'ennuya
nous nous ennuyâmes
vous vous ennuyâtes
ils/elles s'ennuyèrent

Imperative
ennuie-toi
ennuyons-nous
ennuyez-vous

envoyer+ _to send_
past participle: **envoyé** / present participle: **envoyant**

Like **envoyer** is **renvoyer**+ _(to send away, dismiss)_

Present indicative
j'envoie
tu envoies
il/elle/on envoie
nous envoyons
vous envoyez
ils/elles envoient

Imperfect
j'envoyais
tu envoyais
il/elle/on envoyait
nous envoyions
vous envoyiez
ils/elles envoyaient

Passé composé
j'ai envoyé
tu as envoyé
il/elle/on a envoyé
nous avons envoyé
vous avez envoyé
ils/elles ont envoyé

Passé simple
j'envoyai
tu envoyas
il/elle/on envoya
nous envoyâmes
vous envoyâtes
ils/elles envoyèrent

Future
j'enverrai
tu enverras
il/elle/on enverra
nous enverrons
vous enverrez
ils/elles enverront

Conditional
j'enverrais
tu enverrais
il/elle/on enverrait
nous enverrions
vous enverriez
ils/elles enverraient

Present subjunctive
que j'envoie
que tu envoies
qu'il/elle/on envoie
que nous envoyions
que vous envoyiez
qu'ils/elles envoient

Imperative
envoie
envoyons
envoyez

essayer+ *to try*
past participle: **essayé** / present participle: **essayant**

Like **essayer** is **payer**+ *(to pay)*

Present indicative
j'essaie
tu essaies
il/elle/on essaie
nous essayons
vous essayez
ils/elles essaient

Imperfect
j'essayais
tu essayais
il/elle/on essayait
nous essayions
vous essayiez
ils/elles essayaient

Passé composé
j'ai essayé
tu as essayé
il/elle/on a essayé
nous avons essayé
vous avez essayé
ils/elles ont essayé

Passé simple
j'essayai
tu essayas
il/elle/on essaya
nous essayâmes
vous essayâtes
ils/elles essayèrent

Future
j'essayerai
tu essayeras
il/elle/on essayera
nous essayerons
vous essayerez
ils/elles essayeront

Conditional
j'essayerais
tu essayerais
il/elle/on essayerait
nous essayerions
vous essayeriez
ils/elles essayeraient

Present subjunctive
que j'essaie
que tu essaies
qu'il/elle/on essaie
que nous essayions
que vous essayiez
qu'ils/elles essaient

Imperative
essaie
essayons
essayez

être *to be*
past participle: **été** / present participle: **étant**

Present indicative
je suis
tu es
il/elle/on est
nous sommes
vous êtes
ils/elles sont

Future
je serai
tu seras
il/elle/on sera
nous serons
vous serez
ils/elles seront

Imperfect
j'étais
tu étais
il/elle/on était
nous étions
vous étiez
ils/elles étaient

Conditional
je serais
tu serais
il/elle/on serait
nous serions
vous seriez
ils/elles seraient

Passé composé
j'ai été
tu as été
il/elle/on a été
nous avons été
vous avez été
ils/elles ont été

Present subjunctive
que je sois
que tu sois
qu'il/elle/on soit
que nous soyons
que vous soyez
qu'ils/elles soient

Passé simple
je fus
tu fus
il/elle/on fut
nous fûmes
vous fûtes
ils/elles furent

Imperative
sois
soyons
soyez

faire *to make, to do*
past participle: **fait** / present participle: **faisant**

Present indicative
je fais
tu fais
il/elle/on fait
nous faisons
vous faites
ils/elles font

Imperfect
je faisais
tu faisais
il/elle/on faisait
nous faisions
vous faisiez
ils/elles faisaient

Passé composé
j'ai fait
tu as fait
il/elle/on a fait
nous avons fait
vous avez fait
ils/elles ont fait

Passé simple
je fis
tu fis
il/elle/on fit
nous fîmes
vous fîtes
ils/elles firent

Future
je ferai
tu feras
il/elle/on fera
nous ferons
vous ferez
ils/elles feront

Conditional
je ferais
tu ferais
il/elle/on ferait
nous ferions
vous feriez
ils/elles feraient

Present subjunctive
que je fasse
que tu fasses
qu'il/elle/on fasse
que nous fassions
que vous fassiez
qu'ils/elles fassent

Imperative
fais
faisons
faites

falloir *must, have to, should*
past participle: **fallu**

Present indicative
il faut

Future
il faudra

Imperfect
il fallait

Conditional
il faudrait

Passé composé
il a fallu

Present subjunctive
qu'il faille

Passé simple
il fallut

s'inscrire* (see décrire)

lire *to read*
past participle: **lu** / present participle: **lisant**

Like **lire** is **relire** *(to re-read)*

Present indicative
je lis
tu lis
il/elle/on lit
nous lisons
vous lisez
ils/elles lisent

Future
je lirai
tu liras
il/elle/on lira
nous lirons
vous lirez
ils/elles liront

Imperfect
je lisais
tu lisais
il/elle/on lisait
nous lisions
vous lisiez
ils/elles lisaient

Conditional
je lirais
tu lirais
il/elle/on lirait
nous lirions
vous liriez
ils/elles liraient

Passé composé
j'ai lu
tu as lu
il/elle/on a lu
nous avons lu
vous avez lu
ils/elles ont lu

Present subjunctive
que je lise
que tu lises
qu'il/elle/on lise
que nous lisions
que vous lisiez
qu'ils/elles lisent

Passé simple
je lus
tu lus
il/elle/on lut
nous lûmes
vous lûtes
ils/elles lurent

Imperative
lis
lisons
lisez

manger+ to eat

past participle: **mangé** / present participle: **mangeant**

Like **manger** are **nager**+ *(to swim)*, **plonger**+ *(to dive)*, and **voyager**+ *(to travel)*

Present indicative
je mange
tu manges
il/elle/on mange
nous mangeons
vous mangez
ils/elles mangent

Imperfect
je mangeais
tu mangeais
il/elle/on mangeait
nous mangions
vous mangiez
ils/elles mangeaient

Passé composé
j'ai mangé
tu as mangé
il/elle/on a mangé
nous avons mangé
vous avez mangé
ils/elles ont mangé

Passé simple
je mangeai
tu mangeas
il/elle/on mangea
nous mangeâmes
vous mangeâtes
ils/elles mangèrent

Future
je mangerai
tu mangeras
il/elle/on mangera
nous mangerons
vous mangerez
ils/elles mangeront

Conditional
je mangerais
tu mangerais
il/elle mangerait
nous mangerions
vous mangeriez
ils/elles mangeraient

Present subjunctive
que je mange
que tu manges
qu'il/elle/on mange
que nous mangions
que vous mangiez
qu'ils/elles mangent

Imperative
mange
mangeons
mangez

mettre *to put; to put on*

past participle: **mis** / present participle: **mettant**

Like **mettre** are **admettre** *(to admit)*, **omettre** *(to omit)*, **permettre** *(to allow)*, and
promettre *(to promise)*

Present indicative

je mets
tu mets
il/elle/on met
nous mettons
vous mettez
ils/elles mettent

Future

je mettrai
tu mettras
il/elle/on mettra
nous mettrons
vous mettrez
ils/elles mettront

Imperfect

je mettais
tu mettais
il/elle/on mettait
nous mettions
vous mettiez
ils/elles mettaient

Conditional

je mettrais
tu mettrais
il/elle/on mettrait
nous mettrions
vous mettriez
ils/elles mettraient

Passé composé

j'ai mis
tu as mis
il/elle/on a mis
nous avons mis
vous avez mis
ils/elles ont mis

Present subjunctive

que je mette
que tu mettes
qu'il/elle/on mette
que nous mettions
que vous mettiez
qu'ils/elles mettent

Passé simple

je mis
tu mis
il/elle/on mit
nous mîmes
vous mîtes
ils/elles mirent

Imperative

mets
mettons
mettez

mourir* *to die*
past participle: **mort** / present participle: **mourant**

Present indicative
je meurs
tu meurs
il/elle/on meurt
nous mourons
vous mourez
ils/elles meurent

Future
je mourrai
tu mourras
il/elle/on mourra
nous mourrons
vous mourrez
ils/elles mourront

Imperfect
je mourais
tu mourais
il/elle/on mourait
nous mourions
vous mouriez
ils/elles mouraient

Conditional
je mourrais
tu mourrais
il/elle/on mourrait
nous mourrions
vous mourriez
ils/elles mourraient

Passé composé
je suis mort(e)
tu es mort(e)
il/elle/on est mort(e)
nous sommes mort(e)s
vous êtes mort(e)(s)
ils/elles sont mort(e)s

Present subjunctive
que je meure
que tu meures
qu'il/elle/on meure
que nous mourions
que vous mouriez
qu'ils/elles meurent

Passé simple
je mourus
tu mourus
il/elle/on mourut
nous mourûmes
vous mourûtes
ils/elles moururent

Imperative
meurs
mourons
mourez

naître* *to be born*
past participle: **né(e)(s)** / present participle: **naissant**
Like **naître** is **renaître****(to be born again)*

Present indicative
je nais
tu nais
il/elle/on naît
nous naissons
vous naissez
ils/elles naissent

Future
je naîtrai
tu naîtras
il/elle/on naîtra
nous naîtrons
vous naîtrez
ils/elles naîtront

Imperfect
je naissais
tu naissais
il/elle/on naissait
nous naissions
vous naissiez
ils/elles naissaient

Conditional
je naîtrais
tu naîtrais
il/elle/on naîtrait
nous naîtrions
vous naîtriez
ils/elles naîtraient

Passé composé
je suis né(e)
tu es né(e)
il/elle/on est né(e)
nous sommes né(e)s
vous êtes né(e)(s)
ils/elles sont né(e)s

Present subjunctive
que je naisse
que tu naisses
qu'il/elle/on naisse
que nous naissions
que vous naissiez
qu'ils/elles naissent

Passé simple
je naquis
tu naquis
il/elle/on naquit
nous naquîmes
vous naquîtes
ils/elles naquirent

Imperative
nais
naissons
naissez

ouvrir *to open*
past participle: **ouvert** / present participle: **ouvrant**

Like **ouvrir** are **couvrir** *(to cover)*, **découvrir** *(to discover)*, **offrir** *(to offer, to give)*, **souffrir** *(to suffer, to be ill)*

Present indicative
j'ouvre
tu ouvres
il/elle/on ouvre
nous ouvrons
vous ouvrez
ils/elles ouvrent

Imperfect
j'ouvrais
tu ouvrais
il/elle/on ouvrait
nous ouvrions
vous ouvriez
ils/elles ouvraient

Passé composé
j'ai ouvert
tu as ouvert
il/elle/on a ouvert
nous avons ouvert
vous avez ouvert
ils/elles ont ouvert

Passé simple
j'ouvris
tu ouvris
il/elle/on ouvrit
nous ouvrîmes
vous ouvrîtes
ils/elles ouvrirent

Future
j'ouvrirai
tu ouvriras
il/elle/on ouvrira
nous ouvrirons
vous ouvrirez
ils/elles ouvriront

Conditional
j'ouvrirais
tu ouvrirais
il/elle/on ouvrirait
nous ouvririons
vous ouvririez
ils/elles ouvriraient

Present subjunctive
que j'ouvre
que tu ouvres
qu'il/elle/on ouvre
que nous ouvrions
que vous ouvriez
qu'ils/elles ouvrent

Imperative
ouvre
ouvrons
ouvrez

partir* *to leave*

past participle: **parti(e)(s)** / present participle: **partant**

Like **partir** are **mentir** *(to tell a lie)*, **sentir** *(to feel, to smell)*, **se sentir*** *(to feel)*, **sortir***
(to go out)

Present indicative

je pars
tu pars
il/elle/on part
nous partons
vous partez
ils/elles partent

Imperfect

je partais
tu partais
il/elle/on partait
nous partions
vous partiez
ils/elles partaient

Passé composé

je suis parti(e)
tu es parti(e)
il/elle/on est parti(e)
nous sommes parti(e)s
vous êtes parti(e)(s)
ils/elles sont parti(e)s

Passé simple

je partis
tu partis
il/elle/on partit
nous partîmes
vous partîtes
ils/elles partirent

Future

je partirai
tu partiras
il/elle/on partira
nous partirons
vous partirez
ils/elles partiront

Conditional

je partirais
tu partirais
il/elle/on partirait
nous partirions
vous partiriez
ils/elles partiraient

Present subjunctive

que je parte
que tu partes
qu'il/elle/on parte
que nous partions
que vous partiez
qu'ils/elles partent

Imperative

pars
partons
partez

payer+ (see **essayer**)

plaire *to please, to be pleasing to*
past participle: **plu** / present participle: **plaisant**

Like **plaire** are **déplaire** *(to displease)*, **se taire*** *(to keep silent)*

Present indicative
je plais
tu plais
il/elle/on plaît
nous plaisons
vous plaisez
ils/elles plaisent

Imperfect
je plaisais
tu plaisais
il/elle/on plaisait
nous plaisions
vous plaisiez
ils/elles plaisaient

Passé composé
j'ai plu
tu as plu
il/elle/on a plu
nous avons plu
vous avez plu
ils/elles ont plu

Passé simple
je plus
tu plus
il/elle/on plut
nous plûmes
vous plûtes
ils/elles plurent

Future
je plairai
tu plairas
il/elle/on plaira
nous plairons
vous plairez
ils/elles plairont

Conditional
je plairais
tu plairais
il/elle/on plairait
nous plairions
vous plairiez
ils/elles plairaient

Present subjunctive
que je plaise
que tu plaises
qu'il/elle/on plaise
que nous plaisions
que vous plaisiez
qu'ils/elles plaisent

Imperative
plais
plaisons
plaisez

pleuvoir *to rain*
past participle: **plu** / present participle: **pleuvant**

Present indicative
il pleut

Future
il pleuvra

Imperfect
il pleuvait

Conditional
il pleuvrait

Passé composé
il a plu

Present subjunctive
qu'il pleuve

Passé simple
il plut

pouvoir *to be able to*
past participle: **pu** / present participle: **pouvant**

Present indicative
je peux
tu peux
il/elle/on peut
nous pouvons
vous pouvez
ils/elles peuvent

Imperfect
je pouvais
tu pouvais
il/elle/on pouvait
nous pouvions
vous pouviez
ils/elles pouvaient

Passé composé
j'ai pu
tu as pu
il/elle/on a pu
nous avons pu
vous avez pu
ils/elles ont pu

Passé simple
je pus
tu pus
il/elle/on put
nous pûmes
vous pûtes
ils/elles purent

Future
je pourrai
tu pourras
il/elle/on pourra
nous pourrons
vous pourrez
ils/elles pourront

Conditional
je pourrais
tu pourrais
il/elle/on pourrait
nous pourrions
vous pourriez
ils/elles pourraient

Present subjunctive
que je puisse
que tu puisses
qu'il/elle/on puisse
que nous puissions
que vous puissiez
qu'ils/elles puissent

préférer+ _to prefer_
past participle: **préféré** / present participle: **préférant**

Present indicative
je préfère
tu préfères
il/elle/on préfère
nous préférons
vous préférez
ils/elles préfèrent

Imperfect
je préférais
tu préférais
il/elle/on préférait
nous préférions
vous préfériez
ils/elles préféraient

Passé composé
j'ai préféré
tu as préféré
il/elle/on a préféré
nous avons préféré
vous avez préféré
ils/elles ont préféré

Passé simple
je préférai
tu préféras
il/elle/on préféra
nous préférâmes
vous préférâtes
ils/elles préférèrent

Future
je préférerai
tu préféreras
ils/elle/on préférera
nous préférerons
vous préférerez
ils/elles préféreront

Conditional
je préférerais
tu préférerais
il/elle/on préférerait
nous préférerions
vous préféreriez
ils/elles préféreraient

Present subjunctive
que je préfère
que tu préfères
qu'il/elle/on préfère
que nous préférions
que vous préfériez
qu'ils/elles préfèrent

Imperative
préfère
préférons
préférez

prendre _to take_

past participle: **pris** / present participle: **prenant**

Like **prendre** are **apprendre** (to learn), **comprendre** (to understand), and **surprendre** (to surprise)

Present indicative
je prends
tu prends
il/elle/on prend
nous prenons
vous prenez
ils/elles prennent

Imperfect
je prenais
tu prenais
il/elle/on prenait
nous prenions
vous preniez
ils/elles prenaient

Passé composé
j'ai pris
tu as pris
il/elle/on a pris
nous avons pris
vous avez pris
ils/elles ont pris

Passé simple
je pris
tu pris
il/elle/on prit
nous prîmes
vous prîtes
ils/elles prirent

Future
je prendrai
tu prendras
il/elle/on prendra
nous prendrons
vous prendrez
ils/elles prendront

Conditional
je prendrais
tu prendrais
il/elle/on prendrait
nous prendrions
vous prendriez
ils/elles prendraient

Present subjunctive
que je prenne
que tu prennes
qu'il/elle/on prenne
que nous prenions
que vous preniez
qu'ils/elles prennent

Imperative
prends
prenons
prenez

projeter+ *to plan*

past participle: **projeté** / present participle: **projetant**

Like **projeter** is **jeter+** *(to throw, to throw away)*

Present indicative
je projette
tu projettes
il/elle/on projette
nous projetons
vous projetez
ils/elles projettent

Imperfect
je projetais
tu projetais
il/elle/on projetait
nous projetions
vous projetiez
ils/elles projetaient

Passé composé
j'ai projeté
tu as projeté
il/elle/on a projeté
nous avons projeté
vous avez projeté
ils/elles ont projeté

Passé simple
je projetai
tu projetas
il/elle/on projeta
nous projetâmes
vous projetâtes
ils/elles projetèrent

Future
je projetterai
tu projetteras
il/elle/on projettera
nous projetterons
vous projetterez
ils/elles projetteront

Conditional
je projetterais
tu projetterais
il/elle/on projetterait
nous projetterions
vous projetteriez
ils/elles projetteraient

Present subjunctive
que je projette
que tu projettes
qu'il/elle/on projette
que nous projetions
que vous projetiez
qu'ils/elles projettent

Imperative
projette
projetons
projetez

rendre *to give back, to make*
past participle: **rendu** / present participle: **rendant**

Like **rendre** are **défendre** *(to forbid)*, **descendre*** *(to go down, to get off)*, **perdre** *(to lose)*, **tondre** *(to mow)*, **vendre** *(to sell)*, and most verbs ending in **–re** except for **prendre** and its compounds.

Present indicative
je rends
tu rends
il/elle/on rend
nous rendons
vous rendez
ils/elles rendent

Future
je rendrai
tu rendras
il/elle/on rendra
nous rendrons
vous rendrez
ils/elles rendront

Imperfect
je rendais
tu rendais
il/elle/on rendait
nous rendions
vous rendiez
ils/elles rendaient

Conditional
je rendrais
tu rendrais
il/elle/on rendrait
nous rendrions
vous rendriez
ils/elles rendraient

Passé composé
j'ai rendu
tu as rendu
il/elle/on a rendu
nous avons rendu
vous avez rendu
ils/elles ont rendu

Present subjunctive
que je rende
que tu rendes
qu'il/elle/on rende
que nous rendions
que vous rendiez
qu'ils/elles rendent

Passé simple
je rendis
tu rendis
il/elle/on rendit
nous rendîmes
vous rendîtes
ils/elles rendirent

Imperative
rends
rendons
rendez

soutenir (see **venir**)

savoir *to know*
past. part. **su** / present participle **sachant**

Present indicative
je sais
tu sais
il/elle/on sait
nous savons
vous savez
ils/elles savent

Imperfect
je savais
tu savais
il/elle/on savait
nous savions
vous saviez
ils/elles savaient

Passé composé
j'ai su
tu as su
il/elle/on a su
nous avons su
vous avez su
ils/elles ont su

Passé simple
je sus
tu sus
il/elle/on sut
nous sûmes
vous sûtes
ils/elles surent

Future
je saurai
tu sauras
il/elle/on saura
nous saurons
vous saurez
ils/elles sauront

Conditional
je saurais
tu saurais
il/elle/on saurait
nous saurions
vous sauriez
ils/elles sauraient

Present subjunctive
que je sache
que tu saches
qu'il/elle/on sache
que nous sachions
que vous sachiez
qu'ils/elles sachent

Imperative
sache
sachons
sachez

suivre *to follow; to take (a course)*
past participle: **suivi** / present participle: **suivant**

Like **suivre** is **poursuivre** *(to pursue)*

Present indicative
je suis
tu suis
il/elle/on suit
nous suivons
vous suivez
ils/elles suivent

Imperfect
je suivais
tu suivais
il/elle/on suivait
nous suivions
vous suiviez
ils/elles suivaient

Passé composé
j'ai suivi
tu as suivi
il/elle/on a suivi
nous avons suivi
vous avez suivi
ils/elles ont suivi

Passé simple
je suivis
tu suivis
il/elle/on suivit
nous suivîmes
vous suivîtes
ils/elles suivirent

Future
je suivrai
tu suivras
il/elle/on suivra
nous suivrons
vous suivrez
ils/elles suivront

Conditional
je suivrais
tu suivrais
il/elle/on suivrait
nous suivrions
vous suivriez
ils/elles suivraient

Present subjunctive
que je suive
que tu suives
qu'il/elle/on suive
que nous suivions
que vous suiviez
qu'ils/elles suivent

Imperative
suis
suivons
suivez

teindre *to dye*

past participle: **teint** / present participle: **teignant**

Like **teindre** are **atteindre** *(to reach)*, **peindre** *(to paint)*

Present indicative
je teins
tu teins
il/elle/on teint
nous teignons
vous teignez
ils/elles teignent

Imperfect
je teignais
tu teignais
il/elle/on teignait
nous teignions
vous teigniez
ils/elles teignaient

Passé composé
j'ai teint
tu as teint
il/elle/on a teint
nous avons teint
vous avez teint
ils/elles ont teint

Passé simple
je teignis
tu teignis
il/elle/on teignit
nous teignîmes
vous teignîtes
ils/elles teignirent

Future
je teindrai
tu teindras
il/elle/on teindra
nous teindrons
vous teindrez
ils/elles teindront

Conditional
je teindrais
tu teindrais
il/elle/on teindrait
nous teindrions
vous teindriez
ils/elles teindraient

Present subjunctive
que je teigne
que tu teignes
qu'il/elle/on teigne
que nous teignions
que vous teigniez
qu'ils/elles teignent

Imperative
teins
teignons
teignez

venir* *to come*

past participle: **venu(e)(s)** / present participle: **venant**

Like **venir** are **devenir***(to become)*, **soutenir** *(to support)*, **se souvenir (de)*** *(to remember)*, **revenir*** *(to come back)*, and **tenir** *(to hold)*

Present indicative

je viens
tu viens
il/elle/on vient
nous venons
vous venez
ils/elles viennent

Imperfect

je venais
tu venais
il/elle/on venait
nous venions
vous veniez
ils/elles venaient

Passé composé

je suis venu(e)
tu es venu(e)
il/elle/on est venu(e)
nous sommes venu(e)s
vous êtes venu(e)(s)
ils/elles sont venu(e)s

Passé simple

je vins
tu vins
il/elle/on vint
nous vînmes
vous vîntes
ils/elles vinrent

Future

je viendrai
tu viendras
il/elle/on viendra
nous viendrons
vous viendrez
ils/elles viendront

Conditional

je viendrais
tu viendrais
il/elle/on viendrait
nous viendrions
vous viendriez
ils/elles viendraient

Present subjunctive

que je vienne
que tu viennes
qu'il/elle/on vienne
que nous venions
que vous veniez
qu'ils/elles viennent

Imperative

viens
venons
venez

vivre *to live*

past participle: **vécu** / present participle: **vivant**

Like **vivre** is **revivre** *(to live again, revive)*

Present indicative
je vis
tu vis
il/elle/on vit
nous vivons
vous vivez
ils/elles vivent

Future
je vivrai
tu vivras
il/elle/on vivra
nous vivrons
vous vivrez
ils/elles vivront

Imperfect
je vivais
tu vivais
il/elle/on vivait
nous vivions
vous viviez
ils/elles vivaient

Conditional
je vivrais
tu vivrais
il/elle/on vivrait
nous vivrions
vous vivriez
ils/elles vivraient

Passé composé
j'ai vécu
tu as vécu
il/elle/on a vécu
nous avons vécu
vous avez vécu
ils/elles ont vécu

Present subjunctive
que je vive
que tu vives
qu'il/elle/on vive
que nous vivions
que vous viviez
qu'ils/elles vivent

Passé simple
je vécus
tu vécus
il/elle vécut
nous vécûmes
vous vécûtes
ils/elles vécurent

Imperative
vis
vivons
vivez

voir+ _to see_

past participle **vu** / present participle **voyant**

Like **voir** are **prévoir** _(to foresee)_ and **revoir** _(to see again)_

Present indicative
je vois
tu vois
il/elle/on voit
nous voyons
vous voyez
ils/elles voient

Imperfect
je voyais
tu voyais
il/elle/on voyait
nous voyions
vous voyiez
ils/elles voyaient

Passé composé
j'ai vu
tu as vu
il/elle/on a vu
nous avons vu
vous avez vu
ils/elles ont vu

Passé simple
je vis
tu vis
il/elle/on vit
nous vîmes
vous vîtes
ils/elles virent

Future
je verrai
tu verras
il/elle/on verra
nous verrons
vous verrez
ils/elles verront

Conditional
je verrais
tu verrais
il/elle/on verrait
nous verrions
vous verriez
ils/elles verraient

Present subjunctive
que je voie
que tu voies
qu'il/elle/on voie
que nous voyions
que vous voyiez
qu'ils/elles voient

Imperative
vois
voyons
voyez

vouloir *to want, to wish*
past participle: **voulu** / present participle: **voulant**

Present indicative
je veux
tu veux
il/elle/on veut
nous voulons
vous voulez
ils/elles veulent

Imperfect
je voulais
tu voulais
il/elle/on voulait
nous voulions
vous vouliez
ils/elles voulaient

Passé composé
j'ai voulu
tu as voulu
il/elle/on a voulu
nous avons voulu
vous avez voulu
ils/elles ont voulu

Passé simple
je voulus
tu voulus
il/elle/on voulut
nous voulûmes
vous voulûtes
ils/elles voulurent

Future
je voudrai
tu voudras
il/elle/on voudra
nous voudrons
vous voudrez
ils/elles voudront

Conditional
je voudrais
tu voudrais
il/elle/on voudrait
nous voudrions
vous voudriez
ils/elles voudraient

Present subjunctive
que je veuille
que tu veuilles
qu'il/elle veuille
que nous voulions
que vous vouliez
qu'ils/elles veuillent

Imperative
veuille
veuillons
veuillez

Lexique français–anglais

This glossary contains French words and expressions, defined as they are used in the context of this book. Easily recognizable words are not included. The number in parentheses indicates the chapter or the part of the program in which the word first appears: **pré = prélude; int = interlude; post = postlude; C = *Cahier.***

The masculine form is given for all adjectives. When a masculine adjective ends in **-e,** the feminine form is the same. To form the feminine of regular adjectives, add an **-e** to the masculine. Irregular feminine endings or forms are given in parentheses.

The gender (*m.* or *f.*) is indicated for most nouns. Nouns that can be either masculine or feminine are indicated with *n.* If the masculine form ends in **-e,** the feminine form is the same. To form the feminine for those ending in a consonant, add an **-e** to the masculine. Other feminine endings or forms are given in parentheses.

Abbreviations

adj. adjective	*fam.* familiar	*n.* noun
adv. adverb	*inv.* invariable	*prep.* preposition
conj. conjunction	*m.* masculine	*pron.* pronoun
f. feminine	*pl.* plural	* aspirate h

A

abord *m.* approach, access; **au premier abord** initially (2)

d'abord *adv.* at first (3)

abonné *m.* subscriber **(int. 2); abonnement** *m.* subscription (2)

aboutir to end up (at) (in) (1)

abuser to exploit, take advantage of (6)

abri *m.* shelter (6); **sans-abri** *n.* homeless person; **être à l'abri de** to be safe from (9)

accéder (à) to reach (1)

accélérateur *m.* accelerator (4)

accès *m.* access, entry (1)

accessoire *m.* accessory (2)

s'accomoder to accept **(pré)**

accord *m.* agreement (9); **d'accord** okay; **être d'accord** to agree, be in agreement (1)

s'accorder to agree (9)

s'accoutumer to get used to (C8)

s'accrocher (à) to hang (on to); to be very determined (1)

accroissement *m.* increase (6)

accroître to increase (8)

accueil *m.* reception, welcome (3); **accueillant** *adj.* welcoming (5); **accueillir** to welcome, to greet (3)

acharnement *m.* determination (1)

achat *m.* purchase (C2); **acheter** to buy

acier *m.* steel (9)

acquérir to acquire (3)

acteur (actrice) *n.* actor (actress) (5)

actif (active) *adj.* active (2); working; *n.* person in the workforce; **activement** *adv.* actively (9)

actualité *f.* current event (2); newsreel (6); **actuel(le)** *adj.* current (3)

adhérer (à) to join (C9); **adhésion** *f.* support (9)

adjoint *n. & adj.* assistant, deputy (3)

admettre to admit, allow

adoptif (adoptive) *adj.* adoptive, adopted (8)

s'adresser (à) to address; turn to (C9)

aérobic *f.* aerobics (2)

affaiblir to weaken (C2)

affaires *f. pl.* business (6); things, belongings (C5)

affectif (affective) *adj.* emotional (8)

affectueux (affectueuse) *adj.* affectionate, loving (5)

afficher to display, advertise, post (2)

affreux (affreuse) *adj.* frightful, horrible (C5)

affronter to face, to confront (6)

afin de *prep.* in order to, so as to (1); **afin que** *conj.* in order that, so that (7)

agacer to annoy (C4)

agence *f.* agency (C2); **agence de voyages** travel agency (5)

agent de police *m.* policeman (4)

agile *adj.* nimble, agile (4)

agir to act, behave (1); **s'agir de** to be about, be a question of **(pré.)**

agneau *m.* lamb (C6)

aguets *m. pl.* **aux aguets** watchful (6)

aïeul *n.*, **aïeux** *pl.* ancestor (C3)

aile *f.* wing (C7)

ailleurs *adv.* elsewhere; **d'ailleurs** besides, moreover

aîné *adj.* older, oldest (C3)

air *m.* tune, air; **en plein air** outdoors, in the open (5); **avoir l'air (de)** to look (like) (2)

aise *n. f. & adj.* ease, comfort; delighted, pleased (7), **se sentir à l'aise** to feel comfortable, at ease; **se sentir mal à l'aise** to feel uncomfortable

ajouter to add (9)

alcool *m.* alcohol (C2)

alcoolémie *f.* acohol level in the blood (4)

aléa *m.* hazard *(int. 2)*

alentours *m. pl.* the surrounding area (2)

allemand *n. & adj.* German **(pré.)**

allié *n. & adj.* ally; allied (9)

allonger to stretch out, to lengthen (4)

allumer to light (4); turn on

allure *f.* behavior, manner (3); look, appearance

alors *adv.* then, so (C1)

alpinisme *m.* mountaineering; **faire de l'alpinisme** to go mountain climbing (5)

amateur *m.* lover of (6); amateur

ambassade *f.* embassy (2)

âme *f.* soul (8)

améliorer to improve (C2)

amende *f.* ticket, fine; **amende pour excès de vitesse** speeding ticket (4)

amer (amère) *adj.* bitter (9)

amérindien *n. & adj.* native American (3)

ami *n.* friend; **petit(e) ami(e)** boyfriend (girlfriend) (8)

amorcer to begin, undertake (9)

amour *m.* love (5)

amphithéâtre *m.* lecture hall (1)

amusant *adj.* funny (2); **s'amuser** to have fun, have a good time (3)

an *m.* year (1)

ancêtre *n.* ancestor **(pré.)**

ancien(ne) *adj.* old, former (2)

âne *m.* donkey (4)

ange *m.* angel (C1)

angoissant *adj.* distressing, alarming (C7); **angoisse** *f.* anxiety, anguish (1); **angoissé** *adj.* anguished, anxious (C8)

animer to liven up, to rouse (1)

année *f.* year **(pré.)**

annonce *f.* **publicitaire** advertisement (6)

antenne *f.* antenna (4); **antenne satellite** satellite dish (6)

antiquité *f.* antiquity (7)

antivol *m.* anti-theft device (4)

antonyme *m.* antonym; word with opposite meaning

anxieux (anxieuse) *adj.* worried, anxious

apaiser to calm (2)

apercevoir to perceive, notice (5)

apéro *m.* **(apéritif)** before dinner drink (5)

appartenir (à) to belong (to) (7)

appeler to call; **s'appeler** to be called, named **(pré.)**

s'appliquer to apply oneself (5)

apporter to bring (9)

apprécier to appreciate (3)

apprendre to learn **(pré.)**

apprentissage *m.* learning; **apprentissage précoce** languages in elementary school **(pré.)**

s'apprêter (à) to get ready (to) (1)

approche *f.* approach (1); **approcher** to approach, draw near (3); **s'approcher (de)** to come near **(int. 1)**

s'approprier to take over (C3)

appui *m.* support (1); **appuyer** to press (4); to support (1)

âpre *adj.* harsh (3)

après *prep.* after (1); **d'après** *prep.* according to (2)

arbre *m.* tree (3)

argent *m.* money **(pré.); argent de poche** pocket money, allowance (1); silver (6)

argot *m.* slang (2)

armature *f.* framework (4)

arme *f.* weapon (9)

arpenter to criss-cross (5)

arrêt *m.* stop (bus, trolley) (2)

s'arrêter to stop (9)

arrière *adv.* back (4); **à l'arrière** in the back (4)

arriéré *adj.* backwards (2)

arrière-train *m.* hindquarters (4)

arriver to arrive (3); to happen (5)

arrondir to round off, make round (4)

artisan *m.* craftsperson, artisan **(int. 2); artisanat** *m.* arts and crafts (9)

as *m.* ace (2)

asile *m.* refuge, asylum (9)

aspirateur *m.* vacuum cleaner; **passer l'aspirateur** to vacuum (8)

aspirer to drink, suck up (C7)

assaut *m.* assault, attack (2)

s'asseoir to sit (2)

assez *adv.* enough; **en avoir assez de** to be fed up with

assimilé *adj.* assimilated (2)

assister (à) to be present, attend (1)

associer to associate (3)

s'assombrir to get dark **(int. 1)**

assorti *adj.* matching (2); **bien (mal) assorti** to go well (badly) with (2)

s'assoupir to doze off (8)

assourdissant *adj.* deafening (6)

assurance *f.* insurance (4); **assurer** to assure, guarantee (3)

atelier *m.* textile mill; workshop; artist's studio (3)

atout *m.* advantage, trump card (2)

s'attarder to linger (8)

atteindre to reach, attain (5)

attendre to wait (for); **s'attendre (à)** to expect (7)

attentat *m.* murder attempt, attack; **attentat suicide** suicide bombing (9)

attente *f.* wait; expectation (6); **salle d'attente** *f.* waiting room (9)

attention *f.* attention; **faire attention (à)** to pay attention (to) (C1)

atterrer to dismay, appall (4)

atterrir to land (airplane, ship) (5)

attester to prove, demonstrate (9)

attirer to attract, draw (1)

attrayant *adj.* attractive, pleasant (6)

attribuer to assign (1)

aube *f.* dawn, daybreak (1)

auberge *f.* inn; **auberge de jeunesse** youth hostel (5)

aucun *adj. & pron.* no one, none (6)

audacieux (audacieuse) *adj.* bold, daring (3)

auditeur (auditrice) *n.* listener **(int. 1)**

augmentation *f.* increase (C9); **augmenter** to increase (C9)

aujourd'hui *adv.* today, nowadays **(pré.)**

auparavant *prep.* formerly (C3)

auprès de *prep.* close to, near (C5)

ausculter to touch, feel (2)

aussi *adv.* also **(pré.)**; **aussi (bien) que** as (well) as (C1)

aussitôt que *conj.* as soon as (9)

autant *adv.* as much (2); **d'autant que** all the more so since (9)

autocar *m.* bus (3)

automatisme *m.* reflex (9)

autonomie *f.* autonomy, self-sufficiency (2)

autoritaire *adj.* authoritarian (8)

autoroute *f.* highway (C9)

auto-stop *m.* hitchhiking (5)

autour *adv.* around (8)

autre *adj. & pron.* other (1); **autrement** *adv.* otherwise (5)

autrefois *adv.* in the past, formerly (3)

autruche *f.* ostrich (8)

avaler to swallow (pré)

avancement *m.* promotion (C2)

avant (de) *prep.* before **(pré.)**

avantageux (avantageuse) *adj.* advantageous (9)

avec *prep.* with **(pré.)**

avenir *m.* future (1)

s'aventurer to venture (C3)

avertissement *m.* warning (6)

aveu *m.* confession (6)

s'avilir to lower oneself, debase oneself (6)

avion *m.* airplane (2)

avis *m.* opinion; **à mon avis** in my opinion (1)

avocat *m.* lawyer (5)

avoir to have; **avoir besoin (de)** to need (3); **avoir mal** to hurt (C1); **avoir peur (de)** to be afraid of (7)

avouer to admit

B

bachelier (bachelière) *n.* person who passed the baccalauréat (1)

bachoter to cram *fam.*; **faire du bachotage** to cram *fam.* (1)

bafouiller to stammer, splutter (6)

bagarrer to argue, fight (1)

bagnole *f.* car *fam.* (4)

baie *f.* bay (5)

baignade *f.* swimming, bathing (5); **se baigner** to swim, bathe (5)

baiser *m.* kiss (C1)

baisse *f.* decrease (C9); **baisser** to decrease, lower (6)

bal *m.* ball, dance (C6)

balade *f.* stroll, short walk (5)

balancer to swing, go back and forth (C2); to send (away) (9)

ballerines *f. pl.* ballerina slippers (2)

banc *m.* bench (6)

bande *f.* gang (2); tape; **bande sonore** sound track (6); **bande dessinée** comic strip (1)

banderole *f.* banner, advertising streamer (1)

banlieue *f.* suburb (1)

banque *f.* bank; **banque de données** data bank (2)

barbaque *f.* beef, muscles *pej.* **(int. 1)**

barbe *f.* beard (2)

barème *m.* scale (4)

barrière *f.* fence, barrier (4)

barre de torsion *f.* torsion bar (4)

bas *m.* stocking; **bas résille** fishnet stocking (2)

basané *adj.* dark (complexion); **avoir le teint basané** to have a dark complexion (2)

baskets *f. pl.* basketball shoes (2)

bataille *f.* battle (5)

bâtard *m.* weak, adulterated **(pré.)**

bateau *m.* boat (3); **faire du bateau** to go boating (5)

bâtir to build (7)

batterie *f.* battery; **batterie à plat** dead battery (4)

(se) battre to fight, beat up (9); **battu** *adj.* beaten, well-used (5)

bavard *adj. & n.* talkative (C2); talkative person (8)

beau (bel, beaux, belle, belles) *adj.* handsome, beautiful (2); **beauté** *f.* beauty (2)

beau-père *m.* stepfather; father-in-law (8)

bec *m.* kiss (Québec) **(pré.)**

belle-mère *f.* stepmother; mother-in-law (8)

bénévolat *m.* volunteer work (9); **bénévole** *n.* volunteer (3)

berceau *m.* cradle (8)

berger (bergère) *n.* shepherd (shepherdess)(6); **berger allemand** German shepherd **(pré.)**

besoin *m.* need (9)

bête *adj.* silly, stupid (2)

beur *n. m. & adj.* Arab *fam.* **(int. 1)**

beurre *m.* butter (int. 1)

bibelot *m.* trinket (1)

biche *f.* doe (3)

bichonner to pretty up, make look nice **(int. 1)**

bien *adv.* well; **bien sûr** of course (C1); **bien** *m.* good (7); **biens** *m. pl.* goods, property (2) **bien que** *conj.* although (7)

bien-être *m.* well-being (4)

bienvenue *f.* welcome; **souhaiter la bienvenue** to welcome (C3)

bijou *m.* piece of jewelry; **bijoux de fantaisie** costume jewelry (2)

billet *m.* ticket; paper money (3)

bise *f.* kiss *fam.* **(pré.);** north wind (7)

blague *f.* joke (4)

blâmer to blame (2)

blanc (blanche) *adj.* white (2); **blanc** *m.* blank (C1)

blême *adj.* pale, sick-looking (2)

blesser to wound (6)

blocage *m.* mental block (1); **faire un blocage** to freeze up (1)

bloqué *adj.* blocked, obstructed (4)

blouson *m.* jacket (2); **blouson en cuir** leather jacket (2)

bobine *f.* reel (of film) (C6)

boire to drink (7)

bois *m.* wood (6); **bois franc** solid, sturdy (5)

boîte *f.* nightclub **(int. 1);** box (7); **boîte automatique** automatic transmission (4)

bombarder to bombard (1)

bon (bonne) *adj.* good

bondé *adj.* crowded, crammed (4)

bonheur *m.* happiness (C1)

bonnet *m.* cap (C5)

bord *m.* edge; **au bord de** along **(int. 1)**

bordeaux *adj. inv.* wine-colored (2)

border to border, run alongside (1)

borne *f.* terminal, marker; **borne de recharge** electric terminal (for recharging car batteries) (4)

bosser to study hard *fam.* (1); to work *fam.* (3); **bosseur (bosseuse)** *n.* hard-working student (1)

botte *f.* boot (2)

bottine *f.* boot (5)

bouchon *m.* traffic jam (4); cork

boucle *f.* ring; **boucle d'oreille** earring (2)

boue *f.* mud (C4)

bouffer to eat *fam.* (5); **la bouffe** food *fam.* (2)

bouger to move, to be lively (2)

boulanger (boulangère) *n.* baker (8)

boulet *m.* (cannon) ball (9)

bouleverser to upset, distress (6)

boulot *m.* work, job, task *fam.* (1)

bouquin *m.* book *fam.*

bourgeois *n. & adj.* middle class; middle class person (C3)

bourrer to stuff (1); **se bourrer le crâne** stuff your head *fam.* (1)

bourse *f.* scholarship (1)

bousculer to shove, jostle (2)

bout *m.* bit, piece; **au bout de** at the end of (7); **venir à bout de** to overcome (7)

bouteille *f.* bottle (C3)

boutique *f.* shop, boutique (2)

bracelet *m.* bracelet (2)

brancher to plug in, connect (4); **branché** *adj.* in the know, up-to-date (2)

break *m.* station wagon (4)

bref (brève) *adj.* brief, short (2)

breveter to patent (6)

bricoler to do odd jobs, tinker (5); **bricolage** *m.* do-it-yourself project

brièvement *adv.* briefly (2)

bride *f.* bridle (7)

brigand *m.* robber (C5)

brillant *adj.* brilliant (C2); shiny

broche *f.* brooch (6)

bronzage *m.* tanning (5); **(se) bronzer** to tan (5)

brosse à dents *f.* toothbrush (3)

brouillon *m.* rough draft

broyer to grind, crush (5)

bruit *m.* noise (3); **bruyant** *adj.* noisy (1)

brûler to burn (3); **brûler un feu rouge** to run a red light (4)

brumatiseur *m.* spray (5)

bûcher to study hard *fam.* (1)

bûcheron *m.* woodcutter (7)

bûcheur (bûcheuse) *n.* hard-working student *slang* (1)

bulletin *m.* report card (1)

bureau *m.* desk **(pré.);** office (3)

busqué *adj.* hooked (2)

but *m.* goal, purpose (3)

C

cabane *f.* cabin; **cabane à sucre** maple sugaring cabin **(pré.)**

câble *m.* cable; **télévision par câble** cable TV (6)

cacher to hide; **se cacher** to hide oneself (3)

cadeau *m.* gift

cadet (cadette) *adj.* younger, youngest (8)

caisse *f.* chest, box (8); checkout (store) (C7)

calmer to calm (someone) down; **se calmer** to calm down (8)

calvaire *m.* suffering (6)

camarade *n.* friend; **camarade de chambre** roommate (8)

caméra *f.* movie camera (2)

caméscope *m.* video camera (6)

camion *m.* truck (3)

campagne *f.* country(side); open country (5); campaign (C-**int. 2**)

camping *m.* a campground; **faire du camping** to go camping (5)

canard *m.* duck **(pré.)**

cancre *m.* bad student, dunce (1)

canditure *f.:* **poser sa candidature** to apply for a position (3)

caniche *m.* poodle **(pré.)**

canne *f.* cane, walking stick (6)

canoë *m.* canoe; **faire du canoë** to go canoeing (5)

canot *m.* dinghy; **canot de sauvetage** lifeboat (6)

canotier *m.* boater (hat) (8)

capot *m.* car hood (4)

capsuler to put a top on (a bottle) (6)

car *m.* bus (3)

car *conj.* because (1); for

caractère *m.* nature, character; **caractère gras** boldface

caravane *f.* travel trailer (5)

caresser to pet, caress (3)

carré *adj.* square (2)

carrefour *m.* intersection (4)

carrière *f.* career, profession

carrosse *m.* coach, carriage (C7)

carton *m.* cardboard (3)

cas *m.* case

casque *m.* helmet (4); **Casques bleus** UN Peace Keeping Troops (C9)

casquette *f.* cap (2)

casser to break (5); **se casser la tête** to rack one's brains (1)

caste *f.* group (2)

cauchemar *m.* nightmare (7)

cavalier *m.* horseback rider (4)

céder to give up, give in, give way to (8)

ceinture *f.* belt (3); **ceinture de sécurité** seat belt (4)

célèbre *adj.* famous (2)

célibataire *adj.* unwed (8)

celui (ceux, celle, celles) *pron.* the one(s), this one, that one, these, those (8)

cendre *f.* ash (8); **cendrier** *m.* ashtray **(pré.)**

censé *adj.* supposed to (5)

cercle *m.* circle; group (8)

cerise *f.* cherry (1); **cerisier** *m.* cherry tree (4)

cesser (de) to stop (5); **sans cesse** continually, constantly (2)

chacun(e) *pron.* each, each one, everyone (9)

chaîne *f.* chain; channel (6)

chair *f.* flesh (7)

chaise *f.* chair (C1)

chalet *m.* small vacation house (mountains) (5)

chaleur *f.* heat (C4); **chaleureux (chaleureuse)** *adj.* cordial, friendly (C2)

chameau *m.* camel (5)

chambre *f.* bedroom (C1)

champ *m.* field (3)

chance *f.* luck, possibility, opportunity (C2)

chanceler to stagger, totter (6)

changement *m.* change (1)

chanson *f.* song **(pré.)**

chant *m.* singing (C2); song; **chanter** to sing (2); **chanteur (chanteuse)** *n.* singer (2)

chantier *m.* construction site (1)

chapeau *m.* hat (2)

chaque *adj.* each, every **(pré.)**

charbon *m.* coal (9)

charger to fill, load (3)

charme *m.* magic spell (7)

charte *f.* charter (4)

chasse *f.* hunting; **aller à la chasse** to go hunting (5); **chasser** to hunt, chase away **(post.)**

chauffeur *m.* driver (4)

chaussée *f.* pavement, street (4)

chaussette *f.* sock

chaussure *f.* shoe, footwear (2)

chauve *adj.* bald (2)

chef *m.* leader, head (2); **chef d'état** head of state (C3)

chemin *m.* road, path (3); **cheminer** to go one's way (6)

chemise *f.* shirt (2); **chemisier** *m.* blouse (2)

cher (chère) *adj.* expensive, dear (1)

chercher to look for (pré.)

cheval *m.* horse (4)

chevalerie *f.* knighthood (7); **chevalier** *m.* knight (7)

cheveux *m. pl.* hair (2)

chèvre *f.* goat (3)

chez *prep.* at, to (the house, family, business, etc.) **(pré.)**

chic *adj. inv.* stylish (2)

chiffre *m.* number (1)

chinois *adj. & n.* Chinese (C8)

chirurgie *f.* surgery (C9); **chirurgien** *m.* surgeon (C3)

choisir to choose **(pré.); choix** *m.* choice (1)

chômage *m.* unemployment (3); **taux de chômage** unemployment rate (3); **chômeur (chômeuse)** *n.* unemployed person (3)

choquant *adj.* shocking, offensive (2)

choucroute *f.* sauerkraut **(pré.)**

chute *f.* fall (6); **chuter** to fall down

cible *f.* target **(int. 1); cibler** to target, aim for **(pré.)**

ci-dessous *adv.* below (2)

ci-dessus *adv.* above (2)

ciel *m.* sky (6)

cigale *f.* cricket, cicada (7)

cinéma *m.* movies, movie theatre **(pré.)**

cinéphile *n.* movie buff (6)

circulation *f.* traffic (4)

cité *f.* dormitory (1); urban neigborhood (2)

citrouille *f.* pumpkin (C6)

civil *n. & adj.* civil; civilian (9)

clair *adj.* light (2); clear, obvious (7)

claquer to slam (door) **(int. 1)**

classe d'âge *f.* age group, age cohort (1)

clé, clef *f.* key (2)

clignotant *m.* turn signal, car blinker (4)

clip *m.* video clip (2)

cloison *f.* partition (6)

clouer to nail, attach (8)

cochon *m.* pig (1)

cocotier *m.* coconut palm (C5)

code *m.* rule, code; **code de la route** rules of the road (4)

cœur *m.* heart; **par cœur** by heart, memorized (1)

coffre *m.* car trunk (4)

coffret *m.* chest (C5)

cohue *f.* crowd **(int. 2)**

coi (coite) *adj.:* **rester coi** to remain silent (6)

coiffé *adj.* (hair) styled (2); **(se) coiffer** to style (one's) hair (2); wear on one's head (8)

coin *m.* corner

coincer to wedge, catch (6)

colère *f.* anger **(pré.)**

collège *m.* middle school (1)

coller to stick to, glue **(pré.)**

collier *m.* necklace (2)

collision *f.* collision; **entrer en collision avec** to run into, collide (4)

colocataire *n.* person with whom a house or apartment is shared (8)

colonie *f.* colony (6); **colonie de vacances** camp (for children) (5)

combat *m.* fighting, hostilities (C3)

combien (de) *adv.* how many, how much (1)

combiné *m.* receiver, handset (phone) **(int. 2)**

commander to command, give orders (3)

comme *adv.* like, as, how (3)

commencer to start (1)

comment *adv.* how (3)

commerçant *n.* merchant, shopkeeper **(int. 2);** **commerce** *m.* trade, business (C9);

commercial *adj.* business (3)

commissariat *m.* **de police** police station (in town) (4)

communauté *f.* community (9)

comparable (à) comparable (to) (C8)

complément *m.* object (grammar) (1)

complet (complète) *adj.* complete, entire, full (2)

complicité *f.* bond, closeness, emotional tie (8)

comportement *m.* behavior; **comporter** to include (6), **se comporter** to behave

composer to compose, make up, dial (phone); **se composer de** to consist of, be composed of

compréhensif (comprehensive) *adj.* understanding, kind (4); **comprendre** to understand; to include; **se comprendre** to understand one another (8)

compte *m.* account (8); **compter** to count (1); **compter + *infinitif*** to plan, to mean (to do)

concevoir to conceive, create (9)

concours *m.* competitive exam (1)

concret (concrète) *adj.* concrete (2)

concubinage *m.* unmarried people living together (8)

concurrence *f.* competition (6)

se consacrer (à) to devote oneself (to) (2)

à condition de (que) *prep. (conj.)* provided that (7)

condoléances *f. pl.* condolences (3)

conducteur (conductrice) *n.* driver (4); **conduire** to drive (4); **se conduire** to conduct oneself (2); **conduite** *f.* driving test (4)

conférence *f.* lecture (1)

confiance *f.* trust; **faire confiance (à)** to trust in (8); **confier** to confide, trust (C5)

confirmer to confirm (C4)

confondre to confuse (1)

confort *m.* comfort (4); **confortable** *adj.* comfortable (clothing, furniture, house) (2)

confus *adj.* confused, embarrassed, muddled (2); **confusément** *adv.* confusedly (2)

congé *m.* leave, vacation (5)

congeler to freeze (1)

conjointement *adv.* jointly (9)

connaître to know; **faire la connaissance (de)** to meet **(pré.); connu** *adj.* known (7)

conquête *f.* conquest (5)

consacrer to devote (6)

consciencieux (consciencieuse) *adj.* conscientious (C2)

conseil *m.* advice (1); **conseiller (conseillère)** *n.* advisor, counselor (9)

consentir to consent (7)

consommer to use, to consume (4)

constamment *adv.* constantly (2)

construire to build (C9)

contact *m.* starter (car) (4)

conte *m.* story, tale; **conte à dormir debout** tall tale, cock-and-bull story; **conte de fées** fairy tale (7)

contemporain *n. & adj.* contemporary (1)

contenir to contain (5)

content *adj.* happy (3); **contenter** to make happy (C7)

contenu *m.* content (C1)

continu *adj.* continuous (4)

contrainte *f.* constraint (5)

contraire *m.* opposite; **au contraire** on the contrary (1)

contravention *f.* traffic ticket, fine, mostly for parking (4)

contre *prep.* against (3)

contredire to contradict (C4)

contrevenant *m.* person receiving a traffic ticket (4)

contrôle *m.* test (1); traffic stop by the police (4); **contrôler** to check, inspect (9)

convaincre to convince (4)

convenable *adj.* appropriate (C1); **convenir** to fit, be suitable (C1)

convier to invite (5)

convenu *adj.* conventional, agreed upon (9)

convoi *m.* convoy, procession; **convoi de cirque** circus convoy (4)

copain (copine) *n.* friend; boyfriend (girlfriend) (8)

coquet (coquette) *adj.* flirtatious (2)

cornac *m.* elephant trainer (4)

corne *f.* horn (animal) (C7)

correspondre to tally, agree, correspond (7)

corrompre to corrupt (9)

corvée *f.* onerous task, burden (8)

costaud *adj.* robust (2)

costume *m.* man's suit (2)

côté *m.* side; **à côté de** *prep.* next to (5)

se coucher to go to bed, sleep (C1); **coucher à la belle étoile** sleep out in the open; **coucher sous la tente** to sleep in a tent (5)

coude *m.* elbow (9)

couler to sink (6); to flow (4)

couleur *f.* color (C2)

couloir *m.* hallway (2)

coup *m.* hit, blow; **coup de veine** stroke of luck (1); **coup de pied** kick (int. 1); **coup de gifle** slap (4); **coup de sifflet** whistle blast (4); **tout à coup** all of a sudden (3); **coup de soleil** sunburn (5)

couplet *m.* verse

cour *f.* yard, courtyard (3)

couramment *adv.* fluently (C3)

courant *adj.* everyday, standard (2); electricity (4); **courant** *m.* **d'air** draft (4)

courriel *m.* e-mail (C-**int. 2**)

courrier *m.* mail (7)

courir to run (3)

cours *m.* course; **au cours de** during (4); **cours magistral** lecture course (1)

course *f.* race; shopping errand; **course aux armements** arms race (9); **faire les courses** to run errands; go shopping (8)

court *adj.* short (2)

couscous *m.* North African dish, made with semolina, vegetables, etc.

coût *m.* cost (4); **coût de la vie** cost of living

couteau *m.* knife (6)

coûter to cost (4); **coûteux (coûteuse)** *adj.* costly

couvert *m.* place, place setting (8); *adj.* covered

couvre-feu *m.* curfew (8)

couvrir to cover (1)

covoiturage *m.* carpooling (4); **covoiturer** to carpool (4); **covoitureur** *m.* person who carpools

craindre to fear (7); **crainte** *f.* fear

crâne *m.* skull (2); **crâne d'œuf** egghead, brainy (1)

cravate *f.* necktie (2)

crédit *m.* funding (1)

crête *f.* comb (of rooster); crest; spiked hair (2)

crever to burst; **pneu crevé** flat tire (4)

crier to shout, yell (8)

croire to believe (7)

croiser to cruise, to cross (5); **croisière** *f.* cruise (5)

croissant *adj.* increasing, growing (4)

croix *f.* cross (1)

cruauté *f.* cruelty (6)

crudité *f.* coarseness, crudeness (6)

cueillir to gather, pick (C7)

cuillère *f.* spoon (**post.**)

cuir *m.* leather (2)

cuire to cook (5)

cuisine *f.* kitchen; cooking; **faire la cuisine** to cook (8)

cul *m.* backside, rear end (**pré.**)

culot *m.* daring, nerve (4)

cultiver to cultivate, farm (3); **se cultiver** to improve one's mind (5)

culture *f.* land under cultivation (4); culture

curé *m.* priest, curate (C9)

cursus *m.* curriculum (1)

cycle *m.* cycle, years for a degree (1)

D

dame *f.* lady (7)

davantage *adv.* more (**pré.**)

déballer to unpack (9)

se débarrasser (de) to get rid of (4)

déborder to overflow (8)

debout *adj.* upright, standing (1)

débrancher to unplug, disconnect

débrayer to let out the clutch (4)

débrouillard *adj.* able, resourceful (2); **se débrouiller** to manage, get along (1)

début *m.* beginning; **au début** in the beginning (3); **débutant** *adj.* beginner, novice (4)

décalage *m.* gap, interval; **décalage horaire** jet lag (5)

décapotable *f.* convertible (4)

décennie *f.* decade (9)

(se) déchirer to tear (up) (apart) (3)

décider to decide, determine (3)

décliner to enumerate (9)

déconcertant *adj.* disconcerting (C4)

décontracté *adj.* relaxed, laid-back (2)

décor *m.* set (6)

décousu *adj.* disjointed, disconnected (8)

découvrir to discover (4)

décret *m.* decree, ruling (4)

décrire to describe (**pré.**)

décrocher to take down (2); to unhook, pick up (telephone) (1); to land, get (job, prize)

dedans *adv.* inside (7)

défaite *f.* defeat (9)

défavorisé *adj.* underprivileged (C9)

défendre to forbid, prohibit (7)

défi *m.* challenge (C9); **défier** to defy (**int. 2**)

défricher to clear (land) (9)

défunt *adj.* deceased, late (5)

dégainer to take out of a case or holster (**int. 2**)

dégoûter to disgust (6)

dégueulasse *adj.* disgusting *fam.* (2)

déguiser to disguise (6)

dehors *adv.* out, outside (1)

déjà *adv.* already (**pré.**)

délavé *adj.* faded (2)

délivrer to set free; to rescue (C7)

demander to ask; **se demander** to wonder (C2)

démarrer to start off (4)

déménager to move, move out (8)
demi-frère *m.* stepbrother; half-brother (8)
demi-sœur *f.* stepsister; half-sister (8)
démodé *adj.* out-of-style (2)
demoiselle *f.* young lady (7); **demoiselle d'honneur** lady in waiting (7)
dénouement *m.* ending, conclusion (6)
dent *f.* tooth (C4)
déontologie *f.* ethics (2)
dépanner to repair (4); **dépanneuse** *f.* tow truck (4)
départ *m.* departure (3)
dépasser to go past, pass (4); go beyond (**int. 2**)
se dépayser to get a change of scenery (5)
dépendre (de) to depend (on) (9)
dépens *m. pl.* (legal) costs; **aux dépens de** at the expense of (C2)
dépenser to spend
déplacement *m.* travel (C5)
déplaire to displease, offend (**pré.**)
dépliant *m.* leaflet, brochure (5); **déplier** to unfold (C6)
déposer to put down, place, drop off (3)
dépourvu (de) *adj.* deprived, lacking (7)
depuis *prep.* since, for (1)
déprimant *adj.* depressing (C6)
déraper to skid (4)
dérisoire *adj.* pathetic; laughable; insignificant (3)
se dérober to run away from (7)
déroulement *m.* development, unfolding (C-**int. 1**); **se dérouler** to unfold, develop (1)
derrière *adv.* behind (3)
dès *prep.* from; **dès lors** from that time onwards (5); **dès que** as soon as (1)
désastre *m.* disaster (9)
descendre to go down, take down (3)
désespérer to despair, lose hope (6); **désespérément** *adv.* hopelessly (6)
se déshabiller to undress oneself (C1)
désolé *adj.* distressed; sorry; unhappy (3)
désormais *adv.* from now on (2); from then on
dessin *m.* drawing (1)
dessous *adv.* under (2)
dessus *adv.* above (2); **par dessus** *adv.* over, in addition (C3)
se détendre to relax, unwind (5); **détente** *f.* relaxation (5)
détenir to hold, have in one's possession (1)
détester to hate, detest (1)
détrôner to oust, supplant (6)
détourner to divert, twist (4)
dette *f.* debt (**int. 1**)
deux-chevaux (2 CV) *f.* a car made by Citroën, originally with two horsepower engine (4)
devant *prep.* before, in front of (3); *m.* front (4)
devanture *f.* display, store window (1)
devenir to become (C2)
deviner to guess; **devinette** *f.* riddle

dévisager to stare at, look hard at (1)
devoir to have to; to owe (C1); *m.* duty; **devoirs** *pl.* homework (1)
diable *m.* devil (7)
diète *f.* diet (parliament) (9)
dieu *m.* god; **Dieu** God
difficile *adj.* difficult; **difficile à vivre** hard to get along with (8)
diffuser to broadcast (6); **diffusion** *f.* broadcasting (6)
digne *adj.* worthy (1)
dire to say; **c'est-à-dire** in other words, that is to say
direction *f.* steering (4), management
directives *f. pl.* rules of conduct, directives (4)
dirigeant *m.* person in authority (C9)
discernement *m.* judgement (1)
discutailler to discuss *fam.* (6)
disparaître to disappear (7); **disparu** *adj.* gone; dead (7)
disponible *adj.* available (C5)
disposer (de) to have at one's disposal (5)
dispute *f.* quarrel (1); **se disputer** to argue (8)
disque *m.* record (**post.**); **disque compact** compact disc (C1)
dissertation *f.* essay, paper (for a course) (1)
distinguer to distinguish (C8); **se distinguer** to stand out, be noticeably different (2)
distraire to entertain (**int. 1**); **distrait** *adj.* absent-minded (C1)
divergence *f.* divergence, difference (7)
se divertir to amuse oneself, enjoy oneself (5)
divorcer to divorce (8)
dodo *m.* sleep, nap *fam.* (5); **fais dodo** *m.* party for dancing (*cajun*)
domestique *n.* servant, domestic; **les travaux domestiques** domestic, household work (3)
dommage *m.* harm; **c'est dommage** what a shame! (2)
donc *conj.* therefore, so (5)
donne *f.* hand (of cards) (2)
données *f. pl.* data (2)
donner to give (3); **donner sur** to open onto, look onto, face (5)
dont *pron.* whose; of whom/which; from whom/which; about whom/which
(se) dorer to gild, turn golden, tan (5)
dormir to sleep (1)
dortoir *m.* large sleeping room (1)
dossier *m.* file document; student record (1); seat back (6)
doter to endow (post.)
douane *f.* customs (9); **douanier** *m.* custom's agent (9)
doubler to double (3); to pass, overtake (car) (4); to dub (film) (6)
doucement *adv.* gently, quietly (3); **douceur** *f.* gentleness, softness (4); **doux (douce)** *adj.* sweet, soft, gentle (2)
douer to endow (C7)
douleur *f.* pain, suffering, grief (7)

douter to doubt (7); **douteux (douteuse)** *adj.* doubtful (7)

douzaine *f.* dozen (5)

dramaturge *m.* playwright (9)

drapeau *m.* flag (9)

droit *n. m. & adj.* right, *as in,* I have a right to… (2); **droits d'inscription** tuition, registration fees (1); straight (2)

droite *f.* right (5)

drogue *f.* drugs (4)

drôle *adj.* funny

dur *adj.* hard (2)

durée *f.* length of time (6); **durer** to last, continue (6)

dynamique *adj.* dynamic (2)

E

eau *f.* water (3)

ébahir to amaze, dazzle (8)

ébats *m. pl.* frolics; **prendre ses ébats** to frolic, frisk (4)

éblouir to dazzle (6)

ébouriffé *adj.* uncombed (2)

s'ébrouer to shake oneself, move about (4)

s'écarter to go away from, deviate from (4)

échafaudage *m.* scaffolding (3)

s'échapper to escape (3)

écharpe *f.* scarf (C2)

échec *m.* failure (2)

échouer (à) to fail (1)

éclair *m.* flash of light (8); **éclairage** *m.* lighting (6); **éclairer** to light up (6)

éclat *m.* burst, dazzlement; excitement (9)

éclatant *adj.* dazzling (6)

éclater to burst out, explode (4); **une famille éclatée** a broken family (8)

école *f.* school **(pré.)**; **école maternelle** pre-school; **école primaire** elementary school (1)

écolier (écolière) *n.* elementary school pupil (1)

écossais *adj.* tartan, checked, plaid (2)

écourter to cut short, shorten (9)

écoute *f.* listening time, viewing time (6); **écouter** to listen to; **écouteurs** *m. pl.* earphones

écran *m.* screen (6)

écraser to run over, crush (2); to crash **(int. 2)**

écrevisse *f.* crayfish **(post.)**

écrire to write

écureuil *m.* squirrel (7)

édifiant *adj.* edifying (9)

effacer to erase **(pré.)**

effectivement *adv.* effectively, in actuality (5)

effectuer to carry out (C5)

effet *m.* effect; **effets spéciaux** special effects (6)

efficacité *f.* efficiency (2)

effort *m.* effort, endeavor (5)

effrayant *adj.* terrifying (C7); **effrayer** to frighten (4)

égal *adj.* equal; **égal à** on equal footing (1); **également** *adv.* equally; as well (7)

égard *m.* regard (6)

église *f.* church

élargissement *m.* enlargement (9)

élastique *m.* rubber band (3)

élégamment *adv.* elegantly (2)

élève *n.* elementary or secondary school student (1)

élire to elect (9); **élu** *m.* elected official (2)

s'éloigner to distance, move away (3)

emballer to thrill, delight (1)

s'embarquer to embark upon; get on board (5)

embauche *f.* hiring (8); **embaucher** to hire (3)

embaumeur *m.* undertaker (5)

embellir to embellish, make prettier (C2)

embêtant *adj.* annoying (1); **embêter** to annoy (8)

embouteillage *m.* traffic jam (4)

embrasser to embrace, kiss; **s'embrasser** to embrace (kiss) each other (8)

embrayage *m.* clutch (4); **embrayer** to put in the clutch (4)

émettre to send, put out (6); **émission** *f.* television (radio) program (6)

emmagasiner to collect (2)

emmener to take someone, lead (someone) (4)

émouvoir to touch emotionally; affect (3)

empanaché *adj.* plumed (8)

empêcher to prevent

emplacement *m.* site, placement (C2)

emploi *m.* job (3)

empoisonné *adj.* poisoned (C7)

emporter to take, win over, conquer (4)

s'empresser to rush, hurry (5)

emprunter to borrow (2); **emprunteur (emprunteuse)** *n.* borrower (7)

en *prep.* in; to; of

encastrer to embed, fit flush, recess (6)

enceinte *f.* interior, inside (1)

enchaînement *m.* series, sequence (C6)

enchanter to enchant (7)

encore again; still; **pas encore** not yet **(pré.)**

encre *f.* ink (4)

endormi *adj.* asleep (2); **s'endormir** to fall asleep (1)

endroit *m.* place (3)

énerver to irritate; **s'énerver** to get excited, get worked up (C-pré.)

enfance *f.* childhood (2); **enfant** *n.* child; **enfant unique** only child; **enfant adopté** adopted child (8); **enfant de chœur** altar boy; naive person (4)

enfer *m.* hell (8)

enfin *adv.* finally

engagement *m.* dedication (2); agreement, enlistment, commitment (9); **engager** to hire (3); **s'engager** to commit oneself to

(s')engueuler to yell at (each other) *fam.* (8)

enjoliveur *m.* hubcap (4)

enlever to take off (5)

ennemi *n. m. & adj.* enemy (9)

ennui *m.* boredom; anxiety (2); **ennuyer** to bore, annoy; **s'ennuyer** to be bored (1);

ennuyeux (ennuyeuse) *adj.* boring

énormément *adv.* tremendously (2)

enquête *f.* survey, investigation (2)

enraciner to root, take root (5)

enregistrement *m.* recording **(pré.); enregistrer** to record (C2)

enseignant *n.* teacher (1); **enseignement** *m.* education **(pré.)**

ensemble *adv.* together; **ensemble** *m.* set; development (housing); whole (1)

ensorceler to cast a spell, bewitch (7)

ensuite *adv.* next, then (3)

entamer to start, begin (5)

entendre to hear (1); **entendre par** to mean, intend; **s'entendre (avec)** to get along (with) (8); **entente** *f.* understanding, harmony (8)

enterrement *m.* burial (5)

en-tête *m.* heading (6)

entourer to surround, care for (8)

entraide *f.* mutual help (8)

entraîner to carry along, drag, train (4)

entre *prep.* between (1)

entreprendre to undertake (C3); **entreprise** *f.* business, company (3)

entretenir to chat with, converse (C3); to maintain, keep up; **entretien** *m.* interview (3); maintenance, upkeep (4)

envahir to invade (9)

envers *prep.* towards

envie *f.* desire; **avoir envie (de)** to want; **envieux (envieuse)** *adj.* envious (7)

environ *adv.* around, about (1)

envisager to envisage, imagine (C3)

envol *m.* flight, take off (8); **s'envoler** to take flight (4)

envoyer to send (3)

épais(se) *adj.* thick (2)

s'épanouir to develop, blossom (6)

éparpiller to scatter (6)

épaté *adj.* flat (2)

épave *f.* wreck (ship) (C5)

épine *f.* spine, thorn (C7)

époque *f.* age, time (3)

épouser to wed, marry (7)

épouvante *f.* terror; **film d'épouvante** horror movie (6)

épreuve *f.* test, examination (1); challenge (7); **éprouver** to experience (5)

équipe *f.* team; **équiper** to outfit (5)

équitable *adj.* fair (8)

équitation *f.* horseback riding (5)

errer to wander (3)

escalader to climb, scale (5)

escalier *m.* staircase, stairs (3)

escargot *m.* snail **(pré.)**

espace *m.* space

espagnol *n. & adj.* Spanish **(pré.)**

espérer to hope (2); **espoir** *m.* hope (5)

espionnage *m.* spying, espionage (6)

épousseter to dust (1)

épouvantable *adj.* dreadful, horrible (9)

érable *m.* maple **(pré.)**

esprit *m.* spirit (C2); **état d'esprit** state of mind (6)

esquisser to sketch (2)

essayer to try

essence *f.* gasoline (4)

essuie-glace *m.* windshield wiper (4)

estimer to consider, esteem

estomper to blur, become less distinct (1)

estrade *f.* platform (1)

s'établir to establish oneself, settle, take hold (9); **établissement** *m.* establishment, institution (1)

étanche *adj.* impervious (6)

état *m.* state **(post.); état civil** *m.* civil (marital) status (C5)

Etats-Unis *m. pl.* United States

été *m.* summer **(pré.)**

éteindre to turn off (TV, lights) (6)

s'étendre to stretch oneself out (7)

ethnie *f.* ethnic group (3)

s'étirer to stretch, stretch out (1)

étoile *f.* star (C3); **étoile filante** shooting star (1)

étonner to surprise, astonish (3)

étouffer to stifle, suffocate (8)

étourderie *f.* careless mistake (1)

étranger (étrangère) *n. & adj.* foreigner, foreign (3)

étroit *adj.* narrow

étude *f.* study (1); **étudiant** *n.* university student (1)

s'évader to escape (C4)

évaluer to evaluate (1)

éveil *m.* alertness (6); **éveiller** to awaken; **s'éveiller** to wake up (9); **éveillé** *adj.* awake, alert (2)

éventuellement *adv.* possibly (1)

évident *adj.* obvious (7)

éviter to avoid (2)

évoluer to evolve, change (2)

examen *m.* exam; **examen blanc** practice test (1)

exécuter to carry out (an order) (5)

exemplaire *m.* copy; specimen (4)

exercer to exert (5); to pursue, practice (a profession) (6)

exigeant *adj.* demanding (1); **exigence** *f.* demand, requirement (6); **exiger** to demand, require (8)

exorbité *adj.* popped out (1)

exotique *adj.* exotic, foreign (2)

expérience *f.* experiment (C6); experience; **experimenté** *adj.* experienced (9)

s'exprimer to express oneself (C2)

s'extasier to go into extasies about **(pré.)**

F

fabricant *n.* manufacturer (4)

fabuleux (fabuleuse) *adj.* from a fable, imaginary (C7)

fac(ulté) *f.* school within a university (1); **faculté de droit** law school (1); **faculté de médecine** medical school (1)

face à *prep.* facing, in light of (5)

fâcher to anger; **se fâcher (avec)** to get angry (at) (1)

facile *adj.* easy **(int. 1); facile à vivre** easy to get along with (8)

facilité *f.* ease (1); **faciliter** to facilitate (1)

façon *f.* way, manner (1)

factice *adj.* fake, false (4)

facture *f.* bill (C1)

faculté *f.* faculty, college, school; **faculté des lettres** college, school of humanities (1)

faible *adj.* weak (C2)

faillitte *f.* bankruptcy; **faire faillite** to go bankrupt (3)

faim *f.* hunger; **avoir faim** to be hungry (3)

faire to do, make **(pré.); faire grève** to go on strike; **faire peur** to frighten (7); **faire la cour (à)** to court, woo (7); **faire le plein** to fill up the gas tank (4); **faire semblant (de)** to pretend (7); **faire une demande** to apply (3)

fait *m.* fact; **en fait** in fact (1)

falloir to be necessary; **il faut** it is necessary

familial (familiaux, familiale, familiales) *adj.* family (life, ties, etc.) (2)

famille *f.* family; **famille monoparentale** single parent family (8); **famille recomposée** blended family (8)

se familiariser (avec) to become familiar (with) (1)

fan(atique) *n.* fan; fanatic (5)

fantastique *adj.* uncanny; *n.* fantasy; **film fantastique** science fiction movie (6)

fantôme *m.* ghost (7)

farniente *m.* idle life, idleness (5)

fascicule *m.* brochure, pamphlet (1)

fatal *adj.* fatal; fated (2)

fatiguer to tire (8)

se faufiler to dodge in and out of (C4)

faute *f.* mistake, error **(pré.)**

fauteuil *m.* armchair (5)

fauve *adj.* fawn-colored, wild (8)

faux (fausse) *adj.* false, wrong (2)

favori (favorite) *adj.* favorite, preferred (2)

fée *f.* fairy; **la bonne fée** fairy godmother (7); **conte de fées** fairy tale (7)

félicitations *f. pl.* congratulations (1)

femme d'affaires *f.* businesswoman

fenêtre *f.* window (5)

fermer to close, shut **(pré.)**

fesse *f.* buttock (2)

fête *f.* party, holiday, festival, celebration (5); **fêter** to celebrate (C2)

feu *m.* traffic light (4); fire

feuille *f.* pay stub **(int. 1);** leaf; sheet; **feuille de pompe** cheat sheet *fam.* (1)

feuilleton *m.* TV series; soap opera (1)

fève *f.* bean (C7)

ficelle *f.* string (4)

fiche *f.* note card, file card; **fiche de lecture** notes on a reading (1)

fidèle *adj.* faithful (C7); **fidélité** *f.* faithfulness (2)

fier (fière) *adj.* proud (5); **fierté** *f.* pride (C2)

figer to set; to stiffen, congeal (6)

figure *f.* face, looks **(int. 1)**

fil *m.* wire (6); thread; **au fil de** throughout (1)

filière *f.* area of concentration (1)

film *m.* **d'actualité** newsreel (6)

fin *adj.* fine, subtle (2)

fin *f.* end (C1)

final *adj.* final (2); **finalement** *adv.* finally (9)

financier (financière) *adj.* financial (8); **financièrement** *adv.* financially (8)

finir to finish (1)

fixation *f.* fixation; **faire des fixations** to be obsessed with **(int. 1)**

flacon *m.* bottle (4)

flanc *m.* side (6)

fléchir to weaken, give way (8)

flatter to flatter **(int. 1)**

fleur *f.* flower (C5)

flic *m.* cop *fam.* (4)

flux *m.* flood, flow (6)

fois *f.* time, instance; **il était une fois** once upon a time (7); **à la fois** at the same time (8)

follement *adv.* madly, wildly (2)

foncé *adj.* dark (color) (C5)

fonctionnaire *m.* government employee (C9)

fond *m.* bottom; essence (1)

fondateur (fondatrice) *n. & adj.* founder; founding (9); **fonder** to start, set up (business, family) (C2)

fondre to fuse together, combine (9)

fondouc *m.* warehouse; inn (in Arab countries) (3)

force *f.* strength; **force est de** to have no choice (4)

forêt *f.* forest (3)

formation *f.* training, education (9)

formulaire *m.* form, application (3)

formule *f.* formula (C8)

fort *adj.* strong (1)

fou (fol, fous, folle, folles) *adj.* crazy, insane (2)

foule *f.* crowd (5)

fourmi *f.* ant (5)

fournir to supply, furnish (C9)

fourrure *f.* fur (7)

foyer *m.* hearth; home; residence, hostel (3); household (5)

fragment *m.* fragment, chip (8)

frais (fraîche) *adj.* cool; fresh (2)

frais *m. pl.* expenses (1)

franc (franche) *adj.* honest, open (2); **franchement** *adv.* openly, honestly (4)

franchir to cross (4)

francophone *n. & adj.* native French, native French speaker (3)

frange *f.* fringe (2)

franquette *adv.* **à la bonne franquette** informally, pot-luck (1)

frapper to knock (8)

fredonner to hum (4)

frein *m.* brake (4); **freiner** to brake (4)

fréquenter to frequent, go around with, spend time with (1)

friperie *f.* second hand clothing store

frisé *adj.* frizzy, curly (2); **friser** to curl (C2)

froid *m.* cold (3)

fromage *m.* cheese (pré)

frontalier (ère) *n. & adj.* of the border region; person who lives near a border (C9);

frontière *f.* border (9)

frotter to rub (7); **frottoir** *m.* washboard (**post.**)

fruit *m.* fruit; **fruits de mer** seafood (C5)

fuir to flee, run away from (1)

funèbre *adj.* funeral, funereal (6)

funérailles *f. pl.* funeral service (6)

fuser to burst forth (6)

G

gâcher to spoil (6)

gagner to earn; win (1); **gagner sa vie** to earn a living (3)

gai *adj.* happy (5)

galerie *f.* automobile roof rack (4)

galette *f.* round flat cake (8)

gamin *n.* child (6)

gant *m.* glove (C4)

garagiste *m.* garage mechanic (C2)

garantir to guarantee (1)

garder to keep, protect (3); **garder la ligne** to stay thin (5)

gare *f.* train station (5)

(se) garer to park (4)

garniture *f.* fittings, trimmings (C4)

gaspillage *m.* waste (4); **gaspilleur (gaspilleuse)** *adj.* wasteful (4)

gâteau *m.* cake (1)

gauche *f.* left (5)

gazon *m.* lawn; **tondre le gazon** to mow the lawn (8)

géant *n. & adj.* giant (7)

geler to freeze (5)

gencive *f.* gum (mouth) (**pré.**)

gendarme *m.* policeman (state patrol) (4); **gendarmerie** *f.* police station, police (in the country) (4)

gêne *f.* discomfort, embarrassment; **gêner** to bother, annoy (1)

génial *adj.* great, terrific (1); **genie** *m.* genius

genou *m.* knee (9)

genre *m.* style, manner (5)

gens *m. pl.* people (3)

gentil(le) *adj.* nice (2); **gentiment** *adv.* nicely, kindly (2)

gercer to chap, crack (3)

gérer to manage (1); **gestion** *f.* management (2)

gestation *f.* gestation; incubation (4)

geste *m.* gesture, motion (6)

gifle *f.* slap (in the face) (4)

glace *f.* mirror (5)

(se) glisser to slip, glide (1)

gorgée *f.* swallow (**pré.**)

gosse *n.* kid (C6)

goût *m.* taste; **goûter** to taste (1)

grâce à thanks to (1)

grain *m.* seed, grain (7)

grandir to grow up (1); to get bigger

graphique *m.* graph, chart

gras(se) *adj.* fat (2); **faire la grasse matinée** to sleep in, sleep late (5)

gratter to scratch (1)

gratuitement *adv.* without pay, free of charge (3)

grave *adj.* serious; **gravement** *adv.* seriously (3)

gré *m.* liking, taste (9)

grec (grecque) *n. & adj.* Greek (2)

grève *f.* strike (2); **faire grève** to go on strike (3)

griffe *f.* claw (C7)

grincheux (grincheuse) *adj.* grumpy (2)

gronder to scold (6)

gros(se) *adj.* big, fat (2)

grouiller to swarm (5)

groupe *m.* group; band (musical) (2)

guère *adv.* not much, a little (7); **ne... guère** scarcely

guérir to heal (7)

guerre *f.* war (9); **guerre froide** Cold War (9); **guerre civile** civil war; **guerrier (guerrière)** *n.* soldier, warrior (3)

guichet *m.* ticket window (6)

guise *f.* way, manner; **en guise de** by way of (2)

H

H.L.M. *m.* (**Habitation** *f.* **à Loyer Modéré**) low income housing (2)

habillement *m.* dress, clothing (C2)

habit *m.* outfit, clothes (2)

habitant *m.* resident; local person (5); inhabitant; **habiter** to live (8)

habitude *f.* habit, custom (C9); **s'habituer à** to get used to (1)

*****haine** *f.* hate, hatred (9)

*****hanche** *f.* hip (3)

*****hanter** to haunt (7)

*****hasard** *m.* chance; **par hasard** by chance (C4); *****hasardeux (hasardeuse)** *adj.* risky, dangerous (9)

*****hausse** *f.* increase (C9)

*****haut** *adj.* high, tall (5); *****hauteur** *f.* height (C5)

hebdomadaire *adj.* weekly (6)

herbe *f.* grass (5)

*****héros (héroïne)** *n.* hero (heroine) (7)

heure *f.* hour; **à l'heure** on time; **heure de pointe** rush hour (4)

heureux (heureuse) *adj.* happy (2); **heureusement** *adv.* fortunately (2)

heurter to bump (5)

hier *adv.* yesterday (3)

hiver *m.* winter (3)

*__hockey__ *m.* hockey (5)

*__homard__ *m.* lobster (5)

homme *m.* man; **homme d'affaires** businessman; **homme de passage** drifter (3)

*__honte__ *f.* shame (4)

horaire *m.* schedule (1)

horloge *f.* clock (9)

hors *adv.* except, beyond, outside of; **hors de soi** beside oneself (with anger, emotion, etc.) (6)

hôtesse *f.* hostess (C5)

*__houspiller__ to argue, fight (6)

huile *f.* oil (C4)

humeur *f.* temperament; mood; **de bonne humeur** in a good mood (8); **de mauvaise humeur** in a bad mood (8); **donner de l'humeur (à)** put in a bad mood (8)

*__hurler__ to scream, shriek (4)

hymne *m.* anthem (9)

I

idéal *n. m. & adj.* ideal (8)

ignorer to not know (2)

île *f.* island (5)

illettré *n.* illiterate person (1)

illusoire *adj.* illusory (C8)

illustre *adj.* famous, illustrious (C4)

image *f.* image, likeness, picture (3); **imaginer** to imagine; **s'imaginer** to imagine oneself (being, doing) (7)

immeuble *m.* building (3)

immigré *n. & adj.* immigrant (3)

impatient *adj.* impatient; **être impatient de** to be eager to (1)

imperméable *n. m. & adj.* raincoat (2); waterproof

impertubable *adj.* unshakeable (6)

impliquer to imply

impoli *adj.* impolite (2)

importer to matter; **n'importe qui** anybody; **n'importe quel(le)** any (C3)

impressionner to impress (C5)

imprévu *adj.* unexpected

inachevé *adj.* incomplete, unfinished (6)

inattendu *adj.* unexpected (7)

inconnu *adj.* unknown (1)

inconvénient *m.* disadvantage, drawback (4)

incrédule *adj.* incredulous (1)

incroyable *adj.* unbelievable (4)

indiquer to indicate (1)

individu *n. m. & adj.* individual (person) (8)

inégal *adj.* unequal, unfair (C3)

inexplicable *adj.* unexplainable, inexplicable (C7)

inférieur *adj.* lower; inferior (3)

infirmier (infirmière) *n.* nurse (9)

informatique *f.* computer science (4)

informations *f. pl.* news (6)

ingénieur *m.* engineer **(int. 2)**

inhospitalier *adj.* inhospitable (C5)

s'initier to start to learn (5)

inondation *f.* flood (6)

inquiet (inquiète) *adj.* worried (2); **s'inquiéter** to worry (1)

s'inscrire to register (1)

insensible *adj.* insensitive (2)

insister to insist (7)

inspirer to inspire; **s'inspirer (de)** to be inspired by (2)

s'installer to move in, set up (9); to settle

instituteur (institutrice) *n.* elementary school teacher (1)

instruire to educate (1)

intégration *f.* integration (3); **intégrer** to integrate (3); **s'intégrer** to integrate oneself (C2)

intention *f.* intention; **avoir l'intention de** to intend to (1)

interdiction *f.* ban, what is forbidden (4)

interdire to forbid

intéresser to interest; **s'intéresser à** to be interested in (C-**pré.**)

intérim *m.* temporary work (3), **faire de l'intérim** to temp (3)

intérieur *n.m. & adj.* inside (2)

internat *m.* hospital training as a doctor (9); **interne** *n.* resident (doctor) (C9)

interner to put in a psychiatric hospital (4)

interrogation *f.* test, quiz (1); **interro** *fam.*; **interroger** to question

interrompre to interrupt (1)

intervenir to participate (in class) (1)

intimité *f.* intimacy, privacy (8)

intrigue *f.* plot (6)

intrus *m.* intruder (2)

inverse *m.* opposite (9); **inversion** *f.* reversal, inversion (2)

investir to invest (C9); **investissement** *m.* investment (C4)

invité(e) *n.* guest (9)

irrespectueux *adj.* disrespectful (1)

issu *adj.* stemming from (7)

isolant *adj.* isolating (C5)

J

jais *m.* jet-black (8)

jaloux (jalouse) *adj.* jealous (C7)

jamais *adv.* ever, never; **ne... jamais** never (6)

japonais *n. & adj.* Japanese **(pré.)**

jardin *m.* garden (C1)

jaune *adj.* yellow (2); **jauni** *adj.* yellowed (1)

jean *m.* jeans; **jean délavé** faded jeans (2)

jeter to throw (1); to throw out; **jeter un sort (à)** to cast a spell (on) (7)

jeu *m.* game **(int. 1)**; set (of keys) (C4); **jeu télévisé** game show (6); **jeu vidéo** computer game, video game (1); **jeu d'acteur** acting (C6)

jeune *adj.* young (2); **jeunesse** *f.* youth (3)

joli *adj.* pretty (2)

joue *f.* cheek (C2)

jouer to play (1); **jouet** *m.* toy (3)

jouir to enjoy (6)

joufflu *adj.* fat-cheeked (2)

jumeau (jumelle) *n.* twin (C1); **jumelles** *f. pl.* binoculars (4)

jumelage *m.* partnering (of cities, regions) (9); **jumeler** to pair up with (9)

journal *m.* newspaper, diary **(pré.); journal télévisé** news on TV (6)

jupe *f.* skirt (2)

jusqu'à *prep.* up to, until (C1); **jusqu'à ce que** *conj.* until (7)

juste *adv.* only, just (3); fair (8)

K

kaki *inv.* khaki (2)

klaxon *m.* horn (vehicle) (C4); **klaxonner** to honk (4)

L

là-bas over there (2)

lâcher to let go, drop **(int. 1)**

laid *adj.* ugly (2)

laine *f.* wool (3)

laisser to leave; to let, allow

lait *m.* milk **(pré.)**

lancer to launch, put out (pré); throw

langue *f.* language; **langue maternelle** first language

laqué *adj.* lacquered (8)

large *n. m. & adj.* wide; width; the open sea; **au large de** off the coast of (5)

larme *f.* tear (3)

se lasser to become tired (3)

lavabo *m.* sink (1)

lave-linge *m.* washing machine (C8); **lave-vaisselle** *m.* dishwasher

lazzi *m.* jeer, gibe, taunt (6)

lèche-vitrine *m.* window-shopping; **faire du lèche-vitrine** to go window-shopping (2)

leçon *f.* lesson (1)

lecteur (lectrice) *n.* reader; **lecteur DVD** DVD player (6); **lecture** *f.* reading (1)

léger (légère) *adj.* light (4)

lendemain *m.* next day, following day (9)

lent *adj.* slow (2); **lentement** *adv.* slowly (2)

lessive *f.* laundry (8); laundry detergent (4); **faire la lessive** to do the laundry (8)

lettre *f.* letter (3) **lettre de candidature** application letter

se lever to get up

levier *m.* **de vitesse** gearshift (4)

lèvre *f.* lip (1)

libre *adj.* free (3)

licencier to lay off, dismiss (3)

licorne *f.* unicorn (7)

lien *m.* tie, bond **(pré.); lier** to bind, tie, fasten (3)

lieu *m.* place; **au lieu de** instead of (1)

lieue *f.* league **(4 kilomètres)** (C6)

limite *f.* edge, limit (1)

linge *m.* underwear (3), linen, the washing (8)

liposuccion *f.* liposuction (2)

lire to read

lisser to smooth (6)

lit *m.* bed (3)

livre *m.* book (C-**pré.**)

livret *m.* school report card (1)

location *f.* rental (5)

loger to live (in a house, hotel, etc.) (5), put up, house (9)

loi *f.* law (post.)

loin (de) *prep.* far (from) (C1); **lointain** *adj.* far away (3)

loisir *m.* leisure activity (2)

logisticien(ne) *n.* expert in logistics (9)

long (longue) *adj.* long (2); **à la longue** in the long run (6); **longueur** *f.* length

longer to border, pass alongside (5)

longtemps *adv.* a long time (3)

lors de *adv.* at the time of (9)

lorsque *conj.* (at the moment) when (5)

lot *m.* share, lot (5); **gros lot** jackpot (lottery) (5)

louer to rent (1)

loup *m.* wolf (7); **loup-garou** *m.* werewolf (7)

loupe *f.* magnifying glass (2)

lourd *adj.* heavy (1)

loyal *adj.* loyal, faithful (2)

loyer *m.* rent (8)

lueur *f.* light (6)

luge *f.* sled, toboggan (5)

lumière *f.* light (3)

lune *f.* moon; **lune de miel** honeymoon (2); **pleine lune** full moon (C7); **être dans la lune** to daydream (C7)

lunettes *f. pl.* glasses, spectacles; **lunettes roses** rose-colored glasses (2)

lutin *m.* elf (7)

lutte *f.* fight, struggle (C3)

lycée *m.* high school (1)

M

machinalement *adv.* mechanically (2)

machine à écrire *f.* typewriter (C3); **machine à laver** *f.* washing machine (1)

maçon *m.* stone mason (C3)

maghrébin *n. & adj.* North African (3)

magie *f.* magic; **magie noire** black magic (7)

magnétoscope *m.* VCR (6)

magret *m.* **de canard** fillet of duck **(pré.)**

maigre *adj.* skinny (2)

maillot de bain *m.* swimsuit (2)

main-d'œuvre *f.* work force (9)

maintenant *adv.* now

maintenir to maintain, keep (6); **les forces de maintien de la paix** peace-keeping forces (9)

maire *m.* mayor (2); **mairie** *f.* city hall (9)

mais *conj.* but **(pré.)**

maison *f.* house (3); **maison de campagne** country house (5)

maître (maîtresse) *n.* elementary school teacher (1); virtuoso (6); master (7); mistress

maîtrise *f.* mastery; MA degree (1); **maîtrise de soi** self-control (2)

majeur *adj.* of legal age (2)

mal *adv.* badly (3); **mal** *m.* evil (7); **avoir le mal de mer** to be seasick (5); **avoir le mal du pays** to be homesick (3)

malade *adj.* sick, ill; *n.* sick person (3); **maladie** *f.* sickness, illness (3)

maladroit *adj.* clumsy (2)

malédiction *f.* curse (7)

malgré *prep.* in spite of (4)

malheur *m.* misfortune (5); **malheureux (malheureuse)** *adj.* unhappy; unfortunate (C2)

malicieux (malicieuse) *adj.* mischievous (2)

maltraiter to mistreat (C3)

mamy *f.* grandma, old lady (4)

manche *f.* sleeve; **la Manche** the English Channel (5)

manger to eat (3)

maniable *adj.* easy to handle (4)

manifestation *f.* demonstration, protest march; **la manif** *fam.*; **se manifester** to make oneself noticed (1); **manifester** to protest (2)

manque *m.* lack, shortage of (4)

manquer to miss (3)

manteau *m.* coat, cloak (6)

maquillage *m.* make-up (2); **se maquiller** to put on make-up (2)

marâtre *f.* wicked stepmother (7)

marchand *n.* storekeeper, merchant (6); **marchandise** *f.* merchandise (4)

marché *m.* market (3); **bon marché** inexpensive (1); **marché aux puces** flea market (2)

marcher to walk; to function, work (4); **marche** *f.* walking (4); **marcheur** *m.* person who walks (4)

marge *f.* margin, border (6)

mari *m.* husband (3)

marier to marry; **se marier (avec)** to get married (to) (8)

marquant *adj.* striking, outstanding (6)

marque *f.* brand name **(pré.); marquer** to record, mark (8)

marron *m.* chestnut; *adj. inv.* brown (2)

marteau-piqueur *m.* pneumatic drill (1)

martèlement *m.* hammering (1)

maso(chiste) *adj.* masochistic (2)

maternel(le) *adj.* maternal; **langue maternelle** first language **(pré.)**

matière *f.* subject matter (1); (school) course (1); material

maudire to curse (7)

mauvais *adj.* bad, poor

mec *m.* guy *fam.*

méchanceté *f.* wickedness, hardness (3); **méchant** *adj.* spiteful, wicked

mécontent *adj.* dissatisfied (C8); **mécontentement** *m.* displeasure (2)

médicament *m.* medication, medicine (C5); **médecin** *m.* doctor (5)

se méfier de to be suspicious, distrust (9)

mégot *m.* cigarette butt (8)

meilleur *adj.* better (1)

mélange *m.* mixture **(int. 1)**

mêler to mix (3); **se mêler à** to mix with, mingle (1)

mélo(drame) *m.* soap opera (6)

membre *m.* member (9)

même *adj.* same (1); even (2)

ménage *m.* household **(int. 2); faire le ménage** to do housework (8)

mener to lead, take (C3)

mendier to beg (2)

mensonge *m.* lie, untruth (C6)

mensuel *m.* monthly publication (1)

menteur (menteuse) *adj.* lying (2); *n.* liar; **mentir** to lie (9)

menton *m.* chin (5)

menu *adj.* small, minor (8)

mépriser to scorn, look down on (C4)

mer *f.* sea, ocean (3)

merveilleux (merveilleuse) *adj.* wonderful; *n. m.* supernatural (7)

métier *m.* trade, job (3)

mettre to put (on); **se mettre d'accord** to come to an agreement (1); **mettre fin à** to end (C1); **mettre au point mort** to put in neutral (4); **mettre le contact** to switch on the ignition (4); **mettre en relief** to call attention to (C8)

meuble *m.* (piece of) furniture (C4)

Midi *m.* South of France (C3)

mie *f.* soft part of bread (1)

mieux *adv.* better (1)

migrateur (migratrice) *adj.* migratory (5)

milieu *m.* surroundings (1), middle; **au milieu (de)** in the center of (4)

mimique *f.* gesticulations (6)

minable *n. & adj.* hopeless, pathetic person (1)

mince *adj.* slender (2)

mine *f.* appearance; **faire mine** to pretend

minoritaire *adj.* of a minority (5)

missel *m.* missal, book for Mass (8)
mitaine *f.* mitten, glove (6)
mixte *adj.* co-ed (for schools) (1)
mobylette *f.* motor scooter (4)
mode *f.* fashion; **à la mode** in fashion (pré.)
moindre *adj.* least (2)
moine *m.* monk (2)
moins *adv.* less (2); **à moins de** *prép.*, **à moins que** *conj.* unless (7)
moisi *adj.* moldy (1)
moitié *f.* half (1)
moment *m.* moment, a while; **au moment où** at the moment when (7)
monde *m.* world (3); **tout le monde** everybody (2)
moniteur (monitrice) *n.* instructor (sports); counselor; supervisor (5)
monnaie *f.* currency, change (C9)
monoparental *adj.* single-parent (8)
monospace *m.* minivan (4)
montagne *f.* mountain (C1)
monter to go up (C9)
montant *m.* sum, amount (4)
montrer to show (3)
se moquer (de) to make fun (of); **moqueur (moqueuse)** *adj.* mocking, making fun of (2)
moquette *f.* carpet (1)
morale *f.* moral
morceau *m.* piece, part (6)
mot *m.* word; **mot apparenté** cognate (2)
motard *m.* motorcyclist, motorcycle policeman (4)
moteur *m.* engine, motor (4)
motoneige *f.* snowmobile (5)
mou (mol, mous, molle, molles) *adj.* soft, limp (2)
mouche *f.* fly (7)
mouchoir *m.* handkerchief (1)
moudre to grind (8)
moule *f.* mussel (C5)
mourir to die (3)
mousseux (mousseuse) *adj.* sparkling (8)
moustache *f.* mustache (2)
moustique *m.* mosquito (6)
mouton *m.* sheep (6); dust bunny (8)
moyen(ne) *adj.* average (2); **moyenne** *f.* average (1); **moyens** *m. pl.* financial means
Moyen-Orient *m.* Middle East (C9)
muet(te) *adj.* silent, mute (6)
multinationale *f.* multinational corporation (C9)
munir to equip, furnish (9)
mur *m.* wall (1)
museau *m.* snout, muzzle (pré)

N

nager to swim (5)
naïf (naïve) *adj.* naive (6)
nain *n. & adj.* dwarf (7); **nain de jardin** garden gnome (6)

naissance *f.* birth (8)
naître to be born (2)
narrateur (narratrice) *n.* narrator (3)
natal *adj.* native (2)
natation *f.* swimming; **faire de la natation** to go swimming (5)
natte *f.* braid (2); **nattes africaines** cornrows (2)
naval *adj.* naval, nautical (2)
néanmoins *adv.* nevertheless (1)
neige *f.* snow (7)
nerf *m.* nerve (9)
net(te) *adj.* clean (2)
neuf (neuve) *adj.* brand-new (4)
nez *m.* nose (2)
ni... ni... neither... nor (6)
nid *m.* nest, place to live (int. 1)
nier to deny (4)
n'importe quel (quelle) any which, any... whatever (C3)
niveau *m.* level (1); **niveau de vie** standard of living
nœud *m.* crux (of the plot) (6); knot
noir *adj.* black (5)
nombreux (nombreuse) *adj.* numerous; **famille nombreuse** large family (8)
nombril *m.* navel, belly-button (2)
norme *f.* norm, standard (2)
note *f.* grade; note (1)
noter to give a grade (1)
nouille *f.* noodle; imbecile (1)
nourrir to feed; **se nourrir** to eat (1)
nourrisson *m.* infant (8)
nourriture *f.* nourishment; food (C2)
nouveau (nouvel, nouveaux, nouvelle, nouvelles) *adj.* new (2); **de nouveau** again, anew (7); **nouveau-né** *m.* newborn (baby) (C9)
nouvelle *f.* news (3)
nuage *m.* cloud (5)
nuancer to shade, qualify (an opinion)
nuisible *adj.* harmful, detrimental (4)
nuit *f.* night (3)
nul(le) *n. & adj.* useless, hopeless; hopeless student (1); **nullement** *adv.* not at all, not in the least (6)
numéro *m.* number (4)
nuque *f.* nape of the neck (2)

O

obéir to obey (7); **obéissant** *adj.* obedient (C2)
objectif *m.* goal, objective (8)
obliger to oblige, compel (C-int. 1); **être obligé de** to have to, be obliged, compelled, forced to (1)
observer to look at (3); to watch
obtenir to get, obtain (1)
occasion *f.* occasion; bargain; **d'occasion** used (4)
occupé *adj.* busy (1); **s'occuper (de)** to take care (of) (1)

œil *m.* eye (5)

œuf *m.* egg (5)

office *m.* duties, office; **faire office de** to act as, serve as (1)

officieux (officieuse) *adj.* unofficial (1)

offrir to offer, give (as a gift) (1)

ogre *m.* ogre (7)

oiseau *m.* bird **(int. 1)**

olivâtre *adj.* olive-colored (skin) (2)

ombre *f.* shadow (3)

oncle *m.* uncle (2)

onde *f.* wave (air, ocean) (int. 2); **ondulée** *adj.* wavy (2)

ONG (Organisation non-gouvernementale) *f.* NGO (non-governmental organization)

ongle *m.* fingernail (2)

O.N.U. (Organisation des Nations Unies) *f.* U.N. (9)

orage *m.* storm

ordinateur *m.* computer (2)

ordonnance *f.* prescription (5)

ordonner to organize; to order (7)

ordre *m.* order, command (C3)

ordure *f.* rubbish, garbage (8)

oreille *f.* ear **(pré.)**

organisme *m.* organization (3)

original *n. & adj.* original (2)

orner to decorate (8)

ornière *f.* rut in the road (4)

os *m.* bone (6)

oseille *f.* dough (money) *fam.* (2)

oser to dare

OTAN *f.* NATO (9)

où *adv.* where

oublier to forget

ours *m.* bear (C7)

outre *prep.* as well as; **en outre** besides, furthermore (2) **outre-mer** overseas (3)

ouvert *adj.* open (C2); **ouvertement** *adv.* openly (2); **ouverture** *f.* opening (5)

ouvrier (ouvrière) *n.* worker (3); **ouvrier saisonnier** migrant worker (C9)

ouvrir to open (1)

P

pachyderme *m.* elephant (4)

page *m.* page boy (7)

paisible *adj.* peaceful, calm, quiet (9); **paix** *f.* peace (9)

pâle *adj.* pale (2); **pâlir** to turn pale (C2)

palmier *m.* palm tree

pan *m.* piece; side; **pan d'une robe** side, top of a dress (3)

panier *m.* basket (8)

panne *f.* breakdown; **tomber en panne** to break down (4)

pantalon *m.* pants, trousers (2)

pantoufle *f.* slipper (C6)

papier *m.* paper (1); **papiers** *m. pl.* identity papers (3)

papille *f.* **gustative** taste bud **(pré.)**

paquet *m.* package, bundle (5)

par *prep.* by (3)

par-dessus *prep.* above, beyond (1)

paraître to seem (1)

parapente *m.* hang-gliding (5)

parce que *conj.* because (3)

parcelle *f.* parcel, piece (3)

parcourir to skim (3); to travel through, go through

parcours *m.* route, journey (9)

pare-brise *m.* windshield (4); **pare-chocs** *m.* bumper (4)

pareil(le) *adj.* same, similar (2)

parent *m.* parent; relative (1)

paresseux (paresseuse) *adj.* lazy (2)

parfaitement perfectly

parfois *adv.* sometimes (1)

parier to bet

parking *m.* parking lot (4)

parmi *prep.* among

parole *f.* word; speech (1); **parolier** *m.* writer of song lyrics (pré)

partager to share (1)

partie *f.* part, portion **(pré.)**

partiel *m.* mid-course exam (1)

partir to leave

partout *adv.* everywhere (3)

passable *adj.* passable, passing (grade) (1)

passage *m.* passage; crossing; **passager (passagère)** *n.* passenger (5)

passer to pass, show (a film) (6); **passer un examen** to take a test (1); **se passer** to take place (1); **passer une commande** to place an order (4); **se passer de** to do without (4)

passe-temps *m.* pastime (2)

patin à roulettes *m.* roller skate (2); **patinage** *m.* skating; **faire du patinage** to go ice skating (5); **patiner** to skate (5)

patois *m.* dialect (pré)

patrie *f.* native land, homeland (9)

patron(ne) *n.* boss, owner (3)

patte *f.* paws, feet (animal) **(pré.)**; **pattes** *f. pl.* sideburns (2)

paupière *f.* eyelid **(pré.)**

pauvre *adj.* poor (2); **pauvreté** *f.* poverty

pavé *m.* paving stone **(pré.)**

payer to pay (for); **se payer** to treat oneself, afford (8)

pays *m.* country; **pays d'origine** homeland, native country (C3)

paysan (paysanne) *n. & adj.* peasant (6)

peau *f.* skin (2); **être bien dans sa peau** feel good about yourself (2)

pêche *f.* fishing; **aller à la pêche** to go fishing (5); **pêcher** to fish (5)

peine *f.* pain, punishment; **à peine** scarcely, hardly (1)

peindre to paint (4); **peintre** *m.* painter (C1)

pelouse *f.* lawn (C1)

(se) pencher to bend, lean (over) (5)

pendant *prep.* during, while

pendre to hang (C6)

pendule *f.* clock (C6); **pendulette** *f.* travel clock (C3)

pénible *adj.* tiresome, difficult (C7)

pension *f.* small hotel; meals; **pension alimentaire** alimony (8)

perdre to lose (C3); **perdre la tête** to lose one's head (2)

période *f.* period of time (C8)

péripétie *f.* event, episode (6)

périr to perish; die (7)

permis de conduire *m.* driver's license (4)

perquisition *f.* search (8)

personnage *m.* character, person (in literature) (1)

personne *f.* person, someone (3); **ne... personne** no one (6); **personnellement** *adv.* personally (1)

perte *f.* loss (9)

perturbateur *n. & adj.* troublemaker; disruptive (4)

peser to weigh (2); to burden (8)

petit *adj.* small, little **(pré.); petit à petit** little by little (C3)

pétrole *m.* crude oil (C4); **pétrolier (pétrolière)** *adj.* oil-producing (C5)

peu *adv.* little (1); **à peu près** about, approximately **(post.)**

peur *f.* fear, dread (7)

peut-être *adv.* maybe, perhaps **(pré.)**

phare *m.* headlight (4)

phrase *f.* sentence **(pré.)**

piaffer to paw the ground (5)

piastre *f.* piastre; dollar *(canadien, cajun)* **(post.)**

pièce *f.* room; coin (9); play

pied *m.* foot (C3); **pieds nus** *adj.* barefoot (C3)

piéger to trap, catch by surprise (4)

piercing *m.* body piercing (2)

piéton *m.* pedestrian (4); **rue pietonne** *f.* pedestrian street (4)

pinceau *m.* brush (C1)

pincée *f.* pinch (5); **pincer** to pinch (C2)

pique-nique *m.* picnic; **faire un pique-nique** to have a picnic (5)

piquer to give an injection (2)

pire *adj.* worse, worst (1)

pis *adv.* worst (2)

piscine *f.* swimming-pool **(int. 1)**

piste *f.* track; circus ring (4); ski slope (5); **piste cyclable** bike path (4)

pitance *f.* salary **(int. 1)**

placard *m.* closet (1)

placer to put, place; invest **(int. 1)**

plage *f.* beach (C2)

se plaindre to complain **(pré.)**

plaire to please (7); **plaisir** *m.* pleasure (6)

plaisanter to joke **(int. 1)**

plan *m.* shot (camera) (2); **gros plan** close-up (2)

planche *f.* board; **planche à roulettes** skateboard (2); **planche à voile** wind surfer (5)

plancher *m.* floor **(pré.)**

planifier to plan out (1)

planter to plant; to put, put up (9)

plaque d'immatriculation *f.* license plate (4)

plat *m.* dish (3)

plein *adj.* full (3); **faire le plein** to fill the gas tank (4); **en plein air** outdoors (C5)

plénitude *f.* fullness (9)

pleurer to cry (3)

pli *m.* fold (3)

plissé *adj.* pleated (8)

plomb *m.* lead (9)

plonger to dive (5)

plongée *f.* diving; **faire de la plongée** to dive (scuba) (5)

plongeon *m.* dive; **faire du plongeon** to dive (diving board) (5)

pluie *f.* rain (C4)

plume *f.* fountain pen (1), feather (8)

plupart *f.* most (1)

plus *adv.* more **(pré.); plus que** more than (3); **ne... plus** no longer, not anymore (6)

plus-que-parfait *m.* pluperfect tense (3)

plusieurs *adj. & pron.* several (1)

plutôt *adv.* **(que)** rather (than)

pneu *m.* tire (C-**pré.**); **pneu crevé** flat tire (4); **pneu de secours** spare tire (4)

poche *f.* pocket (8)

poids *m.* weight (2); **poids lourd** big truck (4)

poignée *f.* handful (9)

poil *m.* hair (animal); **au poil** super, great *fam.* (5)

point de vue *m.* point of view **(pré.)**

pointer to appear (1)

pointu *adj.* pointed (2)

poisson *m.* fish; **poisson rouge** goldfish (C4)

poitrine *f.* chest (3)

polar *m.* detective (crime) story, film (4)

poli *adj.* polite (C2); **poliment** *adv.* politely (2)

polluer to pollute (4)

pomme *f.* apple (C7); **pommier** *m.* apple tree (4)

pompe *f.* pump; cheat sheet *fam.* (1); **pomper** to copy, cheat *fam.* (1)

ponctuer to punctuate, interrupt (1)

pont *m.* bridge, deck (3)

ponton *m.* pontoon, floating bridge (6)

portable *m.* cell phone **(int. 2)**

portail *m.* gate (4)

portefeuille *m.* wallet (3)

porter to wear (2); to carry (3); **porter sur** to rest on, have to do with (8)

portière *f.* car door (4)

portugais *n. & adj.* Portuguese; Portuguese person (3)

poser to place, put; **poser une question** to ask a question (3)

poste *f.* post office (9)

poste *m.* position, job (3); police station (4)

postuler to apply (for a position) (9)

potasser to study hard, cram *fam.* (1)

pote *m.* buddy, pal *fam.* (5)

poubelle *f.* trash can; **sortir la poubelle** to take out the trash (8)

pouce *m.* thumb; **faire du pouce** to hitch-hike *(Québec)* (5)

poudre *f.* powder, dust (5)

pouffer to burst out; **pouffer de rire** to snigger, burst out laughing (9)

poulet *m.* chicken (3)

poupée *f.* doll (3)

poupon *m.* little baby (8)

pour *prep.* for, in order to **(pré.); pour que** *conj.* in order to (7)

pourcentage *m.* percentage (3)

pourquoi *adv. & conj.* why **(pré.)**

poursuivre to pursue (1)

pourtant *adv.* yet, nevertheless (3)

pourtour *m.* region (5)

pourvu que *conj.* provided that, so long as (7)

pousser to push

poussière *f.* dust (3)

pouvoir to be able to **(pré.); il se peut que** it's possible that (7)

pouvoir *m.* power (9)

PQ *m.* toilet paper (2)

pré *m.* meadow **(int. 1)**

préalablement *adv.* first, beforehand, prior to (8)

précisément *adv.* precisely, exactly (2); **préciser** to specify; to go into detail (C6)

prédire to predict (5)

prédominer to predominate; prevail (3)

préfecture *f.* central government office of a French **département** (C9)

préférer to prefer, like better (6)

préjugé *m.* prejudice (3)

prélèvement *m.* bank draft (2)

premièrement *adv.* first (of all) (C-int. 1)

prendre to take **(pré.); prendre en charge** to take care of (1); **prendre en compte** to take into account (2); **prendre un verre** to have a drink (2); **prendre sa retraite** to retire

préoccupé *adj.* preoccupied (C2)

président *m* president; **Président Directeur Général (P.D.G.)** CEO (3)

presque *adv.* almost (5)

prêt *n.* loan (int. 1); *adj.* ready (7)

prétendre to claim, maintain, say (5)

prêter to loan (5); **prêter main-forte** to lend a hand (C9); **prêteur (prêteuse)** *n.* lender (7)

prévenir to warn, alert to (C3)

prévoir to plan for, anticipate (8)

prier to pray, beg, invite; **je vous en prie** you're welcome (C4)

prime *f.* bonus **(int. 1)**

principal *adj.* principal, primary (3)

printemps *m.* spring(time) (3)

priorité *f.* right-of-way (4)

prise *f.* sample, small amount; plug, outlet (4); **prise de sang** blood test (4)

priver to deprive; **se priver (de)** to do without (1)

privilégier to favor (4)

prix *m.* price; prize (1)

probable *adj.* probable (7); **probablement** *adv.* probably (2)

procès-verbal *m.* traffic ticket (4)

prochain *n. & adj.* next; following (2); fellow man, neighbor (9)

proche *m.* close relation (1); *adj.* near (5)

(se) procurer to obtain, procure (4)

produire to produce, make (C7); **produit** *m.* product (3)

profiter (de) to profit (from) (1); take advantage of (6)

profond *adj.* deep (2); **profondément** *adv.* profoundly, deeply (2); **profondeur** *f.* depth (2)

programmation *f.* programming (TV) (6); **programme** *m.* program; **programme du jour** day's programming (TV) (6)

progrès *m.* progress (9)

projeter (de) to project (6); to plan

promenade *f.* walk; **faire une promenade (à pied)** to take a walk; **promenade en voiture** car ride (5); **promenade à vélo** bike ride (5); **promenade à cheval** horseback ride (5); **se promener** to take (go for) a walk (5)

promouvoir to promote **(post.)**

propos *m. pl.* remarks; **à propos de** about (1)

proposer to suggest, offer (7); **se proposer (de)** to plan (to) (9)

proposition *f.* clause (in a sentence) (1); proposal, proposition (C3)

propre *adj.* clean (2); own (C3)

protagoniste *m.* protagonist, main character **(int. 1)**

provincial *n.* someone who does not live in a big city (C2)

provoquer to provoke, instigate (1)

prudemment *adv.* cautiously (2)

publicité *f.* advertising (1)

pudeur *f.* modesty, sense of propriety (6)

puer to stink **(pré.)**

puis *adv.* then (C3)

puisque *conj.* since, because (3)

puissance *f.* power (4); **puissant** *adj.* powerful (3)

pull *m.* pullover sweater (C3)

putain *m.* damned *vulg.* **(pré.)**

Q

quadrille *m.* style of dance (6)

quai *m.* wharf (3)

quand *adv.* when **(pré.); quand même** even though, nevertheless (C3)

quant à *prep.* as for, regarding (7)
quart *m.* one-quarter (1)
quartier *m.* neighborhood (C3)
quatrième fourth; **en quatrième** in eighth grade in French schools (pré.)
que *rel. & interrog. pron.* that, which, whom; **ne... que** only (6)
quel(le) *adj.* what, which (pré.)
quelconque *adj.* some sort; any (6)
quelqu'un *pron.* someone (pré.)
quelque *adj.* some; several (pré.)
quelquefois *adv.* sometimes (1)
queue *f.* line (1); tail (4); **faire la queue** to stand in line (1)
se quereller to quarrel (C8)
quête *f.* search (2)
qu'est-ce que *int. pron.* what (pré.)
qui *rel. & interrog. pron.* who, what, that (6)
quitter to leave (1)
quoi *pron.* what (pré.); **il n'y a pas de quoi** you're welcome (C4)
quoique *conj.* although (7)
quotidien(ne) *adj.* daily (1)

R

rabattre to pull down, pull back (3)
raccompagner to take back, accompany someone home (3)
racine *f.* root (pré.)
raconter to tell (pré.); **se raconter** to tell each other (7)
raffinage *m.* refining (oil) C4
rafting *m.* white-water rafting (5)
ragout *m.* stew (pré.)
raide *adj.* stiff, straight (2)
railleur (railleuse) *adj.* tease (2)
raison *f.* reason; **avoir raison** to be right
rajouter to add again (1)
rajuster to readjust (6)
ralentir to slow down (4)
ralliement *f.* gathering (1)
ramasser to gather, collect (C7)
ramener to bring back (3)
rancune *f.* resentment, grudge (9)
randonnée *f.* hike; hiking; **faire de la randonnée** to go hiking (5); **randonneur** *m.* hiker (C5)
rang *m.* row (1)
ranger to put away, straighten up; **rangé** *adj.* well-behaved, serious (8)
rangée *f.* row, tier (6)
ranimer to revive, restore (4)
rappeler to remind; **se rappeler** to remember, recall (5)
rapport *m.* relationship (1); report (4)
raquette *f.* snow shoe (5)
rasé *adj.* shaved (2)
rassembler to gather, assemble (9)
rater to fail (1); to miss (5)

rattraper to make up (1); to catch (9)
ravir to ravish, delight (6)
rayon *m.* department (in a store) (5)
rayonnement *m.* influence, radiance (9)
réagir to react (2)
réalisateur (réalisatrice) *n.* director (6)
réaliser to realize, achieve (9)
rebelote *interj.* here we go again (int. 1)
récapitulation *f.* summing up (3)
récemment *adj.* recently (2); **récent** *adj.* recent (C2)
recensement *m.* census (3)
recette *f.* receipt (6); recipe
recevoir to receive (pré.)
recharger to charge again, load (battery) (4)
recherche *f.* research; search (3); **rechercher** to research (5)
réclamer to claim, demand (C3)
récolte *f.* harvest (C3)
recommander to recommend
récompense *f.* reward (C5)
recomposé(e) *adj.* blended, as in "blended family" (8)
reconnaître to recognize (1); **reconnaissable** *adj.* recognizable (2)
recours *m.* resort, recourse (2)
recouvrer to recover (9)
recouvrir to cover (again) (C3)
récrire to rewrite
recrutement *m.* recruiting (9)
rectifier to straighten, correct (C2)
recueil *m.* collection (5)
récupérer to retrieve, get (1)
rédaction *f.* composition (1)
rédiger to write, compose (4)
redoubler to repeat; **redoubler une class** to repeat a grade (1)
redouter to fear (1)
se référer (à) to refer (to something) (6)
réfléchir to think, reflect (pré.)
reflet *m.* reflection (C7)
refrain *m.* refrain (song, poem) (pré.)
refroidir to cool off, discourage (8)
se réfugier to take refuge (C9)
regard *m.* look, glance, gaze (3); **regarder** to look (at) (pré.)
régime *m.* diet (2); form of government
règle *f.* rule (1); **régler** to regulate, determine (2)
regretter to regret, be sorry (7)
régulier (régulière) *adj.* regular, steady (2)
reine *f.* queen (7)
rejeter to reject (6)
rejoindre to rejoin (C3)
relâcher to let go, free (4)
relatif (relative) *adj.* relative (C2)
relevé *m.* statement, summary; **relevé de notes** report card (1)
relever to lift, point out (1)
relier to bind (book) (8)

remarquer to observe, notice

rembobiner to rewind (tape) (6)

remercier to thank (int. 2)

remettre to put again; **se remettre** to start again **(pré.)**, recover (from) (6)

remontrance *f.* reproof, reprimand (6)

remorquer to tow (4)

remplir to fill (3)

remporter to win **(pré.)**

se remuer to move, move about, get a move on (1)

rencontre *f.* meeting, encounter (C2)

rendre to give back; + *adj.* to make (2); **rendre visite (à)** to visit (people); **se rendre (à)** to go (to)

renforcer to reinforce (1)

renfort *m.* back-up (9)

renommée *f.* fame, renown (6)

renseignement *m.* piece of information (5)

(se) renseigner to inquire, to get information (1)

rentrée *f.* return to school in the fall (1)

rentrer to return (1); **rentrer dans** to run into (car) (4)

renvoyer to dismiss, fire (3)

répandre to spread **(pré); répandu** *adj.* widespread

réparer to fix, repair (4)

repartir to leave again

répartir to spread out **(pré.)**

repas *m.* meal (7)

repasser to iron (8)

se répéter to repeat oneself

répit *m.* respite; grace period (9)

répliquer to reply (2)

répondre to answer, respond

report *m.* delay, postponement (8)

reportage *m.* report

reporter to postpone (1)

reposer to ask again (1); to lay, lie (7); **se reposer** to rest (5)

repousser to push back, hold up (8)

reprendre to take back (up) (1)

reproche *m.* reproach (1)

requin *m.* shark (5)

réseau *m.* network (4)

réservoir *m.* gas tank (4)

résidence *f.* dorm (1); **résidence secondaire** second home, vacation home (5); **résidentiel(le)** *adj.* residential (C8)

résoudre to solve (C9)

respectueux (respectueuse) *adj.* respectful (C2)

respirer to breathe (3); **respiration** *f.* breathing (3)

ressentir to feel, experience (1)

ressortir to stand out (6)

ressortissant *n.* inhabitant, national, resident (of a country) (9)

reste *m.* remainder; **en reste** indebted to (4)

rester to stay, remain

restituer to restore; present (6)

résultat *m.* result (1)

résumé *m.* summary (3)

retard *m.* delay; **en retard** late

retarder to slow down, hold up

retenir to hold back; remember (4)

retirer to withdraw (7)

retour *m.* return (3); turn, reversal (C3)

retournement *m.* reversal (6)

retourner to return (3); **se retourner** to turn around, go back (8)

retracer to retrace, recall

retraite *f.* retirement; retirement pension **(int. 1)**

rétrécir to shrink (C6)

retrouvailles *f. pl.* rediscovery (5); **retrouver** to find again (3); **se retrouver** to meet (by arrangement) (7)

rétroviseur *m.* rearview mirror (4)

réussir to succeed (5); **réussir (à) un examen** to pass a test (1)

revanche *f.* revenge; **en revanche** on the other hand (4)

rêvasser to daydream (7)

rêve *m.* dream (7)

réveil *m.* alarm clock (1)

revenant *m.* ghost (7); **revenir** to come back

revendication *f.* demand (4)

rêver to dream (7)

revêtu *adj.* clad, covered (4)

revenir to come back; **revenir de** to get over (a surprise) (4)

réviser to review **(int. 1)**

revoir to see again (1)

riche *n. & adj.* rich, wealthy; rich person (C3)

rien *pron.* nothing (3); **ne... rien** nothing (6); **de rien** it's nothing (C4)

rire to laugh (1)

risquer to risk, venture (7)

rite *m.* rite

rivière *f.* river (C3)

riz *m.* rice (5)

robe *f.* dress (3)

robuste *adj.* robust, sturdy (C2)

rocher *m.* rock (5)

roi *m.* king (7)

rôle *m.* role

rollers *m. pl.* roller blades (4)

roman *m.* novel (6); **romancier (romancière)** *n.* novelist (9)

rompre to break (6)

rond *adj.* round (2); **rondelet (rondelette)** *adj.* chubby, plumpish (2); **rondeur** *f.* roundness (4)

roue *f.* wheel (4)

rouge *n. m. & adj.* red; blush (3); **rouge à lèvres** lipstick (2)

roulement *m.* rotation (8)

rouler to roll; to go (car) (4)

roulotte *f.* house on wheels, trailer (4)

rouspéter to grumble (2); **rouspéteur (rouspéteuse)** *n. & adj.* grouchy; grouchy person (2)

route *f.* road; **faire la route** to commute
routier (routière) *n. & adj.* of the road (4); truck driver; **vieux routier** *m.* experienced person (C9)
rouvre *m.* type of small oak tree (3)
roux (rousse) *n. & adj.* redheaded (person) (2)
royaume *m.* kingdom (7)
rubrique *f.* column, heading, category (4)
russe *n. & adj.* Russian (**pré.**)

S

sable *m.* sand (C4)
sac *m.* bag (3); **sac de couchage** sleeping bag (5); **sac à dos** backpack (C5)
sage *adj.* well-behaved (2)
saison *f.* season (C-**pré.**)
salaire *m.* salary (2); **salarié** *n.* wage earner (3)
sale *adj.* dirty (2); **salir** to make dirty
salon *m.* living room (C3)
sang *m.* blood; **prise de sang** *f.* blood test (4)
sans *prep.* without (**pré.**); **sans que** *conj.* without (7); **sans-abri** *n.* homeless person (3); **sans-papiers** *n.* illegal immigrant (3)
santé *f.* health (C4)
sauf *prep.* except (8)
saumon *m.* salmon (5)
(se) saouler to get drunk (**pré.**)
sauter to jump (C5)
sauvage *adj.* wild (3)
sauvegarde *f.* protection (4); **sauver** to save (C4)
scandaleux (scandaleuse) *adj.* scandalous (C2)
scène *f.* stage (6), scene; **scénariste** *n.* scriptwriter (6)
sciences politiques *f. pl.* political science (1)
scolaire *adj.* academic (1); **scolarité** *f.* schooling (1)
scooter des mers *m.* jet ski (5)
scrupule *m.* scruple (C8)
SDF *n.* homeless person (**sans domicile fixe**) (3)
séance *f.* session, meeting (6)
sec (sèche) *adj.* dry (2); **sécher** to skip (a class) (1); to dry (5)
secours *m.* help; **Au secours!** Help! (4)
séduire to seduce (6); **séduisant** *adj.* seductive (2)
seigneur *m.* lord, nobleman (7)
sein *m.* breast (3)
séjour *m.* stay (**pré.**); **salle de séjour** *f.* living room
séjourner to stay, remain (C3)
sélectionner to select, choose (1)
selon *prep.* according to (**pré.**)
semblable *adj.* similar, like (3)
sens *m.* meaning; direction (4); **double sens** double meaning (6)
sensible *adj.* sensitive (2); **sensiblement** *adv.* noticeably (8); **sensibiliser** to sensitize (9)
sentier *m.* path, way (4)
sentir to feel; **se sentir à l'aise (mal à l'aise)** feel comfortable (uncomfortable, ill at ease)
série *f.* serial (6)

serpenter to wind, meander (6)
serrer to hold tight, grip (3)
serviette *f.* towel, napkin; briefcase (2)
servile *adj.* servile, cringing (2)
servir to serve; **servir à (rien)** to be good for (nothing) (1); to be used for (7); **se servir de** to use
seuil *m.* threshold, doorstep (3)
seul *adj.* only; alone (1)
sévère *adj.* strict (8)
sévir to act ruthlessly (4)
SIDA *m.* AIDS
siècle *m.* century (9)
siège *m.* seat (4); headquarters (9)
sien *m. pron.* his/hers; **la sienne** his/hers (4)
sieste *f.* siesta, nap (1)
siffler to whistle (1); **sifflet** *m.* whistle (4)
signification *f.* significance, meaning
sillonner to cut across (5)
situer to locate (6)
sixième *adj.* sixth; **en sixième** in sixth grade in French schools (**pré.**)
sketch *m.* skit, short play (4)
ski *m.* ski; **faire du ski (alpin) (de fond)** to go (down-hill) (cross country) skiing (5); **ski nautique** water-skiing (5); **skier** to ski (5)
société *f.* society (3); company (**post.**)
soi *pron.* oneself, himself, herself (4)
soigner to look after, treat (medicine) (9); **soin** *m.* care, attention; **prendre soin de** to take care of (C4)
soir *m.* evening (1); **soirée** *f.* evening (6)
soit… soit *conj.* either… or, whether… or (6)
sol *m.* floor (3)
solde *m.* sale; **en solde** on sale, reduced price (C2)
solidarité *f.* solidarity, interdependence (9)
soldat *m.* soldier (9)
sommeil *m.* sleep (6)
sondage *m.* opinion poll (2)
songer to muse, reflect (7)
sonner to ring (2); **sonnerie** *f.* ringing (**int. 2**)
sorcier (sorcière) *n.* wizard (witch) (7)
sordide *adj.* squalid, filthy (C2)
sortie *f.* excursion; exit (6); **sortir** to go out; **s'en sortir** to pull through, get to the end of (1); **sortir avec** to go out with, date (2)
sortilège *m.* magic spell (7)
sou *m.* money
souci *m.* worry, care; **se faire du souci** to worry (8); **soucieux (soucieuse)** *adj.* worried, anxious (6)
souffrir to suffer (1)
souhait *m.* wish (2); **souhaiter** to wish (4)
soulager to relieve (1)
souligner to underline, emphasize (9)
soupe *f.* **populaire** soup kitchen (C3)
sourd *adj.* deaf (6)
sourire to smile (C4)
sous *prep.* under (C3); **sous-titré** *adj.* subtitled (6)

soutenir to support; **soutien** *m.* support (8)

souvenir *m.* memory, recollection; **se souvenir(de)** to remember

souvent *adv.* often **(pré.)**

se spécialiser (en) to major in (1)

spectre *m.* ghost (7)

sportif (sportive) *adj.* athletic (2)

stage *m.* internship, training period (1); **faire un stage** to have an internship (3)

star *f.* celebrity, movie star (2)

station *f.* station **(post.)**; **station balnéaire (de sports d'hiver)** seaside (winter sports) resort (5); **station-service** service station (4); **stationner** to park (4)

stop *m.* stop sign; hitchhiking; **faire du stop** to hitch-hike (5)

strophe *f.* stanza (poem or song) **(pré.)**

stupeur *f.* dazed state, stupor (4)

subjuguer to charm; to dominate (3)

subordonné *adj.* subordinate, dependent (1)

subvention *f.* subsidy (6)

succéder to follow (C8)

succès *m.* success **(int. 1)**

sucer to suck, suckle (3)

sucre *m.* sugar; **sucrerie** *f.* candy, sweet (C4)

sud *m.* south (7); **sud-est** *m.* southeast (7)

suffire to suffice, be enough (9)

suggérer to suggest

suite *f.* continuation (5)

suivant *adj.* next, following **(pré.)**; **suivre** to follow **(pré.)**; **suivre un cours** to take a course (1)

supérieur *adj.* higher

supplémentaire *adj.* additional (C4)

supporter to put up with, endure (1)

sûr *adj.* sure, certain (3)

surcharge *f.* overwhelming amount (1)

surmonter to overcome, conquer (2)

surprendre to surprise (5); **surprenant** *adj.* surprising

surtout *adv.* especially (1)

surveiller to look after (C5); to watch over, supervise

syllabe *f.* syllable (2)

sympathique *adj.* nice (1)

T

tableau *m.* board; picture (6)

tache *f.* jerk *fam.* **(int. 1)**; spot (5); **taches de rousseur** freckles (2)

tâche *f.* task (5); **tâches ménagères** household chores

taille *f.* waist; size (2); **taille serrée** narrow waist (2)

tailleur *m.* woman's suit (2); stone-cutter (9)

se taire to be quiet (6)

talus *m.* embankment (4)

tandis que *conj.* whereas, while (C2)

tant *adv.* so much, so many (3); **tant que** as long as (5)

tante *f.* aunt (3)

tapage *m.* noise (8)

tard *adv.* late (1)

tas *m.* lot *fam.* (5); pile

tatouage *m.* tattoo (2)

taux *m.* rate (2); **taux de chômage** unemployment rate (3)

teindre to dye (2); **teint** *m.* coloring (2); complexion, skin color (C5)

tel(le) *adj.* such (1)

télécommande *f.* remote control (6)

téléfilm *m.* movie made for TV (6)

téléspectateur (téléspectatrice) *n.* television viewer (6)

téléviser to televise (6)

tellement *adv.* so many; so much (6)

témoigner to testify, witness (4); **témoin** *m.* witness

tempe *f.* temple *anat.* (2)

tempête *f.* storm

temps *m.* time (2); **de temps en temps** from time to time (6)

tendance *f.* tendency (1)

tendre *adj.* soft, tender (6)

tendu *adj.* tense (C2)

tenir to hold; **tenir tête (à)** to stand up to (8); **s'en tenir à** to limit oneself to (9)

tennis *m. pl.* tennis shoes (2)

tente *f.* tente (5)

tenue *f.* manner of dress (2); **tenue de route** holding of the road (car) (4)

terminale *f.* last year of French high school (C2); **terminer** to finish (3)

terrain *m.* field; piece of land; **terrain de camping** campground (5); **faire du terrain** work in the field; **sur le terrain** in the field (9)

terre *f.* earth; **par terre** on the ground (floor) (3)

tester to try out (2)

tête *f.* head (3); very smart student *fam.* (1); **tête d'œuf** egghead, brain (1)

têtu *adj.* stubborn (8)

thème *m.* subject, theme

thèse *f.* thesis (1)

thunes *f. pl.* money *fam.* **(int. 1)**

tic *m.* twitch, tic, nervous mannerism (2)

tiers *m.* one-third (6); **deux tiers** two-thirds (6); **tiers-monde** third world

timbre *m.* stamp (5)

timide *adj.* shy (3)

tirelire *f.* piggy-bank (8)

tirer to pull (C5); **tirer à sa fin** to come to an end **(pré.)**; **se tirer (de)** to get out of (2) extricate, escape; take from (9)

titre *m.* title (2); **à titre de** by virtue of, by right of (C8)

titulaire *n.* holder (of a degree, position) (9)

toile *f.* canvas; screen (6)

toit *m.* roof; **toit ouvrant** sunroof (4)

tombeau *m.* tomb (C7)

tomber to fall (3)

tondre to mow, to trim (8)

tonneau *m.* barrel (4)

topo *m.* rundown, summary **(int. 1)**

tort *m.* wrong; **avoir tort** to be wrong

tôt *adv.* early (1)

totalement *adv.* completely (C2)

toujours *adv.* always; still (3)

tour *m.* walk; turn

tournage *m.* filming, production (film) (C6); **tourner** to make (a film) (6)

tournée *f.* round, circuit (4)

tournure *f.* turn of phrase **(pré.)**

tout (tous, toute, toutes) *n., adj., & adv.* all (2); **tout le monde** everyone (3)

toutou *m.* doggie (4)

tracasser to worry (5)

traction *f.* drive (car); **traction avant** front wheel drive (4)

train *m.* train; **en train de** in the process of; **train-train** *m.* routine (1)

traîneau *m.* sleigh **(pré.)**

traîner to hang around, loiter; **laisser traîner** to leave lying around (8)

trait *m.* feature, trait (7)

traite *f.* bill, draft, payment **(int. 1)**

traité *m.* treaty, compact (9)

traiter to deal with (C8)

tranche *f.* slice; **film à tranches** film of which episodes are shown each week (6)

trancher to cut, slice (6)

transat *m.* beach chair (5)

transmettre to transmit, pass on (1)

transport *m.* transportation; **transports en commun** public transportation (4)

traquer to track, track down (4)

travail *m.* work (3); **travaux dirigés** discussion section, lab (1); **travaux domestiques** domestic work (3); **petits travaux** odd jobs (3)

travailleur (travailleuse) *adj.* hardworking (C2)

travers *prep.* across; **à travers** across, through (3)

traverser to cross (5)

trèfle *m.* spade (cards) (2)

trek *m.* hiking (5)

tremblement *m.* trembling; **tremblement de terre** earthquake (9)

tremper to make wet **(pré.)**

trentaine *f.* around thirty (4)

trésor *m.* treasure (7)

tresse *f.* braid (3)

tricher to cheat (1)

tricheur (tricheuse) *n.* cheat, trickster (2)

triste *adj.* sad (3)

tromper to deceive, trick; **se tromper** to be wrong

trompeur (trompeuse) *adj.* deceptive (2)

trop *adv.* too much, too many

trottoir *m.* sidewalk

trou *m.* hole **(pré.)**

troubler to bother (3)

trouver to find; **se trouver** to be located (5)

truc *m.* thing (1)

tumultueux (tumultueuse) *adj.* tumultuous (6)

tuque *f.* wool cap **(pré.)**

U

UE *f.* EU, European Union (9)

une *f.:* **la une** front page of a newspaper

uni *adj.* unified (1)

union *f.* union; **union libre** cohabitation (8)

unique *adj.* only, as in **enfant unique** only child (8); **uniquement** *adv.* only, solely (2)

unité *f.* unit; **unité de valeur** course credit (1)

universitaire *adj.* university, as in **bibliothèque universitaire** university library (1)

urgence *f.* emergency (9)

usage *m.* use (4); **usager** *m.* user (4); **user** to wear out (1)

usine *f.* factory (3)

utile *adj.* useful **(pré.)**; **utiliser** to use (3)

V

vacances *f. pl* vacation (5); **vacancier (vacancière)** *n.* vacationer (5)

vacarme *m.* racket, noise (6)

vache *f.* cow (C7)

vain *adj.* vain, useless (C2)

vaincre to conquer, defeat (9); **vainqueur** *m.* conqueror (9)

vair *m.* type of squirrel with gray-white fur (7)

vaisseau *m.* ship; **vaisseau spatial** space ship (5)

vaisselle *f.* dishes; **faire la vaisselle** to do the dishes (8)

valable *adj.* valid (C9)

valeur *f.* value (9); **valoir** to be worth (3); **il vaut mieux** it is better (7)

valise *f.* suitcase (5)

se vanter to boast (1)

veau *m.* veal **(pré.)**

vedette *f.* movie star (6)

veille *f.* day before, night before (1)

veillée *f.* evening spent with friends or family (7)

veiller to look after, see to (4)

veine *f.* luck; **coup de veine** stroke of luck (1)

vélo *m.* bicycle (4); **VTT (vélo tout terrain)** mountain bike (5)

vendeur (vendeuse) *n.* salesperson (C-**int. 1**)

vendre to sell (3)

venir to come; **venir de** to have just

vent *m.* wind (C6)

ventre *m.* belly (3)

verbaliser to give a traffic ticket to (4)

verdure *f.* greenery (8)

vérifier to check (C4)

vérité *f.* truth (3)

verlan *m.* kind of backslang popular among young people

vermisseau *m.* small worm (7)

vernis *m.* polish; **vernis à ongles** nail polish (2)

verre *m.* glass (4)

vers *m.* verse, line of poetry

verser to pour; to pay; **verser une pension alimentaire** to pay alimony (8)

vertige *m.* fear of heights (C5)

veste *f.* suit jacket (2)

vêtement *m.* garment, article of clothing

veuf (veuve) *adj. & n.* widower, widow (7)

vexer to annoy (8)

viager *m.* property mortgaged for a life annuity (6)

vide *adj.* empty; **vider** to empty; **videur** *m.* bouncer (nightclub, bar) (C-**int. 1**)

vie *f.* life; **vie privée** private life (8)

vieillir to grow old (2); **vieux (vieil, vieux, vieille, vieilles)** *adj.* old (2)

vignette *f.* illustration, single frame of cartoon

vilain *adj.* nasty, mean (C7)

ville *f.* city, town (C-**pré.**)

violemment *adv.* violently (2)

violet (violette) *adj.* violet (C2)

virage *m.* curve, sharp turn (4)

virer to kick out, expel (2)

vis-à-vis de *loc. prep.* opposite; with regards to

visage *m.* face (2)

viser to aim (to) (4)

vite *adv.* fast; **vitesse** *f.* speed (4); **à toute vitesse** at full speed (C4)

vitre *f.* car window (4); pane (of glass) (4)

vivant *adj.* alive; **langue vivante** modern language (**pré.**)

vociférer to shout (6)

voici *prep. & adv.* here is (are)

voie *f.* way; **voie cyclable** bike lane (4); **pays en voie de développement** developing country (9)

voile *f.* sail; **faire de la voile** to go sailing (5)

voir to see; **voyons** let's see; **se voir** to see each other (C-**pré.**)

voisin *n.* neighbor

voiture *f.* car

voix *f.* voice (C3)

volant *m.* steering wheel (4)

volet *m.* window shutter (C3)

volontaire *n.* volunteer (9)

volonté *f.* will, willingness (9)

vouloir to want; **vouloir dire** to mean (1); **en vouloir à** to be mad at (8)

voyage *m.* trip, travel (3); **voyager** to travel

vrai *adj.* true; **vraiment** *adv.* really

vue *f.* sight; **en vue de** in order to (6)

Y

yaourt *m.* yogurt (**pré.**)

yeux *m. pl.* eyes (3)

Z

zapper to zap, to change channels (with remote control) (6); **zappeur (zappeuse)** *n.* person who zaps (TV) (6); **zapping** *m.* zapping (TV) (6)

zigzaguer to swerve, zigzag (4)

Indices

INDEX: Thèmes